Rückgriffsansprüche

Hemmer/Wüst/Sorge

September 2013

Rückgriffsansprüche mit der **hemmer-Methode**

Wer in vier Jahren sein Studium abschließen will, kann sich einen Irrtum in Bezug auf Stoffauswahl und -aneignung nicht leisten. Hoffen Sie nicht auf leichte Rezepte und den einfachen Rechtsprechungsfall. Hüten Sie sich vor Übervereinfachung beim Lernen. Stellen Sie deswegen frühzeitig die Weichen richtig.

Die **Rückgriffsansprüche** sind examenstypisch, z.B.: A schuldet B 3.000 Euro. C begleicht die Schuld und will bei A Regress nehmen. Der Rückgriff spielt sich meist im Drei-Personen-Verhältnis ab. Es handelt sich um ein abgeschlossenes Gebiet, in dem sich die Anspruchsgrundlagen (z.B. GoA, Gesamtschuld, Bereicherungsrecht etc.) wiederholen. Es gilt daher, sich einen Überblick über Konstellationen und Anspruchsgrundlagen anhand des Skripts zu verschaffen. Dann wird es für Sie ein Leichtes sein, mit der Rückgriffsproblematik in Examensklausuren umzugehen.

Die **hemmer-Methode** vermittelt Ihnen die **erste richtige Einordnung** und das **Problembewusstsein**, welches Sie brauchen, um an einer Klausur bzw. dem Ersteller nicht vorbeizuschreiben. Häufig ist dem Studenten nicht klar, warum er schlechte Klausuren schreibt. Wir geben Ihnen **gezielte Tipps**! Vertrauen Sie auf unsere **Expertenkniffe**.

Durch die ständige Diskussion mit unseren Kursteilnehmern ist uns als erfahrenen Repetitoren klar geworden, welche **Probleme** der Student hat, sein **Wissen anzuwenden**. Wir haben aber auch von unseren Kursteilnehmern profitiert und von ihnen erfahren, welche **Argumentationsketten** in der Prüfung zum Erfolg geführt haben.

Die **hemmer-Methode** gibt **jahrelange Erfahrung** weiter, erspart Ihnen viele schmerzliche Irrtümer, setzt richtungsweisende Maßstäbe und begleitet Sie als **Gebrauchsanweisung** in Ihrer Ausbildung:

1. Grundwissen:

Die **Grundwissenskripten** sind für den Studenten in den ersten Semestern gedacht. In den Theoriebänden Grundwissen werden leicht verständlich und kurz die wichtigsten Rechtsinstitute vorgestellt und das notwendige Grundwissen vermittelt. Die Skripten werden durch den jeweiligen Band unserer **Reihe „Die wichtigsten Fälle“** ergänzt.

2. Basics:

Das Grundwerk für Studium und Examen. Es schafft schnell **Einordnungswissen** und mittels der hemmer-Methode richtiges Problembewusstsein für Klausur und Hausarbeit. Wichtig ist, **wann und wie** Wissen in der Klausur angewendet wird.

3. Skriptenreihe:

Vertiefendes Prüfungswissen: Über 1.000 Klausuren wurden auf ihre „essentials" abgeklopft. Anwendungsorientiert werden die für die Prüfung nötigen Zusammenhänge umfassend aufgezeigt und wiederkehrende Argumentationsketten eingeübt.

Gleichzeitig wird durch die **hemmer-Methode** auf **anspruchsvollem Niveau** vermittelt, nach welchen Kriterien Prüfungsfälle beurteilt werden. Mit dem Verstehen wächst die Zustimmung zu Ihrem Studium. Spaß und Motivation beim Lernen entstehen erst durch Verständnis.

Lernen Sie, durch Verstehen am juristischen Sprachspiel teilzunehmen. Wir schaffen den „background“, mit dem Sie die innere Struktur von Klausur und Hausarbeit erkennen: **„Problem erkannt, Gefahr gebannt“**. Profitieren Sie von unserem **strategischen Wissen**. Wir werden Sie mit unserem know-how auf das Anforderungsprofil einstimmen, das Sie in Klausur und Hausarbeit erwartet. Die Theoriebände Grundwissen, die Basics, die Skriptenreihe und der Hauptkurs sind als **modernes, offenes und flexibles Lernsystem** aufeinander abgestimmt und ergänzen sich ideal. Die **studentenfreundliche Preisgestaltung** ermöglicht den **Erwerb als Gesamtwerk**.

4. Hauptkurs:

Schulung am examenstypischen Fall mit der Assoziationsmethode. Trainieren Sie unter professioneller Anleitung, was Sie im Examen erwartet und wie Sie bestmöglich mit dem Examensfall umgehen.

Nur wer die Dramaturgie eines Falles verstanden hat, ist in Klausur und Hausarbeit auf der sicheren Seite! Häufig hören wir von unseren Kursteilnehmern: **„Erst jetzt hat Jura richtig Spaß gemacht“**.

Die Ergebnisse unserer Kursteilnehmer geben uns Recht. Maßstab ist der Erfolg. Die Examensergebnisse zeigen, dass unsere Kursteilnehmer überdurchschnittlich abschneiden.

Die Examensergebnisse unserer Kursteilnehmer können auch Ansporn für Sie sein, intelligent zu lernen: Wer nur auf vier Punkte lernt, landet leicht bei drei.
Lassen Sie sich aber nicht von diesen Supernoten verschrecken, sehen Sie dieses Niveau als Ansporn für Ihre Ausbildung.

Wir hoffen, als Repetitoren mit unserem Gesamtangebot bei der Konkretisierung des Rechts mitzuwirken und wünschen Ihnen **viel Spaß beim Durcharbeiten** unserer Skripten.

Wir würden uns freuen, mit Ihnen als Hauptkursteilnehmer mit der **hemmer-Methode** gemeinsam Verständnis an der Juristerei zu trainieren. Nur wer erlernt, was ihn im Examen erwartet, lernt richtig!

So leicht ist es, uns kennenzulernen: Probehören ist jederzeit in den jeweiligen Kursorten möglich.

Karl-Edmund Hemmer & Achim Wüst

RÜCKGRIFFSANSPRÜCHE

Hemmer/Wüst/Sorge

September 2013

Hemmer/Wüst Verlagsgesellschaft
Hemmer/Wüst/Sorge, Rückgriffsansprüche

ISBN 978-3-86193-254-3
7. Auflage, September 2013

gedruckt auf chlorfrei gebleichtem Papier
von Schleunungdruck GmbH, Marktheidenfeld

Kommentare:

Baumbach/Hopt	*Handelsgesetzbuch*
Münchner Kommentar	*Kommentar zum Bürgerlichen Gesetzbuch*
Palandt	*Bürgerliches Gesetzbuch*

Lehrbücher:

Hueck	*Gesellschaftsrecht*
Larenz	*Lehrbuch des Schuldrechts – Allgemeiner Teil*
Medicus	*Bürgerliches Recht*
Reinicke/Tiedtke	*Gesamtschuld und Schuldsicherung durch Bürgschaft, Hypothek, Grundschuld und Pfandrecht an beweglichen Sachen und Rechten*

§ 1 EINLEITUNG

A. Problemstellung in der Klausur[1]

hemmer-Methode: Viele Studenten schrecken bei dem Begriff „Regress“ zusammen. Lassen Sie sich jedoch nicht einschüchtern. Auf den ersten Seiten dieses Skriptes sollen die wichtigsten Probleme und Fallkonstruktionen erst einmal kurz dargestellt werden, um Gemeinsamkeiten aufzuzeigen und Ihr Problembewusstsein zu schärfen. Später wird auf jedes der Problemfelder noch einmal ausführlich eingegangen, die anfangs aufgeworfenen Fragen werden beantwortet.

Kurzdefinition

Der Regress (Rückgriff) findet grundsätzlich im (mindestens) Drei–Personen–Verhältnis statt. Dabei will der Rückgriffsberechtigte, der von einem Gläubiger in Anspruch genommen wurde, bei einem Dritten, dem Rückgriffsverpflichteten, das an den Gläubiger Geleistete zurückerlangen, weil dieser ihm gegenüber wegen des Geleisteten haftet. 1

Bsp.: S fährt auf das vor einer roten Ampel wartende Taxi des T auf. Dabei wird Fahrgast G verletzt. Die Kfz-Haftpflichtversicherung H des T zahlt den Schaden des G (§§ 8a, 7 StVG) und möchte bei dem im Innenverhältnis verantwortlichen S (§ 17 StVG) Rückgriff nehmen.

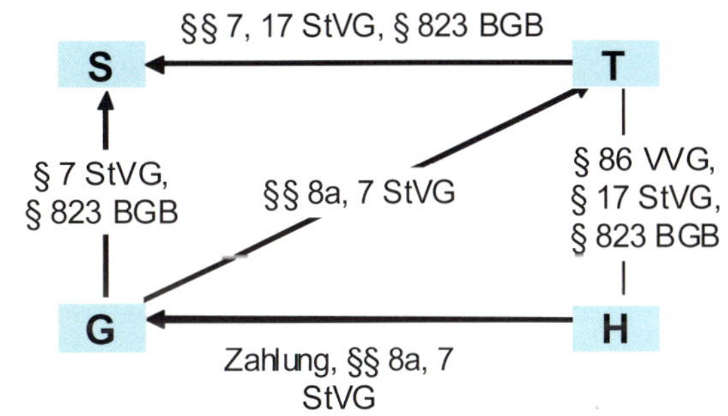

zwei Klausurvarianten

Die Rückgriffsproblematik kann in der Klausur an zwei Stellen auftreten: zu Beginn oder ganz am Ende. Anspruchsvoller und schwieriger ist die Klausur, die den Regress als Einstiegsproblematik voranstellt. Denn der Bearbeiter muss die richtige Regressnorm finden und von dieser ausgehend die ganze Klausur aufbauen. Bereits hier konnen die entscheidenden Punkte verloren werden. 2

Der Schwerpunkt einer solchen Klausur wird typischerweise voll und ganz in der Rückgriffsproblematik liegen, also in der Frage, ob und inwieweit der vom Gläubiger in voller Höhe in Anspruch genommene Schuldner von einem Dritten ganz oder teilweise Ausgleich verlangen kann. Sehr häufig wird es sich dabei um den Ausgleich unter mehreren Sicherungsgebern handeln. Dabei werden Rechtsfiguren des Kreditsicherungsrechts (Bürgschaft, Hypothek, Grundschuld, Sicherungsübereignung etc.) gehäuft auftauchen und für die Falllösung eine nicht unerhebliche Rolle spielen. Die gesetzlich geregelten Sicherungsmittel verfügen, mit Ausnahme der Sicherungsgrundschuld, über eine Regelung, nach der sich der Rückgriff des Sicherungsgebers gegen den Schuldner vollzieht *(§§ 774, 1143, 1225 BGB)*. 3

Bsp.: Das Darlehen des G an S wird durch eine Grundschuld am Grundstück des SG1, eine Hypothek am Grundstück des SG2 und die Bürgschaft des SG3 gesichert. G nimmt SG3 in Anspruch, dieser möchte jetzt von SG1 und SG2 Ausgleich.

1 Eine allgemeine Einführung zu dem Thema finden Sie in der JURA 2004, 505 ff.

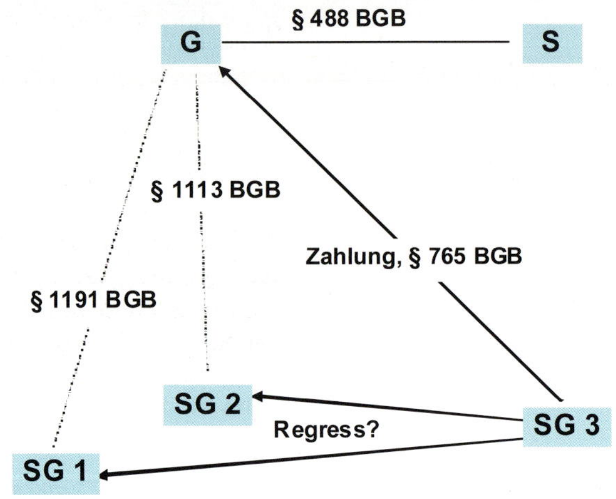

immer drei Personen

Der Rückgriff wird natürlich nur dann aktuell, wenn Sicherungsgeber und Schuldner nicht identisch sind. Nur bei Personenverschiedenheit von Sicherungsgeber und Schuldner liegt das für den Rückgriff erforderliche *Drei-Personen-Verhältnis* vor. 4

Regressnorm als Klausuraufhänger

Die Regressnorm kann auch nur als bloßer Klausuraufhänger dienen. Nach dem Auffinden der entsprechenden Rückgriffsnorm verläuft die Klausur in gewohnten Bahnen. Wenn z.B. der Versicherungsnehmer einen Schaden erlitten hat, für den die Versicherung aufkommen muss, dann geht gem. § 86 I 1 VVG ein Schadensersatzanspruch des Versicherungsnehmers gegen einen Dritten auf den Versicherer über, soweit dieser dem Versicherungsnehmer diesen Schaden ersetzt. Hat man diese Legalzessionsnorm gefunden, mündet die Falllösung in die gewohnte Frage ein, welche Schadensersatzansprüche dem geschädigten Versicherungsnehmer gegen den Dritten zustehen, die im Wege des *gesetzlichen Forderungsübergangs (cessio legis)* auf den Versicherer übergegangen sind. Der Schwerpunkt der Klausur liegt dann auf der Prüfung der vertraglichen oder deliktischen Schadensersatzansprüche des Versicherungsnehmers. 5

Bsp.: *Der Bauernhof des Versicherungsnehmers VN wurde von zündelnden Kindern in Brand gesteckt und ist dabei völlig zerstört worden. Die Feuerversicherung VU hat den Schaden ersetzt. Kann sie jetzt bei den Kindern bzw. deren Eltern Rückgriff nehmen?*

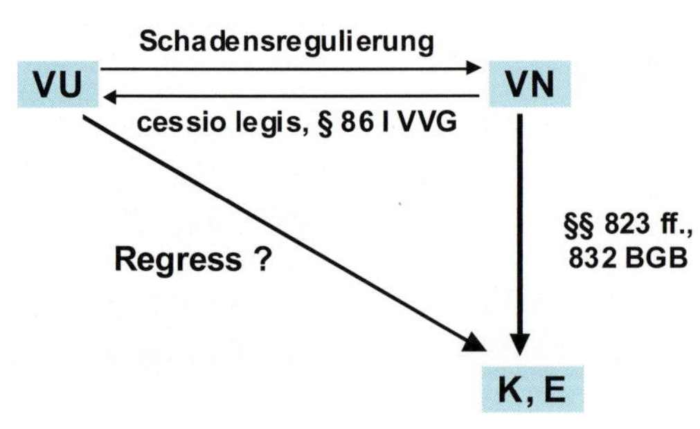

wenn mehrere Schuldner ermittelt: Regress am Ende

Am Ende der Klausur taucht das Problem des Rückgriffs dann auf, wenn zuvor die vertragliche oder deliktische Haftung mehrerer Personen im Hinblick auf einen Anspruchsteller untersucht und bejaht worden ist. In einem solchen Fall stellt sich dem Klausurbearbeiter zum einen die Frage, ob beide Schuldner im Außenverhältnis zum Gläubiger (wie bei einer Gesamtschuld) voll haften, oder ob einer von beiden nur subsidiär in Anspruch genommen werden darf. Zum anderen ist der Innenausgleich unter den Schuldnern zu klären, falls nur ein Schuldner in Anspruch genommen wird bzw. zahlt (Freistellungs-, bzw. Rückgriffsanspruch). 6

Bsp.: Gläubiger G verklagt die X-OHG und deren Gesellschafter X und Y wegen einer Forderung gegen die X-OHG. Haften die Beklagten als Gesamtschuldner? Wie erfolgt der Innenausgleich, wenn nach Verurteilung der G bei X vollstreckt?[2]

häufig dann nur "Abrundung" der Klausur

Detailkenntnisse sind hierfür zumeist nicht erforderlich. Oft genügt die Nennung des § 426 BGB (gegebenenfalls über § 840 BGB oder § 128 HGB für das Verhältnis der Gesellschafter untereinander o.ä.). Gelegentlich kann aber auch die Beschäftigung mit dem Wesen der Gesamtschuld gewollt sein (Stichwörter: "Gleichstufigkeit", "Zweckgemeinschaft", "gegenseitige Tilgungswirkung", "Gleichartigkeit der Leistung"), bei deren Verneinung sich Folgeprobleme für den Rückgriff ergeben, da dann § 426 BGB nicht zur Verfügung steht. 7

Bsp.: Umstritten ist die Annahme einer Gesamtschuld z.B., wenn der Gläubiger sowohl gegen den Dieb als auch gegen den aus § 816 I 1 BGB haftenden Abnehmer und Weiterverkäufer der Sache Ansprüche hat.[3]

gestörte Gesamtschuld als Klausurklassiker

Ein beliebter Klassiker in der Klausur ist auch das Problem der gestörten Gesamtschuld bzw. der Regressbehinderung.[4] Diese liegt immer dann vor, wenn einem der Schuldner ein Haftungsprivileg zugute kommt, das zum Ausschluss seiner Haftung führt, und dadurch der Regress der beiden Schuldner untereinander behindert wird, da mangels Haftung des Privilegierten gar keine Gesamtschuld entstanden ist. 8

hemmer-Methode: Um zu einem Ausgleich nach § 426 BGB zu kommen, müsste eine solche Gesamtschuld fingiert werden. Damit der anspruchsvolle Problemkreis der gestörten Gesamtschuld in der Klausur bewältigt werden kann, muss man mit den gängigen Argumentationsmustern zu diesem Bereich vertraut sein. Auch wenn es nur um das einfache Feststellen einer Gesamtschuld nach §§ 421 ff. BGB geht (beispielsweise zwischen mehreren Schädigern), sollte man in jedem Fall mit der Regressproblematik hinreichend vertraut sein, um die Klausur sicher abschließen zu können. 9

B. Grundprobleme des Regresses

I. Typische Regresskonstellation

Rückgriff als Spezialfall des Aufwendungsersatzes

Die typische Regresskonstellation ist ein *Drei-Personen-Verhältnis*. Der Rückgriff gilt als ein *Spezialfall des Aufwendungsersatzes*.[5] Dabei besteht die Besonderheit des Rückgriffs in folgendem: 10

Besonderheit: eine Person mehr

An den gewöhnlichen Fällen des Aufwendungsersatzes sind *nur zwei Personen beteiligt*: Eine, die das in der Aufwendung liegende Opfer erbracht hat und dafür Ersatz verlangt; eine andere, die durch dieses Opfer begünstigt worden ist und es daher ersetzen soll. 11

Bsp.: Der gutgläubige unrechtmäßige Besitzer eines Pkw's hat diesen generalüberholen lassen (notwendige Verwendungen i.S.d. § 994 BGB) und verlangt nun im Wege der Einrede (§ 1000 BGB) gegen den Herausgabeanspruch des Eigentümers aus § 985 BGB Verwendungsersatz.

2 Der Rückgriff im Gesellschaftsrecht wird unter § 8 behandelt.

3 Dazu unten Rn. 173 ff.

4 Siehe z.B. den Fall von Martinek, JuS 1995 (7), L 53 - 56.

5 Medicus, Bürgerliches Recht, Rn. 905.

nämlich der Rückgriffsschuldner

Dagegen sind an einem Rückgriffsverhältnis *ausnahmslos mindestens drei Personen* beteiligt: Die eine hat eine Leistung erbracht und 12
verlangt dafür Ersatz. Ihr Anspruch richtet sich aber nicht gegen den Empfänger dieser Leistung (die zweite Person = Gläubiger). Rückgriffsschuldner ist vielmehr ein Dritter, den die Leistung irgendwie begünstigt hat oder der zu der Leistung primär verpflichtet war.

> ***Bsp.:*** *Der Freund L des Schuldners S begleicht eine Forderung des Gläubigers G gegen S, indem er den Betrag an G überweist. Hat L zwar aus Gefälligkeit gehandelt, aber ohne die Absicht, dem S den Vermögensvorteil (Befreiung von einer Verbindlichkeit) dauerhaft zu belassen (Schenkung), so wird er den "ausgelegten" Betrag letztlich von dem durch seine Zahlung begünstigten S wiedererlangen wollen.*

Rückgriffsgläubiger wollte nicht endgültig leisten

Die typische Regresssituation besteht darin, dass sich der Leistende 13
nun seinerseits bei dem begünstigten Dritten schadlos halten will. Ziel des Rückgriffs ist es, das in der Leistung liegende Opfer vom Leistenden zumindest zum Teil auf eine dritte Person abzuwälzen. Der Leistende soll eben *nicht endgültig* mit dem Vermögensopfer belastet bleiben.

II. Rückgriffstechniken

verschiedene Techniken des Rückgriffs

Für diese endgültige Abwälzung des Leistungsopfers auf den Dritten 14
stellt unser Recht verschiedene Rückgriffstechniken zur Verfügung.

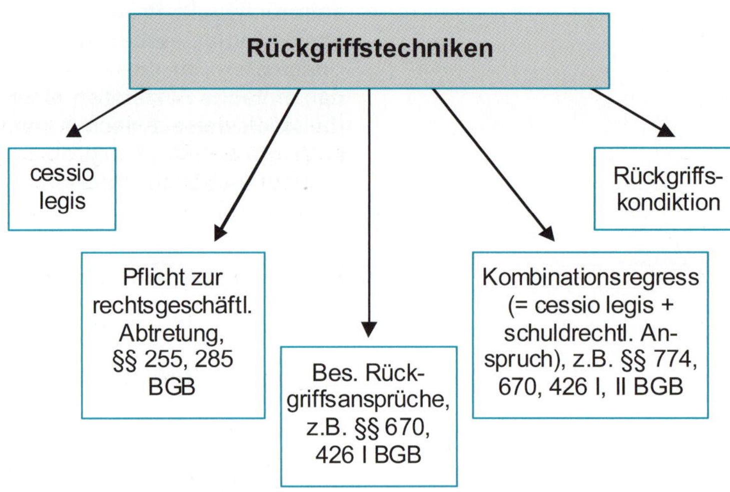

hemmer-Methode: Ein Schwerpunkt der Rückgriffsklausur kann darin liegen, die möglichen Rückgriffstechniken voneinander abzugrenzen und die einschlägige herauszuarbeiten. Der folgende Abschnitt soll Ihnen einen Überblick für die weitere Arbeit mit dem Skript an die Hand geben.
Wie bei allen anderen *Drei-Personen-Verhältnissen* ist es besonders wichtig, die einzelnen Personenverhältnisse auseinander zu halten und dies in der Klausur dem Korrektor deutlich zu zeigen!

1. Legalzession (cessio legis)

automatischer Übergang der Forderung

Befriedigt der Leistende *(= Rückgriffsgläubiger)* den Gläubiger, sieht 15
das Gesetz in vielen Fällen den automatischen Übergang der Forderung des Gläubigers gegen den Schuldner *(= Rückgriffsschuldner)* auf den Leistenden als Rechtsfolge vor.

Beispielhaft seien hier nur der Forderungsübergang gemäß § 774 I BGB auf den leistenden Bürgen oder gemäß § 86 I 1 VVG auf das Versicherungsunternehmen (VU) genannt. Die Leistungserbringung führt in diesen Fällen also nicht zum Erlöschen des Anspruchs des Gläubigers gegen den Schuldner. Dieser soll durch die Leistung nicht begünstigt werden.

Der Bürge leistet nämlich nicht auf eine fremde Schuld, die gemäß §§ 362, 267 BGB erlischt, sondern er leistet auf eine eigene Schuld gegenüber dem Gläubiger aus dem Bürgschaftsvertrag. Gleiches gilt für den Versicherer, der nach § 115 VVG dem Direktanspruch des Gläubigers ausgesetzt ist. Die cessio legis bewirkt also einen *Gläubigerwechsel*.

eigenes Befriedigungsrecht nach § 268 BGB

Aber selbst wenn der Leistende gar nicht selbst Schuldner war, kann ihm das Gesetz ein eigenes Befriedigungsrecht gewähren, bei dessen Ausübung die Forderung nicht erlischt, sondern auf ihn als Ablösenden übergeht. Hierzu zählen insbesondere die Vorschriften der §§ 268 III 1, 1143 I 1, 1150, 1225 S. 1, 1249 BGB. 16

Regressschuldner ist hier Primärverpflichteter

Das Gesetz trägt in den Fällen der cessio legis dem Umstand Rechnung, dass prinzipiell der Rückgriffsschuldner primär zur Leistung verpflichtet ist und der Rückgriffsgläubiger lediglich sekundär zur Sicherung des Gläubigers haftet: Dem Gläubiger soll nur das Risiko der Rechtsverfolgung gegen den Primärschuldner abgenommen werden.[6] Daher gehen beim gesetzlichen Forderungsübergang gemäß §§ 412, 401 BGB die die Hauptforderung sichernden akzessorischen Nebenrechte und Vorzugsrechte mit auf den Rückgriffsgläubiger über. 17

hemmer-Methode: Beachten Sie schon hier: Nach h.M. schließen sich die Fälle der cessio legis und der Gesamtschuld aus (natürlich mit Ausnahme des § 426 II BGB), da das Gesetz selbst durch die cessio legis verdeutlicht, dass Rückgriffsgläubiger und Rückgriffsschuldner im Verhältnis zum Gläubiger nicht auf *der gleichen Stufe* stehen.

wichtige Legalzessionen

Die wichtigsten Fälle des gesetzlichen Forderungsüberganges sollten Sie am besten jetzt schon einmal lesen: §§ 268 III, 426 II, 774 I, 1143, 1225; § 86 VVG; § 116 SGB X; § 6 EFZG; § 93 SGB XII. 18

hemmer-Methode: Wer diese Vorschriften in der Klausur nicht parat hat, kann leicht den Einstieg verfehlen. Schulen Sie durch häufiges Lesen im Gesetz Ihr juristisches Assoziationsvermögen.

2. Pflicht zur rechtsgeschäftlichen Abtretung (§§ 255, 285 BGB)

Abtretungsanspruch statt cessio legis

Statt einer cessio legis kann das Gesetz auch vorsehen, dass der Gläubiger verpflichtet ist, seinen Ersatzanspruch gegenüber dem Dritten an den Rückgriffsberechtigten abzutreten. Nach Abtretung steht der Rückgriffsgläubiger dann genauso wie im Falle des gesetzlichen Forderungsübergangs: Die §§ 399 ff., insbesondere § 401 BGB, gelten hier unmittelbar. Die Pflicht zur Abtretung folgt aus den Vorschriften der §§ 255 und 285 BGB. 19

3. Besondere Rückgriffsansprüche (§§ 670, 426 I BGB)

Regress aus dem Innenverhältnis

Die bisher behandelten Fälle knüpfen an die *Außenforderung* gegen den Rückgriffsschuldner an, die auf den Rückgriffsgläubiger übergeht. Aber auch aus dem *Innenverhältnis* zwischen beiden kann ein neben oder an Stelle der cessio legis tretender selbständiger Rückgriffsanspruch existieren. 20

6 Larenz, SchR AT, § 37 I.

Einer Bürgschaft z.B. liegt regelmäßig ein Auftragsverhältnis (§ 662 BGB) oder auch ein Geschäftsbesorgungsvertrag (§ 675 BGB) zugrunde, so dass der Bürge bereits nach § 670 BGB Aufwendungsersatz fordern kann.

Aufwendungsersatz kann auch der berechtigte Geschäftsführer ohne Auftrag (GoA) geltend machen (§§ 683 S. 1, 670 BGB). Gleiches gilt nach § 684 S. 2 BGB für die genehmigte GoA.

§ 426 I BGB als gesetzliches Schuldverhältnis

Unabhängig von einem bestehenden vertraglichen oder vertragsähnlichen Innenverhältnis besteht *zwischen Gesamtschuldnern* ein interner Ausgleichsanspruch nach § 426 I BGB auf eine anteilsmäßige Beteiligung der Schuldner. § 426 I BGB begründet ein *gesetzliches Schuldverhältnis* zwischen den Gesamtschuldnern und stellt eine *eigene Anspruchsgrundlage* für den Ausgleich im Innenverhältnis dar. 21

hemmer-Methode: Machen Sie sich die Unterscheidung zwischen Innen- und Außenverhältnis immer wieder deutlich! Zitieren Sie in der Klausur das Gesetz genau! § 426 BGB stellt in Abs. 1 einen Ausgleichsanspruch aus dem Innenverhältnis zur Verfügung, während Abs. 2 die Außenforderung auf den in Vorleistung tretenden Gesamtschuldner übergehen lässt. Vergleicht man das Verhältnis zwischen Gesamtschuldnern mit dem zwischen Bürge und Hauptschuldner, so entspricht § 426 I BGB dem Anspruch aus § 670 BGB und § 426 II BGB dem aus § 774 BGB.

Unterschiede zur cessio legis

Die wesentlichen Unterschiede zwischen den Ausgleichsansprüchen aus dem Innenverhältnis und den kraft Gesetzes übergegangenen Ansprüchen liegen in folgendem: 22

v.a.: kein Übergang der Nebenrechte

Nur bei der cessio legis gehen die Nebenrechte gemäß §§ 412, 401 BGB mit über. Andererseits muss sich der Rückgriffsgläubiger als Rechtsnachfolger des ursprünglichen Gläubigers z.B. auch die bereits verstrichene Verjährungsfrist anrechnen lassen (vgl. §§ 412, 404), während für den Anspruch aus dem Innenverhältnis eine eigene Verjährungsfrist läuft.

Umfang der cessio legis

Außerdem wird in vielen Fällen der Umfang der cessio legis bzw. die Durchsetzbarkeit des übergegangenen Anspruchs durch das Innenverhältnis bestimmt. Dies ergibt sich bspw. aus § 426 II („Soweit...Ausgleichung verlangen kann,...) oder aus § 774 I 3 („Einwendungen...bleiben unberührt").

4. Kombinationsregresse (§§ 426 I, II; 774, 670 BGB)

mehrgleisige Regresse

Aus den beiden Beispielen der Gesamtschuld und der Bürgschaft ist deutlich geworden, dass das Gesetz häufig die beiden Regresswege der cessio legis und des Rückgriffs aufgrund eigenen gesetzlichen Anspruchs miteinander kombiniert. Dem Rückgriffsberechtigten werden damit die Vorteile beider Wege eröffnet. Der Rückgriffsgläubiger kann sowohl aus seiner Innenforderung, als auch aus der übergegangenen, eventuell durch Nebenrechte gesicherten Forderung vorgehen. In dem Übergang dieser Nebenrechte liegt gerade Sinn und Zweck eines solchen Kombinationsregresses. Der Übergang der Außenforderung soll den Regressanspruch nicht ermöglichen, sondern sichern. Die beiden Ansprüche sind rechtlich selbständig und stehen daher in echter Anspruchskonkurrenz.[7] Allerdings werden wir noch sehen, dass zwischen beiden Ansprüchen ein enger Zusammenhang besteht. 24

7 Zu diesem Begriff in Abgrenzung zur bloßen Anspruchsnormenkonkurrenz: Larenz, SchR AT I, § 37 III a.E.

5. Bereicherungsrechtliche Rückgriffskondiktion

§§ 812 ff. BGB als letzter Rettungsanker

Besteht keine besondere Rechtsgrundlage für den Rückgriff, kann die allgemeine Rückgriffskondiktion nach Bereicherungsrecht in Betracht kommen. 25

In der Klausur steht diese Regressvariante am Ende der Überlegungen, denn die Rückgriffskondiktion ist gegenüber den oben erwähnten Rückgriffswegen subsidiär.[8]

bei Putativschulden

Wichtige Fälle, in denen die Rückgriffskondiktion diskutiert wird, sind zum einen die Leistung auf eine in Wahrheit gar nicht bestehende Schuld (Putativschulden): 26

> **Bsp.:** *Hundehalter H zahlt an G Schmerzensgeld. In Wahrheit war der mittellose G vom Hund des reichen S gebissen worden. H möchte nun direkt von S sein Geld zurück.*

aufgedrängter Regress

Zum anderen kann die Rückgriffskondiktion eine Rolle spielen, wenn jemand willentlich auf eine fremde Schuld leistet: 27

> **Bsp.:** *D bezahlt die Schuld des S bei G, um über einen Regressanspruch als Druckmittel den bisher unwilligen S zum Verkauf seines Grundstücks zu bringen.*

8 Siehe dazu unten Rn. 491 ff. und Hemmer/Wüst/Gold, Bereicherungsrecht, Rn. 349 ff.

§ 2 LEGALZESSIONEN

A. Grundprinzip

typischerweise nur vorläufige Haftung

Wenn das Gesetz einen Forderungsübergang vorsieht, stuft es die Haftung des Rückgriffsberechtigten gegenüber der des Rückgriffsverpflichteten grundsätzlich als nur vorübergehend ein. Durch die Regelung des § 412 BGB stellt das Gesetz die cessio legis im wesentlichen der Forderungsabtretung gleich. 28

I. Nichterlöschen der Forderung - bloßer Gläubigerwechsel

Gläubigerwechsel

Die cessio legis lässt die im Außenverhältnis bestehende Forderung zwischen Gläubiger und Schuldner auf den Rückgriffsgläubiger übergehen. Wie schon oben dargestellt[9] erlischt die Forderung zwischen Gläubiger und Rückgriffsschuldner nicht, sondern es findet lediglich ein Gläubigerwechsel statt. Der alte Gläubiger verliert das Recht, die im Anspruch bestimmte Leistung zu fordern, der neue Gläubiger (= der Rückgriffsgläubiger) erwirbt es. 29

II. Vorteil der cessio legis - Übergang der Sicherungsrechte

mit der Außenforderung leitet § 401 BGB Sicherungsrechte über

§ 412 BGB erklärt § 401 BGB für anwendbar. Damit gehen mit der Forderung zugleich bestimmte Sicherungsrechte auf den Rückgriffsgläubiger über. Häufig liegt im Übergang der Sicherungsrechte der eigentliche Sinn der cessio legis, da dem Rückgriffsgläubiger oft schon aus dem *Innenverhältnis* zum Rückgriffsschuldner ein Ausgleichsanspruch zusteht. Es wurde bereits angesprochen, dass z.B. die Bürgschaft i.d.R. aufgrund eines Auftragsverhältnisses übernommen wird, woraus dem Bürgen ein Aufwendungsersatzanspruch aus § 670 BGB zusteht. 30

akzessorische Rechte

§ 401 I BGB zählt als übergehende Sicherungsrechte ausdrücklich die Hypothek, das Pfandrecht und die Bürgschaft auf. Diese haben alle miteinander gemeinsam, dass sie in ihrem Bestand an die Hauptforderung geknüpft sind. Sie sind also *akzessorische Sicherungsrechte*. Daher wird § 401 I BGB analog auch auf andere akzessorische Rechte angewendet. Hierzu zählt insbesondere die Vormerkung (§ 883 BGB). Auch der Anspruch des Bauunternehmers auf Einräumung einer Sicherungshypothek geht mit über (§ 648 BGB).[10] 31

fiduziarische Rechte

Nicht in § 401 BGB erwähnt sind die *fiduziarischen Sicherungsrechte* wie Sicherungseigentum, Eigentumsvorbehalt, Sicherungszession und Sicherungsgrundschuld. Diese Rechte gehen nicht automatisch mit der Forderung auf den neuen Gläubiger über, sondern müssen durch einen gesonderten Übertragungsakt übergeleitet werden.[11] Denn aufgrund der Sicherungsabrede ist der alte Gläubiger gegenüber dem Schuldner treuhänderisch gebunden. Wegen dieser Vertrauensstellung verbietet sich ein automatischer Übergang.[12] 32

Vorzugsrechte

Zu den Vorzugsrechten i.S.d. Abs. 2 gehören die privilegierten Gläubigerpositionen im Zwangsvollstreckungsverfahren aus § 804 II ZPO, sowie die Insolvenzvorrechte, insbesondere die Absonderungsrechte aus §§ 49 – 51 InsO. 33

9 Siehe Rn. 15.

10 Palandt, § 401 BGB, Rn. 3 f.; zur Problematik beim Schuldbeitritt vgl. unten Rn. 580.

11 Palandt, § 401 BGB, Rn. 5 f.

12 Medicus, SchR AT, § 62 II 2.

Bsp.: Wer sich für eine Verbindlichkeit des Hauptschuldners gegenüber dem Gläubiger verbürgt, erwirbt bei Befriedigung des Gläubigers die Forderung gegen den Hauptschuldner kraft gesetzlichen Forderungsübergangs (§ 774 I 1 BGB). Gem. §§ 412, 401 II BGB gehen im Fall der Insolvenz des Hauptschuldners auch etwaige Absonderungsrechte aus §§ 49 – 51 InsO auf den Bürgen über.

III. Schuldnerschutz bei der cessio legis, §§ 412, 404 ff. BGB

Eingangsfall: Gläubiger G hat gegen S drei verschiedene Forderungen in Höhe von 6.000,-, 500,- und 200,- € aus einer früheren Geschäftsverbindung. Für alle Forderungen hat sich der Freund B des S selbstschuldnerisch verbürgt. Am 1.10. zahlt B alle Forderungen an G zurück und verlangt von S am 10.10. Zahlung.

S lehnt in allen drei Fällen die Zahlung ab: Die Rechnungen über 6.000,-€ und 500,- € habe er bereits bezahlt, und zwar erstere am 30.9. und letztere am 4.10. Von der Zahlung des B habe er keine Kenntnis gehabt. Gegenüber der dritten Forderung rechne er auf, weil G ihn bei einem schuldhaft verursachten Unfall verletzt hat.

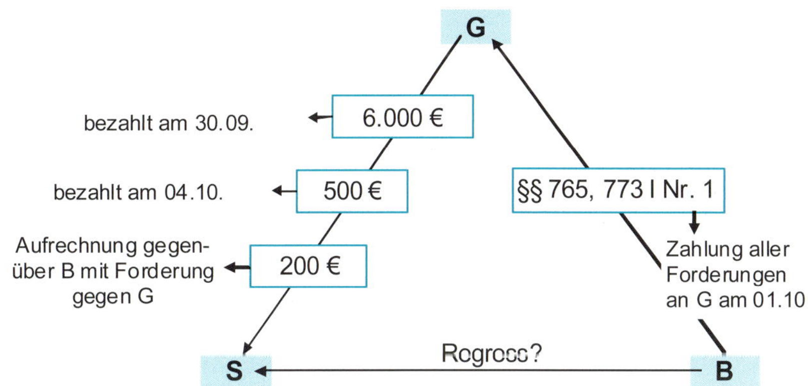

1. § 404 BGB: Einwendungen des Schuldners

weiter Einwendungsbegriff

Gemäß §§ 412, 404 BGB kann der Rückgriffsschuldner dem neuen Gläubiger alle Einwendungen entgegensetzen, die zur Zeit des Forderungsübergangs gegen den bisherigen Gläubiger *begründet* waren. Der Begriff der "Einwendungen" ist hier nicht dogmatisch auf die im gerichtlichen Verfahren *von Amts wegen zu beachtenden Einwendungen* beschränkt. Er ist vielmehr im weitesten Sinne zu verstehen und umfasst *auch die vom Schuldner zu erhebenden Einreden.*[13] Somit kann sich der Schuldner insbesondere auf die gegenüber dem Altgläubiger bereits abgelaufene Verjährung berufen. 34

Lösung Eingangsfall: Die Erfüllung der Forderung am 30.9. (§ 362 I BGB) muss B gegen sich gelten lassen (§ 404 BGB). Die cessio legis ging von vornherein ins Leere, weil die Forderung gar nicht mehr bestand. Eine Forderung kann grundsätzlich nicht gutgläubig erworben werden.

hemmer-Methode: Dass § 404 BGB nicht für Einwendungen sondern auch für Einreden gelten muss, ergibt sich schon daraus, dass es für - rechtsvernichtend wirkende - Einwendungen einer solchen Regelung gar nicht bedurft hätte, da eine nicht mehr existierende Forderung nicht gutgläubig erworben werden kann. § 404 wird auch oft als Beleg dafür zitiert, dass es keinen gutgläubigen Forderungserwerb gibt. Diese Tatsache folgt aber bereits aus dem Umstand, dass es im Gegensatz zu den beweglichen bzw. unbeweglichen Sachen keinen Rechtsscheinsträger gibt. Ausnahmefälle bilden die § 405 und § 2366.[14]

13 Palandt, § 404 BGB, Rn. 3.

14 Jauernig-Stürner, § 404, Anm. 1.

"begründete" Einwendung

Für die erfolgreiche Erhebung einer Einrede verlangt das Gesetz aber nicht etwa, dass alle Tatbestandsvoraussetzungen der Einwendung vorliegen. *Begründet* ist eine Einwendung schon dann, wenn sie ihrem Rechtsgrund nach im Schuldverhältnis angelegt war. Das bedeutet z.B. für die Verjährung, dass der Rückgriffsgläubiger den bereits abgelaufenen Teil der Verjährungsfrist gegen sich gelten lassen muss.[15] 35

2. Leistungshandlungen nach Abtretung

Oft kommt es vor, dass der Schuldner trotz der cessio legis noch an seinen Altgläubiger leistet. 36

Beachte: Zeitpunkt

Für die *vor dem Forderungsübergang* erfolgte Leistung bleibt es bei der Regelung des § 404 BGB. Die Erfüllung wirkt als Einwendung gegenüber dem neuen Gläubiger fort. 37

und Kenntnis des Schuldners

Für die *nach dem Forderungsübergang* erfolgte Leistung ist danach zu differenzieren, ob der Schuldner dabei in Kenntnis der cessio legis handelt oder nicht: 38

a) Unkenntnis von der cessio legis

Bei Unkenntnis: § 407 BGB

Leistet der Schuldner *in Unkenntnis* der cessio legis an den Altgläubiger, so schützt ihn § 407 I BGB. 39

hemmer-Methode: § 407 I BGB gilt für jede Art der Leistung gegenüber dem Altgläubiger (Erfüllung, Leistung an Erfüllungs Statt, aber auch erfüllungshalber), d.h. auch für Rechtsgeschäfte wie die Stundung, den Erlass, den Vergleich usw. Besonders klausurrelevant ist dabei die Leistung durch Aufrechnung.[16] Diese eignet sich für die Klausur besonders gut, weil sich damit die Abgrenzung zwischen §§ 404, 407 I und 406 BGB abprüfen lässt.

Aufrechnung	Schuldnerschutz
gegenüber Alt-Gläubiger <u>vor</u> cessio legis	§ 404 BGB (bzw. cessio legis geht ins Leere)
gegenüber Alt-Gläubiger <u>nach</u> cessio legis, aber in Unkenntnis	§ 407 BGB
gegenüber Neu-Gläubiger <u>nach</u> cessio legis	§ 406 BGB

Fiktionswirkung des § 407 BGB

Die an den alten Gläubiger erfolgte Leistung zeitigt eigentlich keine Erfüllungswirkung, da dieser seine Empfangszuständigkeit verloren hat und § 362 I BGB die Bewirkung der Leistung an den *Gläubiger* verlangt. Daher fingiert § 407 BGB die Empfangszuständigkeit. Gleiches gilt für das Rechtsgeschäft der Aufrechnung. Nach der cessio legis stehen sich die Forderungen nicht mehr einander gegenüber. Das Gesetz fingiert daher die Gegenseitigkeit. 40

Fortsetzung Lösung Eingangsfall: Die Zahlung des S an G am 4.10. in Unkenntnis der cessio legis muss B wegen § 407 I BGB gegen sich gelten lassen.

15 Palandt, § 404 BGB, Rn. 3-5; RGZ 124, 111 (124).

16 Zur Aufrechnung vgl. Hemmer/Wüst, BGB AT III, Rn. 249 ff.

Maßstab

Beim gesetzlichen Forderungsübergang dürfen an die Kenntnis des Schuldners aber keine zu hohen Anforderungen gestellt werden, um den Schutzzweck der jeweiligen Zessionsnorm nicht zu vereiteln.[17] 41

Bsp.: *Für die Kenntnis der cessio legis nach § 116 I SGB X, der das Interesse der Sozialversicherungsträger und damit der Allgemeinheit schützt, genügt bereits die Kenntnis der Tatsachen, die die Sozialversicherungspflicht des Geschädigten begründen, um die Anwendbarkeit des § 407 I BGB auszuschließen.*

Wahlrecht des Schuldners

Aus dem Wortlaut "gegen sich gelten lassen" und dem Zweck der Norm (Schuldnerschutz) wird gefolgert, dass der Schuldner sich einerseits auf die Rechtsfolgen der Vorschrift berufen muss, um in deren Genuss zu kommen. Andererseits hat er aber auch die Wahl, vom Altgläubiger das Geleistete zu kondizieren und an den Neugläubiger zu leisten.[18] 42

Bsp.: *Von Vorteil kann dies sein, wenn der Altgläubiger solvent ist und dem Schuldner gegen den Neugläubiger eine Forderung zusteht, deren Durchsetzung schwierig wäre, mit der er nun aber aufrechnen kann.*[19]

Wirkung für den Rückgriffsgläubiger

Beruft sich der Schuldner auf § 407 I BGB muss der Rückgriffsgläubiger nach § 816 II BGB vom Altgläubiger kondizieren. 43

Bedeutung des § 407 II BGB

§ 407 II BGB erweitert den Schuldnerschutz in prozessualer Hinsicht. Wird der Schuldner nach Forderungsübergang in Unkenntnis davon vom Altgläubiger verklagt, wirkt ein abweisendes Urteil auch gegen den Rückgriffsgläubiger. Maßgeblicher Zeitpunkt der Kenntnis ist die Rechtshängigkeit der Klage, also der Zeitpunkt der Zustellung der Klageschrift an den Schuldner durch das Gericht (§§ 253 I, 261 I ZPO).[20] 44

Abtretung nach bereits erfolgtem Forderungsübergang: § 408 BGB

Tritt der Altgläubiger nach dem Forderungsübergang auf den Rückgriffsgläubiger die Forderung an einen "Dritten" (an sich ist dieser eine vierte Person) ab, so geht diese Abtretung wegen des Prioritätsgrundsatzes ins Leere. Der gutgläubige Schuldner, der an den "Dritten" (z.B. durch Aufrechnung) leistet, soll aber nicht dessen Bonitätsrisiko tragen müssen. Deshalb kann er gemäß §§ 408 I, 407 I BGB dem Rückgriffsgläubiger als "früheren Erwerber" die Leistung entgegenhalten. Dieser muss das Geleistete dann nach § 816 II BGB beim Dritten kondizieren. 45

Bsp.: *Arbeitnehmer AN wurde von S im Straßenverkehr verletzt und war infolgedessen arbeitsunfähig krank. Vom Arbeitgeber AG erhielt er Entgeltfortzahlung. Weil der AN bei seinem Freund F Schulden hat, tritt er seinen Schadensersatzanspruch gegen S an F ab. S leistet ohne Kenntnis der Entgeltfortzahlung und der sie begründenden Umstände an F.*

Als S an F zahlte, war die Forderung bereits auf den AG übergegangen (§ 6 EFZG). Die Abtretung des AN an F ging damit mangels Rechtsinhaberschaft des AN ins Leere. Wegen §§ 412, 408 I, 407 I BGB wirkt die Leistung des S an F aber gegenüber dem wahren Gläubiger AG. S ist befreit.

AG kann nach § 816 II BGB von F Zahlung verlangen. Eventuell stehen ihm im Innenverhältnis zu AN auch Schadensersatzansprüche zu (§ 280 I BGB).

17 Palandt, § 407 BGB, Rn. 8.

18 Palandt, § 407 BGB, Rn. 5.

19 Dieses sog Wahlrecht i.R.d. Schuldnerschutzes muss Ihnen unbedingt bekannt sein. Beachten Sie dabei aber auch, dass nach h.M. dieses Wahlrecht erlischt, wenn der Neugläubiger die Leistung des Schuldners an den Altgläubiger gem. §§ 362 II, 185 II 1 BGB genehmigt.

20 Erfolgt der Forderungsübergang erst während des bereits rechtshängigen Verfahrens, erstreckt sich die Rechtskraft des Urteils ohnehin nach §§ 265, 325 ZPO auch gegen den Rückgriffsgläubiger als Rechtsnachfolger des Altgläubigers.

b) Kenntnis von der cessio legis

§ 406 BGB

In Kenntnis der cessio legis kann der Schuldner grundsätzlich nur noch mit einer Leistung gegenüber dem Neugläubiger erfüllen. Eine Sonderregelung gilt jedoch für die Aufrechnung in Kenntnis der cessio legis, § 406 BGB.[21] Dabei handelt es sich um eine Ausnahme vom Erfordernis der Gegenseitigkeit, § 387 BGB.[22] 46

hemmer-Methode: § 406 BGB bereitet Studenten oft Schwierigkeiten. Sein Inhalt ergibt sich jedoch allein aus einem sorgfältigen Lesen des Gesetzestextes. Trainieren Sie ihre Fähigkeit im sorgfältigen Umgang mit dem Wortlaut des Gesetzes. Zu „Lernen" gibt es da nichts!

zwei Ausnahmetatbestände in § 406 BGB

Hinter der Vorschrift steht der Gedanke, die Rechtsstellung des Schuldners durch den Forderungsübergang nicht zu verschlechtern. Er soll insoweit geschützt werden, als er auf eine Befreiung durch Aufrechnung vertrauen durfte. Die Aufrechnung in Kenntnis des Forderungsübergangs ist daher nur dann ausgeschlossen, wenn einer der zwei Ausnahmetatbestände des § 406 BGB vorliegt. 47

Bestehende Aufrechnungslage soll erhalten werden

Das Gesetz führt den Grundsatz des § 404 BGB fort, indem es eine vor dem Forderungsübergang *bereits bestehende Aufrechnungslage* fortwirken lässt. Schließlich hätte es zur Entstehung der Einwendung nur der Aufrechnungserklärung bedurft. 48

Vor Kenntniserlangung hilft dem Schuldner weiterhin § 407 I BGB. Erhält er hingegen Kenntnis von dem Forderungsübergang, kann er nach § 406 BGB gegenüber dem neuen Gläubiger aufrechnen, da auch diesem gegenüber - bis auf das Erfordernis der Gegenseitigkeit - die Voraussetzungen der §§ 387 ff. BGB erfüllt sind. § 406 BGB enthält also, so wie § 407 I BGB, eine Ausnahme vom Gegenseitigkeitserfordernis, es sei denn 49

§ 406 1. Fall

⇨ der Schuldner hatte beim Erwerb der Forderung gegen den Altgläubiger Kenntnis von der Abtretung/cessio legis,[23] **oder**

§ 406 2. Fall

⇨ die Forderung gegen den Altgläubiger wurde erst nach Erlangung der Kenntnis vom Forderungsübergang **und** später als die abgetretene bzw. übergegangene Forderung fällig.

Die Einschränkung der Aufrechenbarkeit im 2. Fall des § 406 BGB, beruht auf folgender Überlegung: Die Aufrechnung setzt eine vollwirksame und fällige Gegenforderung des Schuldners voraus. Wird diese später als die Hauptforderung des Gläubigers fällig, so muss der Schuldner zumindest eine Zeit lang damit rechnen, dass er aus dieser Forderung in Anspruch genommen wird, ohne aufrechnen zu können. 50

Sein Vertrauen auf die Aufrechenbarkeit ist also während dieser Zeit nicht schützenswert. Daher soll er gegenüber dem Neugläubiger dieselbe Zahlungspflicht haben wie gegenüber dem Altgläubiger.

---

21 Vgl. dazu unbedingt auch Hemmer/Wüst, BGB AT III, Rn. 587 ff.

22 Vgl. Hemmer/Wüst, BGB AT III, Rn. 257 a.E.

23 **Exkurs für Fortgeschrittene**: Gemäß § 406 BGB ist eine Aufrechnung des Schuldners gegen den Neugläubiger nur zulässig, wenn die Aufrechnungslage bestand, bevor der Schuldner von der Abtretung Kenntnis erlangt. Umstritten ist in diesem Zusammenhang, ob § 406 eingreifen kann, obwohl der Schuldner zuvor Kenntnis von einer *Voraus*abtretung (z.B. im Rahmen eines verlängerten Eigentumsvorbehalts) erlangt hat. Nach Ansicht des BGH steht die Kenntnis der Vorausabtretung der Kenntnis einer Abtretung gleich, so dass eine Aufrechnung nach § 406 ausscheidet (so BGH, NJW 1982, 2371 = **juris**byhemmer; vgl. auch Palandt, § 406 BGB, Rn. 4 a.E.). Gegen diese Rspr. wird vorgebracht, dass die antizipiert abgetretene Forderung schon im Zeitpunkt ihres Entstehens mir der Aufrechnungslage behaftet ist und diese sozusagen in die Forderung „hineingeboren" wird. Damit muss trotz Kenntnis der *Voraus*abtretung eine Aufrechnung durch den Schuldner möglich sein; vgl. dazu JuS 1994, 766 (767).

Zeittafel zu § 406 1. Fall BGB

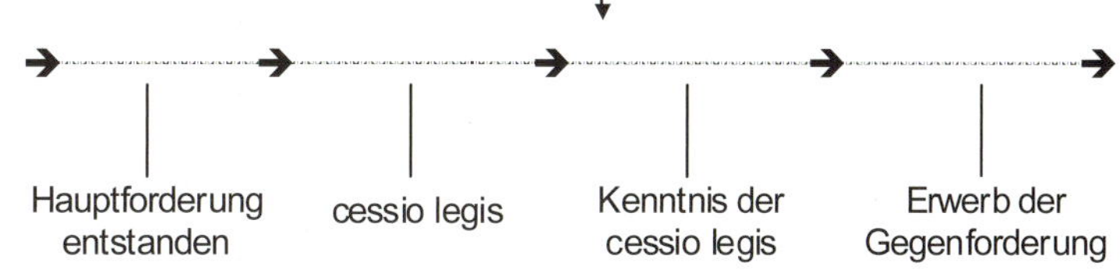

⇨ keine Schutzbedürftigkeit, da Aufrechnungslage nie entstanden

Zeittafel zu § 406 2. Fall BGB

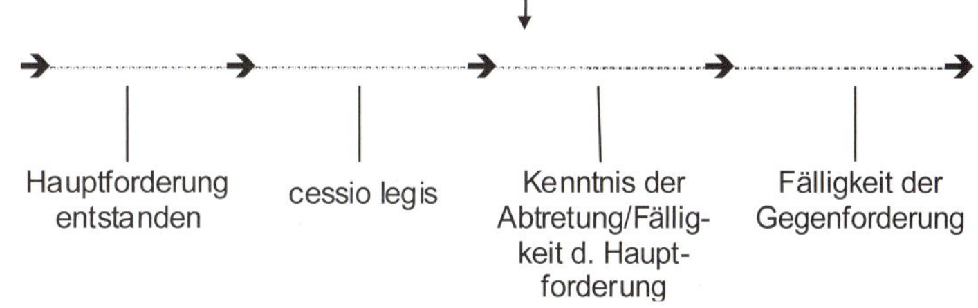

⇨ erst ab Fälligkeit der Gegenforderung Aufrechnungslage (vgl. § 387 BGB). Daher bis zu diesem Zeitpunkt Vertrauen in Aufrechenbarkeit nicht schutzwürdig.

Fortsetzung Lösung Eingangsfall: S hat einen Anspruch gegen G aus §§ 823 I, 253 II BGB aus dem Unfall. Dieser entstand bereits vor dem Forderungsübergang auf B. Da S in Kenntnis der cessio legis gegenüber B aufrechnet, ist § 406 BGB zu prüfen. Die Schadensersatzforderung erwarb er im Zeitpunkt der Verletzungshandlung, also vor Kenntnis des Forderungsübergangs. Der Anspruch war sofort fällig, also vor Erlangung der Kenntnis am 10. Oktober. Die Ausnahmetatbestände des § 406 BGB greifen mithin nicht ein. S kann aufrechnen.

erweiterter Schutz des Schuldners

§ 406 BGB will dem Schuldner aber nicht nur eine bereits bestehende Aufrechnungslage, sondern darüber hinaus auch die Rechtsstellung erhalten, die ihm - ohne die cessio legis - später einmal die Tilgung seiner Schuld durch Aufrechnung ermöglicht hätte.[24] Wusste der Schuldner beim Erwerb seiner Gegenforderung nichts von der cessio legis, schützt das Gesetz sein potentielles *Vertrauen in die Aufrechnungsmöglichkeit*, das möglicherweise das Motiv des Forderungserwerbes war. 51

Bsp.: *G hat seit dem 2.5. eine Kaufpreisforderung in Höhe von 5000,- € gegen S, die bis zum 1.7. gestundet ist, und für die sich B selbstschuldnerisch verbürgt hat. Am 4.6. erwirbt S eine fällige Darlehensforderung gegenüber G über 5000,- €. Am 3.7. zahlt B an G. S will am 4.7. mit der Kaufpreisforderung aufrechnen, als ihm B von der Zahlung erzählt und Regress fordert.*

24 BGH, NJW 1990, 2544 (2545) = **juris**byhemmer.

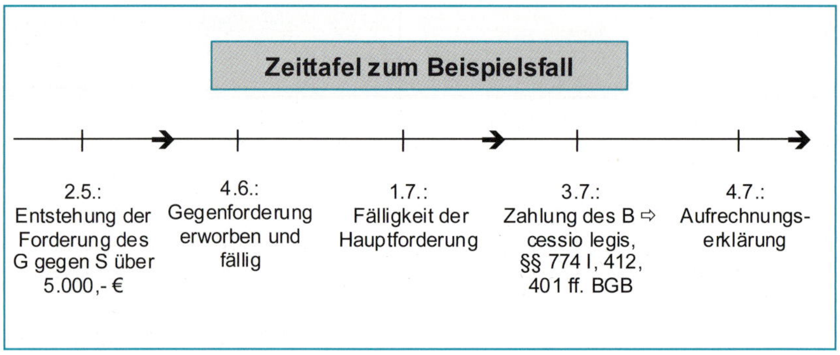

entscheidend Zeitpunkt des Fälligwerdens

Kenntn der Schuldner die cessio legis bis dato nicht, kann er weiterhin nach § 407 I BGB gegenüber dem Altgläubiger aufrechnen. 52
Kennt er sie zwischenzeitlich, so erweitert § 406 BGB seine Rechtsposition. Allerdings darf die Gegenforderung nicht erst nach der kraft Gesetzes übergegangenen Forderung fällig geworden sein, denn dann durfte der Schuldner beim Forderungserwerb nicht auf die Aufrechnungslage vertrauen. Kumulativ setzt der Ausschlusstatbestand des § 406 BGB voraus, dass auch der Zeitpunkt der Kenntnisnahme der cessio legis vor Fälligwerden der Gegenforderung liegt.[25]

S hat im Zeitpunkt der Aufrechnungserklärung Kenntnis vom Forderungsübergang, § 407 I BGB ist somit nicht einschlägig. Er kann allenfalls gegenüber dem Neugläubiger B nach § 406 BGB aufrechnen. Der Ausschlusstatbestand des § 406 1. Fall BGB greift nicht ein, da S den Darlehensanspruch gegen G vor der cessio legis erworben hat. Auch § 406 2. Fall BGB ist hier nicht einschlägig, da die Darlehensforderung sowohl vor Kenntniserlangung, als auch vor der Kaufpreiszahlung fällig war. S kann somit nach § 406 BGB aufrechnen.

U.U. kann sich aus dem Innenverhältnis Bürge - Hauptschuldner aber etwas anderes ergeben, da der Hauptschuldner dem Bürgen nur i.R.d. Innenverhältnisses verpflichtet ist.[26]

Beim Erwerb der Gegenforderung konnte S darauf vertrauen, die beiden Forderungen durch Aufrechnung zum Erlöschen bringen zu können. Deshalb darf er auch dann noch gegenüber B aufrechnen, wenn die Kaufpreisforderung übergegangen ist und es am Gegenseitigkeitsverhältnis fehlt. Anders ist dies jedoch, wenn S bereits beim Erwerb der Forderung von der Abtretung weiß. Jetzt kann er auf eine Aufrechnung nicht mehr vertrauen. Ebenso kann S nur dann auf eine Aufrechnung vertrauen, wenn seine Gegenforderung früher als die abgetretene bzw. übergegangene Forderung fällig wird. Ansonsten muss er damit rechnen, zwischen Fälligkeit der Kaufpreisforderung und der Darlehensforderung auf Zahlung in Anspruch genommen zu werden, ohne aufrechnen zu können.

hemmer-Methode: Denkbar ist auch der Fall, dass der Schuldner seine Gegenforderung aufgrund einer Legalzession erwirbt. Auch dann kann er sich auf § 406 BGB berufen (§ 412 BGB). Im Klausurfall sollten Sie dann jedoch nicht blindlings mit dem Argument des Vertrauensschutzes arbeiten, denn regelmäßig wird der Erwerb einer Forderung kraft Gesetzes nicht durch ein Vertrauen des Schuldners auf eine daraus resultierende Aufrechnungsmöglichkeit veranlasst.[27]

25 Kritisch zu diesem kumulativen Erfordernis Medicus, SchR AT, § 64 IV. 5. b) und MüKo, § 406 BGH, Rn. 9.

26 Palandt, § 774 BGB, Rn. 11.

27 Medicus, a.a.O.

3. §§ 409, 410 BGB

Leistung an den neuen Scheingläubiger

Ebenfalls dem Schuldnerschutz dienen die §§ 409 und 410 BGB. Beide sind auf die cessio legis anwendbar (§ 412 BGB). Ist die Legalzession gar nicht eingetreten, hat der Altgläubiger[28] dem Schuldner gegenüber aber den Forderungsübergang angezeigt, so wird der Schuldner durch Leistung an den Scheingläubiger frei: § 409 I BGB. 53

Das gilt grundsätzlich sogar dann, wenn der Schuldner die Unwirksamkeit des Forderungsübergangs kennt, denn eine rechtliche Ungewissheit über dessen Wirksamkeit darf nicht zu Lasten des Schuldners gehen.[29]

hemmer-Methode: Beachten Sie: Die §§ 407 und 408 BGB regeln das Freiwerden des Schuldners gegenüber dem echten Neugläubiger durch Leistung an den Altgläubiger, der jetzt Scheingläubiger ist. Umgekehrt geht es bei § 409 BGB um das Freiwerden gegenüber dem noch immer berechtigten Altgläubiger durch Leistung an den scheinbaren Neugläubiger. Im Innenverhältnis gilt dann § 816 II BGB.

Für den scheinbaren Rückgriffsgläubiger ist diese Regelung freilich nicht nachteilig, da er in der zunächst vorteilhaften Lage ist, die Leistung erhalten zu haben. 54

§ 410 BGB: Leistungsverweigerungsrecht

Ein Leistungsverweigerungsrecht eigener Art gegenüber dem Rückgriffsgläubiger begründet § 410 BGB. Der Schuldner muss erst gegen Vorlage einer die Abtretung bestätigenden Urkunde an den neuen Gläubiger leisten. § 274 BGB ist entsprechend anzuwenden.[30] Beim gesetzlichen Forderungsübergang muss die Urkunde des Altgläubigers den Forderungsübergang anerkennen. Die Urkunde muss den Anforderungen des § 126 BGB genügen. 55

B. Einzelne Legalzessionen

Legalzessionen

Im Folgenden sollen die wichtigsten Legalzessionen dargestellt werden. Die meisten stammen aus dem Bereich des Kreditsicherungsrechts. Aber auch im Unterhaltsrecht, im Sozialrecht, im Arbeitsrecht und im Versicherungsvertragsrecht gibt es examens- und praxisrelevante Vorschriften. 56

Die am häufigsten vorkommende Zessionsnorm ist naturgemäß die des § 426 II BGB, da sie bei jeder Gesamtschuld greift. 57

I. § 426 II BGB - Rückgriff des Gesamtschuldners

Sonderstellung

Die wichtige Norm des § 426 II BGB nimmt sogleich eine Sonderstellung unter den Legalzessionen ein. Grund einer Legalzession ist typischerweise die Wertung des Gesetzgebers, dass der vom Gläubiger zunächst in Anspruch Genommene nicht der letztendlich Haftende sein soll. Endgültig haften soll vielmehr der Regressschuldner. Die Haftung des Regressgläubigers sollte lediglich dazu dienen, dem Gläubiger das Risiko der Rechtsverfolgung gegen den Regressschuldner abzunehmen. Die cessio legis ermöglicht nun dem Regressberechtigten den Rückgriff, indem sie die Anspruchsgrundlage überleitet. 58

---

28 Eine Anzeige des Legalzessionars (= Scheingläubiger) genügt nach Palandt, § 409 BGB, Rn. 2 nicht.

29 Der Schutz des § 409 BGB entfällt dann, wenn die fehlende Berechtigung des Scheingläubigers offenkundig ist und der Schuldner bei einer Leistungsverweigerung mit keinerlei Nachteilen zu rechnen braucht, vgl. BGH, DB 1955, 603.

30 Palandt, § 410 BGB, Rn. 1.

da bei Gesamtschuld kein Stufenverhältnis

Beim Gesamtschuldner trifft diese Wertung nicht zu. Gesamtschuldner haften dem Gläubiger gegenüber gleichstufig. Wer in welcher Höhe die Schuld letztendlich zu tragen hat, richtet sich alleine nach dem Innenverhältnis (§ 426 I BGB). Das Gesetz sieht die gleichmäßige Verteilung lediglich für den Zweifelsfall vor. *59*

hemmer-Methode: In den Fällen, in denen das Gesetz eine cessio legis anordnet, liegt keine Gesamtschuld vor. Typisch für diese Konstellation ist nämlich, dass hier nach dem Willen des Gesetzgebers der in Anspruch Genommene nur "vorschussartig" haften soll. Die cessio legis soll ihm den vollen Rückgriff beim durch seine Leistung Begünstigten ermöglichen. Ist einer von mehreren Schuldnern nach der gesetzlichen Wertung aber zwingend in voller Höhe rückgriffsberechtigt, fehlt es an der für eine Gesamtschuld wesentlichen Gleichstufigkeit. Damit schließt eine cessio legis die Entstehung einer Gesamtschuld regelmäßig aus.[31] Etwas anderes gilt natürlich für die cessio legis gemäß *§ 426 II BGB als Folge einer bereits begründeten Gesamtschuld.* Nicht zu verwechseln damit ist die Konstellation, in der einer von mehreren Gesamtschuldnern ausnahmsweise nach dem Innenverhältnis gemäß § 426 I BGB voll ausgleichspflichtig ist.

§ 426 II nicht regressbegründend

Die cessio legis des § 426 II BGB ist nicht notwendig, um den Regress überhaupt zu ermöglichen. Denn dem ausgleichsberechtigten Gesamtschuldner steht bereits ein Anspruch aus § 426 I BGB zu. § 426 II BGB kommt im Wesentlichen nur eine diesen Anspruch sichernde Funktion zu. Wichtig ist insbesondere der mit der cessio legis verbundene Übergang der Nebenrechte (§§ 412, 401 BGB). *60*

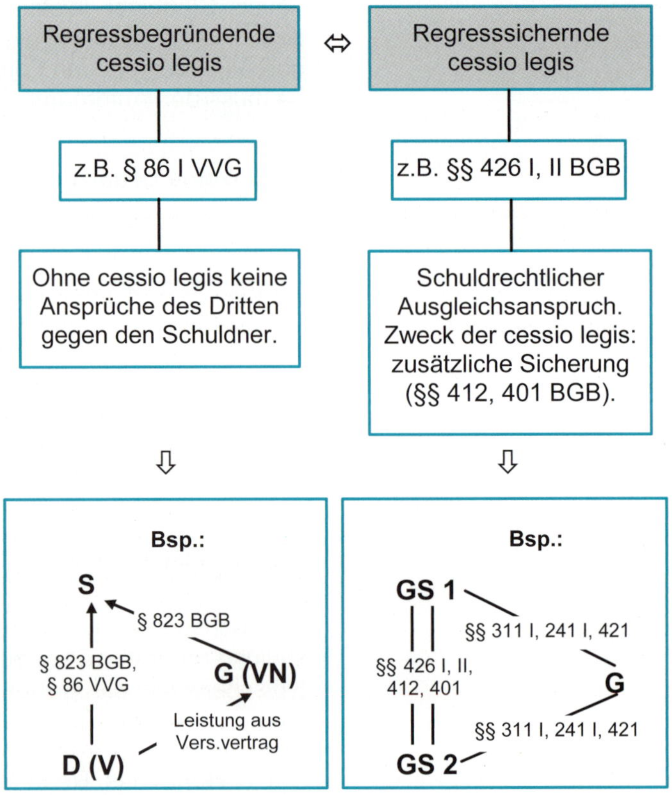

hemmer-Methode: Die Einzelheiten zu § 426 II BGB werden im Zusammenhang der Gesamtschuld unter § 4 behandelt.

31 Vgl. dazu unten Rn. 212.

II. § 268 III BGB - Rückgriff des Ablösungsberechtigten

Leistung auf fremde Schuld

61 Leistet ein Dritter, der selbst nicht Schuldner ist, auf eine fremde Schuld, sieht § 267 BGB keinen gesetzlichen Forderungsübergang vor. Die Forderung und mit ihr alle Nebenrechte erlöschen (§ 362 BGB). Der Rückgriff richtet sich alleine nach dem Innenverhältnis zwischen Drittem und Schuldner. In Frage kommen hier Ansprüche aus Auftrag, GoA und zuletzt der allgemeinen Rückgriffskondiktion.

§ 268: Ablösungsrecht

62 § 268 BGB verbessert die Rechtsstellung des Dritten jedoch, wenn dieser ein besonderes Interesse an der Befriedigung des Gläubigers hat. Zum einen nimmt die Vorschrift dem Gläubiger das Recht, die Leistung abzulehnen, wenn der Schuldner der Leistungsbewirkung durch den Dritten widerspricht. Zum anderen bewirkt die Leistung den Übergang der Forderung auf den Dritten (§ 268 III 1 BGB).

1. Voraussetzungen des Ablösungsrechts

fremde Schuld

63 Der Dritte darf *nicht selbst Schuldner* sein. Dann würde er nämlich, wie etwa der Bürge, auf eine eigene Schuld leisten.[32]

> **Bsp.:** *Ehefrau E hat bei der Bank B für das Geschäftsdarlehen ihres Mannes M einen Schuldmitübernahmevertrag unterzeichnet. Sie ist damit selbst Schuldnerin geworden. Der Ausgleichsanspruch richtet sich nach § 426 BGB.*

spezielle Ablösungsrechte

64 Weiterhin darf dem Dritten nicht bereits aus einer *spezielleren Vorschrift* ein Befriedigungsrecht zustehen. So berechtigt § 1142 BGB den Grundstückseigentümer, der nur Sicherungsgeber, nicht aber Schuldner der hypothekarisch gesicherten Forderung ist, den Gläubiger zu befriedigen.[33] Die Forderung geht dann gemäß § 1143 I 1 BGB auf ihn über. Im Pfandrecht ist § 1225 BGB die einschlägige Norm.

Betreiben der Zwangsversteigerung

65 Der Gläubiger muss die *Zwangsvollstreckung* gegen den Schuldner *bereits betreiben*. Ein Vollstreckungsantrag (§ 753 I ZPO) ist hierfür die Mindestvoraussetzung. Im Hypothekenrecht genügt ausnahmsweise schon das Befriedigungsverlangen des Gläubigers, um die Kosten einer eingeleiteten Zwangsvollstreckung in das Grundstück zu vermeiden (§ 1150 BGB).

fremder Vollstreckungsgegenstand

66 Der Gegenstand, in den vollstreckt werden soll, muss *dem Schuldner gehören.*[34]

drohender Rechtsverlust am Vollstreckungsgegenstand

67 Durch die Zwangsvollstreckung muss dem Dritten ein Rechtsverlust an dem Gegenstand drohen. In Frage kommen dingliche Berechtigungen, wie z.B. der Nießbrauch an einer beweglichen Sache (§ 1032 BGB), sowie diejenigen Pfand- und Hypothekenrechte, die gemäß §§ 1242 II BGB, 91, 52, 44 ZVG durch die Pfandveräußerung bzw. den Zuschlag in der Zwangsversteigerung erlöschen.[35]

Ablösungsrecht des Besitzers

68 Ein Befriedigungsrecht haben gemäß § 268 Abs. 1 Satz 2 BGB auch Besitzer, denen infolge der Zwangsvollstreckung ein Besitzverlust droht. Dadurch werden vor allem Mieter und Pächter von Grundstücken geschützt, denen im Falle der Zwangsversteigerung vom Ersteher gekündigt werden kann. Die gesetzliche Vertragsübernahme des § 566 BGB wird insofern von § 57a ZVG relativiert.

---

32 Reinicke/Tiedtke, Kreditsicherung, S. 84.

33 Palandt, § 1142 BGB, Rn. 1.

34 Ist der Dritte selbst Eigentümer der Sache bzw. Rechtsinhaber, so hat er die Möglichkeit der Drittwiderspruchsklage nach § 771 ZPO mit dem Ziel, die Zwangsvollstreckung in diesen Gegenstand für unzulässig erklären zu lassen.

35 Larenz, SchR AT, § 14 III 1.

2. Aufrechnung, Hinterlegung (§ 268 II) - Forderungsübergang nicht zum Nachteil des Gläubigers (§ 268 III 2)

Befriedigung durch Aufrechnung

Trotz fehlender Gegenseitigkeit der Forderungen des Gläubigers und des Dritten ist die Aufrechnung erlaubt (§§ 387, 268 II BGB). Der Dritte kann somit die Forderung Gläubiger - Schuldner mit einer eigenen Forderung gegen den Gläubiger aufrechnen. 69

oder Hinterlegung

Unter den Voraussetzungen des § 372 BGB ist dem Dritten auch die Hinterlegung[36] von Geld (oder Wertpapieren, etc.) gestattet.[37] 70

Bsp.: *Gläubiger G lehnt die Leistung des Dritten wegen des Widerspruchs des Schuldners ab.*

Gegenüber dem ablösungsberechtigten Dritten hat der G kein Ablehnungsrecht, auch nicht beim Widerspruch des Schuldners.[38] Damit gerät er in Annahmeverzug (Annahmeverzug setzt kein Verschulden voraus[39]). Der Dritte kann nun hinterlegen und erwirbt dadurch die Forderung des G gegen S kraft Gesetzes nach § 268 III BGB.

Privilegierung des Altgläubigers

Der Forderungsübergang kann nach § 268 III S. 2 BGB nicht zum Nachteil des Gläubigers geltend gemacht werden. Der gleiche Rechtssatz findet sich im Gesetz des Öfteren bei Legalzessionen: §§ 426 II 2, 774 I 2, 1143, 1150, 1176, 1225, 1249 BGB. Der Altgläubiger genießt weiterhin eine privilegierte Stellung gegenüber dem Regressgläubiger. 71

Bsp.: *A hat auf eine Schuld des S bei G nach Maßgabe des § 268 BGB gezahlt. Dabei hat er den G jedoch lediglich teilweise befriedigt. Daher sind etwaige Nebenrechte an der Forderung (z.B. eine Bürgschaft des D) nur anteilig auf A übergegangen. Im Übrigen sind sie beim Gläubiger verblieben. Auf diese Nebenrechte darf der G gegenüber A vorrangig zugreifen. Hat sich A bereits aus ihnen befriedigt und fällt der G mit seinem Anteil aus, so muss A das Erlangte an G herausgeben.*[40]

3. Keine analoge Anwendung bei Sicherungseigentum und Sicherungszession

Regelfall

Im Regelfall ist der Sicherungsgeber (SG) bei der Sicherungsübereignung (SÜ) und der Sicherungszession (SZ) mit dem Schuldner (S) des zu sichernden Kredits identisch. Regressprobleme ergeben sich dann nicht. 72

Ablösungsrecht des SG, der nicht persönlicher S ist

Dem SG, der nicht selbst Schuldner ist, ist ein Ablösungsrecht zuzugestehen, um durch Zahlung auf die Schuld des S das Herausgabeverlangen bzw. die Forderungsverwertung abzuwehren.[41] Ist dieses Recht nicht ausdrücklich vereinbart, lässt es sich durch ergänzende Auslegung des Sicherungsvertrages zwischen SG und G begründen. Die Interessen des Gläubigers werden jedenfalls durch Zahlung auf die Schuld hinreichend gewahrt. 73

Problem: Folge für die Gläubigerforderung?

In diesem Falle ist fraglich, was mit der Forderung des Gläubigers gegen des S geschieht. 74

§ 268 III BGB ist nicht anwendbar. Das oben zugestandene Ablösungsrecht ist nämlich keines i.S.d. § 268 I BGB. Der Gegenstand (Sache bzw. Forderung) gehört nicht dem S sondern dem SG. 75

36 Vgl. zur Hinterlegung Hemmer/Wüst, BGB AT III, Rn. 231.

37 Palandt, § 268 BGB, Rn. 5.

38 Palandt, § 268 BGB, Rn. 5 a.E.

39 Palandt, § 293 BGB, Rn. 10.

40 Vgl. Palandt, § 268 BGB, Rn. 7.

41 Hemmer/Wüst, Kreditsicherungsrecht, Rn. 304.

Eine Möglichkeit wäre, die Zahlung als Drittzahlung i.S.d. § 267 BGB aufzufassen, was aber den Nachteil hätte, dass kein Forderungsübergang auf den SG stattfände und damit parallel bestellte Sicherheiten erlöschen würden. Dem SG stünde gegen den S also nur ein ungesicherter Ausgleichsanspruch z.B. aus § 670 BGB zu.[42]

Sachgerechter ist es deshalb, die Ablösung der Schuld des S durch den SG wie einen Forderungskauf zu behandeln, der den Gläubiger zur Abtretung seiner Forderung an SG verpflichtet.[43] Mit der Abtretung gehen dann auch evtl. bestellte Sicherheiten gem. § 401 BGB auf den SG über.

hemmer-Methode: Sie werden festgestellt haben, dass dieses Ergebnis dem bei der Sicherungsgrundschuld sehr ähnlich ist. Hier gewinnt man durch Auslegung der Sicherungsabrede, dass der befriedigte SN verpflichtet ist, die Forderung auf den SG gem. § 398 BGB zu übertragen.[44]

III. § 774 I BGB - Rückgriff des Bürgen

§ 774 I 1 BGB leitet die Forderung des Gläubigers kraft Gesetzes auf den Bürgen über, soweit dieser den Gläubiger befriedigt hat. 76

1. Funktion der cessio legis

unterscheide Außen- und Innenforderung

Die Norm bewirkt damit den Übergang der *Außenforderung* des Gläubigers gegen den Hauptschuldner. Im *Innenverhältnis* des Bürgen zum Hauptschuldner besteht meist ein Rechtsverhältnis, das einen eigenen Rückgriffsanspruch begründet, i.d.R. ein Auftrag. Satz 3 des § 774 I BGB setzt das denknotwendig voraus. 77

> ***Bsp.:*** *S benötigt dringend einen größeren Kredit, um sich ein neues Auto zu kaufen. Zur Sicherung verlangt die G-Bank jedoch eine selbstschuldnerische Bürgschaft, zu der sich der Freund B des S bereit erklärt. S erhält daraufhin das Darlehen von G ausbezahlt.*
>
> Zahlt S später sein Darlehen nicht zurück, kann G den Bürgen B in Anspruch nehmen. Die Bürgschaftserklärung des B für S beruht auf einem Auftragsverhältnis zwischen B und S (§ 662 BGB). Aus diesem Innenverhältnis kann B seine Aufwendungen nach § 670 BGB ersetzt verlangen. Die Forderung des G gegen S auf Rückzahlung des Darlehens gemäß § 488 BGB geht parallel dazu wegen § 774 I 1 BGB über.

setzt Außenforderung voraus

Dabei setzt § 774 I 1 BGB natürlich das Bestehen der Außenforderung voraus. Besteht diese nicht oder nicht mehr, findet auch kein Forderungsübergang statt. 78

> ***Bsp.:*** *S hatte das Darlehen bereits zurückgezahlt, als B auf seine Bürgenschuld leistete.*
>
> Die Hauptschuld war bereits erfüllt (§ 362 BGB). Damit bestand auch keine Bürgenschuld mehr (§ 767 I 1 BGB, Akzessorietät der Bürgschaft). B leistete somit ohne Rechtsgrund und muss den gezahlten Geldbetrag bei G gemäß § 812 I 1 Alt. 1 BGB kondizieren.

---

42 Hemmer/Wüst, Kreditsicherungsrecht Rn. 306.

43 Hemmer/Wüst, Kreditsicherungsrecht, Rn. 307 f.

44 Hemmer/Wüst, Kreditsicherungsrecht, Rn. 165.

hemmer-Methode: Ist die Bürgschaft für eine nichtige Darlehensforderung bestellt und wurde das Darlehen ausbezahlt, so ist es Auslegungsfrage, ob der Bürge auch für den Bereicherungsanspruch der Bank gegen den Darlehensnehmer haftet.[45] Bejaht man dies im Einzelfall, so geht der Bereicherungsanspruch bei Leistung des Bürgen auf ihn über.[46]

§ 670 BGB i.d.R. für den Innenausgleich

Rechtsgrund der Bürgschaft im Verhältnis zum Schuldner kann Auftrag, Geschäftsbesorgungsvertrag, Schenkung oder Geschäftsführung ohne Auftrag sein. In der Regel erfolgt der Innenausgleich also über § 670 BGB. 79

Parallele Gesamtschuld - Bürgschaft

Das Gesetz stellt dadurch den Bürgen ähnlich wie den Gesamtschuldner. Der in Anspruch genommene Gesamtschuldner hat ebenso Ansprüche aus dem Innenverhältnis (§ 426 I BGB, § 670 BGB) und daneben den übergeleiteten Anspruch des Gläubigers auf Grund des § 426 II BGB. 80

hemmer-Methode: § 774 I 1 BGB entspricht also dem § 426 II BGB beim Gesamtschuldnerausgleich. Aus dieser Parallelität lässt sich ein wichtiger Schluss ziehen:
Der Bürge haftet nicht als Gesamtschuldner. Anderenfalls hätte § 774 I 1 BGB keine eigene Funktion. Argument hierfür ist auch, dass die Bürgschaft streng akzessorisch an den Bestand der Hauptforderung gekoppelt ist (§§ 767, 768, 770 BGB). Die Schuld eines Gesamtschuldners kann sich hingegen isoliert entwickeln (§ 425 BGB).
Zur Abgrenzung von Bürgschaft und gesamtschuldnerischer Haftung des Schuldbeitretenden lesen Sie Hemmer/Wüst, Kreditsicherungsrecht, Rn. 16 ff.

Funktion der cessio legis

Wegen des ohnehin meist bestehenden Regressanspruchs aus dem Innenverhältnis liegt die Hauptfunktion der cessio legis im Zugriff auf eventuelle Neben- und Vorzugsrechte über §§ 412, 401 BGB. 81

Bsp. (vgl. obiger Darlehens-Fall): *Zusätzlich zur Bürgschaft des B hatte sich die G-Bank das Darlehen über eine Hypothek am Grundstück des Bruders H des S sichern lassen.*

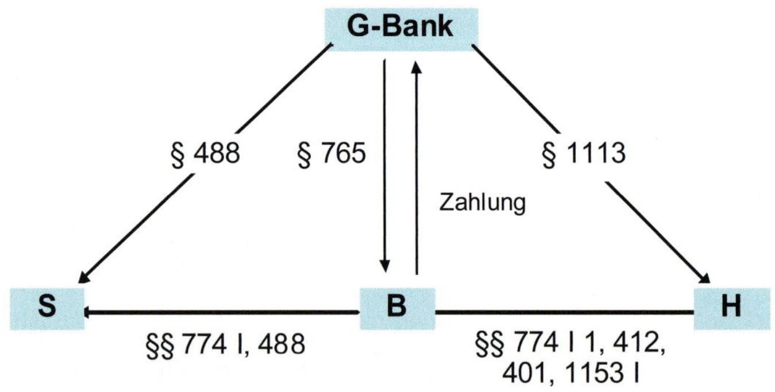

Soweit B die G-Bank befriedigt hat, geht die Hypothek am Grundstück des H gemäß §§ 774 I 1, 412, 401 I BGB auf den B über.[47]

2. Bedeutung des Innenverhältnisses Hauptschuldner - Bürge

§ 774 I 3 BGB

Von der Überleitung der Außenforderung bleiben Einwendungen des Hauptschuldners aus dem Rechtsverhältnis mit dem Bürgen unberührt (§ 774 I 3 BGB). 82

45 BGH, NJW 1987, 2076 = **juris**byhemmer; ausführlich auch Reinicke/Tiedtke, Kreditsicherung, S. 25 ff.

46 Vgl. OLG Köln, MDR 1976, 398.

47 dieses „Mitlaufgebot“ als Ausdruck der Akzessorietät ergibt sich bei der Hypothek aus § 401 BGB und aus § 1153 I BGB.

Einwendungen von innen nach außen?

Nach der h.M. handelt es sich beim Anspruch aus dem Innenverhältnis und dem aus der übergeleiteten Außenforderung um zwei selbständige Ansprüche des Bürgen. Die Erfüllung des einen führt dabei zum Untergang des anderen (Anspruchskonkurrenz).[48] Einwendungen kann der Hauptschuldner demnach grundsätzlich nur in den jeweiligen Rechtsverhältnissen geltend machen. 83

§ 774 I 3 BGB durchbricht diesen Grundsatz insofern, als der Hauptschuldner Einwendungen aus dem Innenverhältnis nun auch der übergegangenen Hauptforderung entgegensetzen kann. Der Grund hierfür wird durch die folgenden Beispiele deutlich:

Bsp. 1: B bekommt bei der Bank C kein Darlehen, weil er überschuldet ist. Er verabredet daher mit A, dass dieser für ihn das Darlehen aufnimmt und ihm den Geldbetrag zur Verfügung stellt. Er werde sich bei C für die Rückzahlung verbürgen und das Darlehen tilgen. B zahlt das Darlehen tatsächlich zurück. Geht der Anspruch der C aus § 488 BGB wegen § 774 I 1 BGB auf B über?

A wurde als Darlehensnehmer nur vorgeschoben. Im Innenverhältnis A zu B sollte B die alleinige Rückzahlungslast tragen. Es wäre in solchen Fällen unsinnig, dem Bürgen B den Regress zu gewähren. Daher lässt § 774 I 3 BGB zu, dass der Hauptschuldner die Lastenverteilung des Innenverhältnisses als Einwendung nach dem Übergang auch der Außenforderung entgegenhalten kann.

hemmer-Methode: Dogmatisch lässt sich darüber streiten, ob wegen § 774 I 3 BGB die Außenforderung schon gar nicht übergeht oder aber einwendungsbehaftet übergeht. Für Letzteres spricht, dass dadurch das Regel-Ausnahme-Verhältnis dieser Fallvariante deutlich wird und zudem die Beweislastverteilung ersichtlich gemacht wird: Die Umkehrung der Lastentragung im Innenverhältnis weicht von der gesetzlichen Typisierung ab. Es ist daher Sache desjenigen, der sich darauf beruft (hier des Hauptschuldners), dies zu beweisen. Hierzu passt die Lösung mittels Einwendung, da auch das tatsächliche Bestehen einer Einwendung von demjenigen zu beweisen ist, der sich auf sie beruft.
Andererseits wirkt die Einwendung bereits per se und lässt die Außenforderung schon im Moment des Übergangs erlöschen. Nach Reinicke/Tiedtke[49] empfiehlt es sich daher nicht, die Formulierung zu wählen, die Forderung gehe einwendungsbehaftet über.

Bsp. 2: Der Bürge hat möglicherweise gar keinen Anspruch auf Rückgriff beim Hauptschuldner aus dem Innenverhältnis, weil er die Bürgschaft dem Schuldner gegenüber schenkungsweise erbracht hat (Beachte hierbei § 518 I, II BGB!).

Auch in diesem Fall entspräche es nicht dem Sinn des § 774 I BGB, dem Bürgen eine Regresschance zu eröffnen.

hemmer-Methode: Das Gesetz schafft auch hier eine Parallele zum Gesamtschuldnerausgleich. § 426 II 1 BGB lässt den Übergang der Außenforderung nur insoweit zu, als der Gesamtschuldner "von den übrigen Schuldnern Ausgleichung verlangen kann". Das Innenverhältnis bestimmt den Umfang der cessio legis. § 426 II 1 BGB entspricht daher einer Zusammenschau aus § 774 I 1 und 3 BGB, wohingegen § 426 II 2 BGB seine Entsprechung in § 774 I 2 BGB findet.
§ 774 I 1 BGB will daher den Bürgenregress nicht konstituieren, sondern nur optimieren. Steht dem Bürgen aus dem Innenverhältnis ein Rückgriff zu, so dient § 774 I 1 BGB über §§ 412, 401 BGB dessen Absicherung. Verwehrt ihm das Innenverhältnis den Regress, soll § 774 I 1 BGB dieses Ergebnis nicht durchbrechen.

48 Palandt, § 774 BGB, Rn. 4.

49 Reinicke/Tiedtke, Kreditsicherung, S. 86.

3. Einwendungen des Hauptschuldners gegen die Hauptverbindlichkeit

§§ 774 I 1, 412, 404 BGB

Hatte der Hauptschuldner Einwendungen gegen die Verbindlichkeit, so hätte sich auch der Bürge gemäß § 768 I 1 BGB auf diese berufen können. Wenn er trotzdem auf seine Bürgenschuld geleistet hat, muss er sich diese Einwendungen über § 774 I 1, 412, 404 BGB weiterhin vom Hauptschuldner entgegenhalten lassen.[50] 85

Das gilt sogar dann, wenn der Bürge zur Zahlung verurteilt worden ist. Denn das Urteil entfaltet keine Rechtskraft gegen den Hauptschuldner (§ 325 I ZPO).[51] 86

hemmer-Methode: Hinsichtlich des Bürgen liegt kein Fall gesetzlich geregelter Rechtskrafterstreckung vor. Im Hinblick auf die Akzessorietät von Haupt- und Bürgenverbindlichkeit, § 767 I 1 BGB, wird jedoch teilweise die Möglichkeit einer Rechtskrafterstreckung auf den Bürgen angenommen, sog. Rechtskrafterstreckung infolge materiellrechtlicher Abhängigkeit.[52]
Diese tritt jedoch jeweils nur zugunsten des Bürgen, nie zu seinen Lasten ein, d.h. nur eine für den Bürgen günstige Feststellung im Prozess Gläubiger - Hauptschuldner kann auch gegenüber dem Bürgen in Rechtskraft erwachsen, z.B. die Feststellung des Nichtbestehens der Hauptforderung, nicht jedoch deren Bestehen.
Wird zunächst der Bürge verklagt, so besteht für ihn die Möglichkeit, dem Hauptschuldner den Streit zu verkünden (§§ 72 ff., 74 III, 68 ZPO). Er sichert sich damit bei einem eventuellen Unterliegen den Rückgriff gegenüber dem Hauptschuldner. Hat das Gericht im Prozess Gläubiger gegen Bürge z.B. festgestellt, dass eine Einwendung des Schuldners gegenüber der Hauptforderung des Gläubigers nicht bestand, muss sich das der Schuldner auch im Regress-Prozess Bürge gegen Schuldner entgegenhalten lassen, § 68 ZPO. Das Gericht ist insoweit an die Feststellungen aus dem Vorprozess gebunden.[53]

Innenverhältnis bleibt grds. unberührt

Von diesem Einwendungsübergang hinsichtlich der Hauptforderung bleibt die Regressforderung aus dem Innenverhältnis unberührt. Dies bedeutet, dass der Hauptschuldner dem Bürgen u.U. auch dann ausgleichspflichtig ist, wenn er dem Gläubiger gegenüber nicht mehr zur Zahlung verpflichtet gewesen wäre. Dem Bürgen stehen allerdings Ansprüche aus dem Innenverhältnis nur zu, wenn er die Aufwendungen, die in der Befriedigung des Gläubigers liegen, den Umständen nach für erforderlich halten darf, § 670 BGB. Das kann auch der Fall sein, wenn gegen die Forderung des Gläubigers Einwendungen bestehen, diese aber für den Bürgen nicht ersichtlich sind oder nur schwer zu beweisen sind. Der Bürge kann jedoch seine Aufwendungen nicht ersetzt verlangen, wenn er die Befriedigung des Gläubigers nicht für erforderlich halten durfte. In einem solchen Fall der vorschnellen Befriedigung geht also nicht nur die Hauptforderung einredebehaftet über, sondern dem Bürgen bleibt auch der Rückgriff aus dem Innenverhältnis nach § 670 BGB verwehrt.[54] 87

50 Für die Aufrechnung nach § 406 BGB ist dies nicht unumstritten. Hier wird vertreten, dass eine Aufrechnung des Schuldners gegenüber dem Bürgen nicht zulässig sei, da dieser sonst schlechter stünde, als wenn er nur aus der Innenforderung vorginge, vgl. dazu Reinicke/Tiedtke, Kreditsicherung, S. 89, zur Gegenauffassung der h.M. Palandt, § 774 BGB, Rn. 10.

51 Palandt, § 774 BGB, Rn. 10.

52 Vgl. Hemmer/Wüst/Gold, ZPO I, Rn. 563 ff.

53 Zur Wirkung der Streitverkündung und Nebenintervention siehe Thomas/Putzo, § 68 ZPO, Rn. 1, Hemmer/Wüst/Gold, ZPO I, Rn. 479 ff.

54 Empfehlenswert zu diesem nicht einfachen Problem Reinicke/Tiedtke, Kreditsicherung, S. 88.

4. Rückgriff unter Mitbürgen

Rückgriff des Mitbürgen

Mitbürgen sind Bürgen, die sich dem Gläubiger gegenüber für dieselbe Verbindlichkeit verbürgen. Es ist nicht erforderlich, dass dies gemeinschaftlich oder in Kenntnis der Bürgschaft des anderen geschieht (§ 769 BGB). 88

hemmer-Methode: Verwechseln Sie den Mitbürgen nicht mit dem Teilbürgen. Während bei der Mitbürgschaft jeweils mehrere Bürgen für die volle Verbindlichkeit haften (Die Bürgen A, B und C haften gemeinschaftlich für die gesamte Forderung von 5000,- €), verbürgt sich jeder Teilbürge allein für einen bestimmten Teil der Forderung (Bürge A verbürgt sich für 1000,- € der Forderung, B und C jeweils für 2000,- €).[55]

Das Gesetz erklärt Mitbürgen zu Gesamtschuldnern (§ 769 BGB). Leistet ein Mitbürge auf seine Bürgenschuld, findet der Rückgriff bei dem anderen Mitbürgen dementsprechend in Form des Gesamtschuldnerausgleichs statt (§ 426 I und II BGB). 89

Seinem Wortlaut nach wäre § 774 I 1 i.V.m. §§ 412, 401 BGB auch für diesen Fall anwendbar. Absatz 2 stellt aber ausdrücklich klar, dass der Ausgleich unter Mitbürgen ausschließlich nach § 426 BGB zu erfolgen hat. § 774 I BGB leitet daher nur die Hauptforderung des Gläubigers gegen den Hauptschuldner auf den leistenden Mitbürgen über. § 774 II BGB begründet dann nicht den Regressanspruch zwischen den Mitbürgen, sondern schränkt ihn ein. Er enthält eine *negative Begrenzungsnorm.*[56] Der Mitbürge, der den Gläubiger befriedigt hat, erhält neben der ganzen Forderung gegen den Hauptschuldner die Bürgschaftsforderung nur insoweit, als er von dem Mitbürgen nach §§ 769 BGB i.V.m. § 426 I BGB Ausgleich verlangen kann; im Übrigen erlischt sie. Daneben geht der BGH aber davon aus, dass § 426 I BGB selbst auch als Anspruchsgrundlage zur Verfügung steht, was insbesondere Relevanz bei ggfs. unterschiedlichem Verjährungslauf haben kann.[57] 90

hemmer-Methode: In welchem Umfang die Rückgriffsansprüche gegen die Mitbürgen auf den leistenden Mitbürgen übergehen, gehört zur Sonderfrage des Ausgleichs zwischen mehreren Sicherungsgebern, die in § 7 gesondert behandelt wird.

IV. § 1143 I BGB - Rückgriff des Eigentümers

Befriedigungsrecht des Grundstückseigentümers

Ist der Eigentümer eines mit einer Hypothek belasteten Grundstücks nicht der persönliche Schuldner des Hypothekengläubigers, lässt § 1143 I 1 BGB die der Hypothek zugrundeliegende Forderung auf den Eigentümer übergehen, wenn dieser den Gläubiger befriedigt. 91

Bsp.: *S will bei der Bank G ein Darlehen aufnehmen. Die Bank G verlangt nun Sicherheiten. S überredet seinen Vater SG, zur Sicherung sein Grundstück mit einer Hypothek zugunsten der G zu belasten.*

Als S die Kreditraten nicht mehr zahlt, verklagt die G den SG auf Duldung der Zwangsvollstreckung.

1. SG zahlt zur Abwendung der Zwangsvollstreckung das Darlehen an G zurück.

2. SG kann die Zwangsvollstreckung nicht abwenden, so dass das Grundstück versteigert wird.

55 Zu dieser aktuellen Problematik vgl. auch Meyer, Grundfälle zum Sicherungsgeberausgleich, JuS 1993, 559 (561 ff.).

56 Reinicke/Tiedtke, Kreditsicherung, S. 90.

57 BGH, Life&Law 2012, 483 ff. = jurisbyhemmer.

1. Begriff der Befriedigung

zwei Arten der Befriedigung

Das Gesetz kennt die freiwillige und die zwangsweise Befriedigung. § 1142 I BGB berechtigt den Eigentümer, den Gläubiger zu befriedigen. Aber auch die Zwangsvollstreckung führt zur Befriedigung (§ 1147 BGB). Beide Arten führen zum gesetzlichen Forderungsübergang des § 1143 I BGB. 92

In beiden Fällen geht gemäß §§ 1147, 1143 I BGB der Anspruch des G gegen S auf SG über.

2. Auch Übergang der Hypothek

Eigentümerhypothek entsteht

Mit der Forderung gegen den Schuldner erlangt der Sicherungsgeber auch die sichernde Hypothek an seinem eigenen Grundstück. Die cessio legis des § 1143 I BGB bewirkt wegen §§ 412, 401, 1153 I BGB zugleich den Übergang der Hypothek. 93

keine Eigentümergrundschuld!

Weil dem Sicherungsgeber auch noch die gesicherte Forderung zusteht, verwandelt sich die Hypothek nicht in eine Eigentümergrundschuld (§ 1177 I 1 BGB). Die Hypothek wird stattdessen zur Eigentümerhypothek (§ 1177 II BGB). Allerdings bestimmen sich die Rechte aus der Hypothek nach den für die Eigentümergrundschuld geltenden Vorschriften, solange dem Eigentümer die Forderung zusteht, § 1177 II BGB.[58] 94

hemmer-Methode: Im Unterschied zur Eigentümergrundschuld unterliegt die Eigentümerhypothek nicht dem Löschungsanspruch des § 1179a BGB. Sie besteht somit solange als Eigentümerhypothek, solange der Hypothekengläubiger auch Eigentümer ist. Im Falle der Veräußerung des Grundstücks wandelt sie sich in eine Fremdhypothek zugunsten des Gläubigers und sichert den Rückgriffsanspruch gegen den Schuldner.

Wird der Gläubiger dagegen im Wege der Zwangsvollstreckung nach § 1147 BGB befriedigt, so geht zwar auch die persönliche Forderung gegen den Schuldner auf den SG über,[59] während die Hypothek aber gem. § 1181 I BGB erlischt.

3. Verweisung auf § 774 I BGB

§ 1143 I 2 BGB verweist auf die für Bürgen geltende Vorschrift des § 774 I BGB. 95

Bedeutung der Verweisung

Der wichtigste Aspekt ist hierbei, dass sich der Umfang der Legalzession nach dem Innenverhältnis zwischen Schuldner der Forderung (entspr. Hauptschuldner) und Sicherungsgeber (entspr. Bürge) bestimmt, vgl. § 774 I 3 BGB. 96

Bsp.: *S schuldet G 100.000,- €, die durch Hypothek an seinem Grundstück gesichert sind. S verkauft das Grundstück an SG und vereinbart mit ihm, dass SG in Anrechnung auf den Kaufpreis die Schulden des S bei G übernehmen soll. G, der benachrichtigt wird, will davon nichts wissen und verweigert die Genehmigung.*

Die hier zwischen S und SG vereinbarte Schuldübernahme (§ 415 I BGB) ist gescheitert, weil der G seine Genehmigung dazu verweigert hat, § 416 I BGB.

58 In diesem Zusammenhang ist § 1197 zu beachten.

59 Palandt, § 1181 BGB, Rn. 3.

In diesem Fall gilt, dass im Zweifel der Übernehmer dem S gegenüber verpflichtet ist, den G zu befriedigen (§ 415 III BGB). Zwischen ihnen kommt eine Erfüllungsübernahme zustande (§ 329 BGB). S kann von SG Zahlung an G verlangen, ohne gegenüber G frei geworden zu sein. G kann aber regelmäßig nur seinen ursprünglichen Schuldner S in Anspruch nehmen.

Beachte auch § 1164 BGB

Wenn S trotz der Erfüllungsübernahme des SG seine Schulden bei G begleicht, erwirbt er gemäß § 1164 BGB die Hypothek, die seinen Ausgleichsanspruch sichert, gesetzlicher Forderungsaustausch.[60] 97

Zahlt aber nun SG im Hinblick auf seine Abmachung mit S an G, so erwirbt er gemäß § 1143 I BGB den Zahlungsanspruch, den G gegen S gehabt hat, im Ergebnis nicht. Im Innenverhältnis zu S war er letztlich verpflichtet, die Zahlung zu erbringen. Regress sollte er bei S nicht nehmen können, weil seine Zahlung Teil seiner Kaufpreisleistung für das Grundstück sein sollte. Das Innenverhältnis schlägt über §§ 1143 I 2, 774 I 3 BGB auf die Legalzession durch.

4. Situation bei der Sicherungsgrundschuld

Ausgangssituation ist die folgende: 99

SG ist der Eigentümer eines Grundstücks, das mit einer Grundschuld zu Gunsten des G belastet ist. Die Grundschuld dient der Sicherung eines Kredits des G an den S.

Was gilt, wenn SG zahlt?

Zahlt der SG an den G, weil ihm anderenfalls die Zwangsvollstreckung in sein Grundstück droht, so stellt sich die Frage, was mit der Grundschuld und der Forderung geschieht. 100

SG leistet nur auf Grundschuld

Nach Ansicht der Rechtsprechung will der Eigentümer im Zweifel nur auf die Grundschuld leisten und nicht zugleich auf die fremde Schuld des S.[61] Der Eigentümer erwirbt dadurch nach einhelliger Meinung die Grundschuld. Sie wird zur Eigentümergrundschuld. Streitig ist nur die Begründung der Rechtsfolge (§ 1163 I 2 BGB analog; §§ 1168, 1170 analog; §§ 1142, 1143 analog).[62] Die Forderung erlischt jedenfalls nicht. 101

§ 1143 II und § 426 II nicht anwendbar

Die Forderung geht aber nicht kraft Gesetzes auf den SG über. § 1143 I BGB ist auf die Sicherungsgrundschuld nicht anwendbar, da die Legalzession gerade von der Akzessorietät zwischen Forderung und Sicherungsmittel ausgeht.[63] § 426 II BGB ist nicht analog anwendbar, weil der Sicherungsgeber und der Schuldner gerade nicht gleichstufig haften, was Voraussetzung der Gesamtschuld ist.[64] 102

Anspruch aus Sicherungsabrede

Hat der Sicherungsgeber aus dem Innenverhältnis zum Schuldner einen Rückgriffsanspruch, dann steht ihm aufgrund der Sicherungsabrede mit dem Gläubiger auch ein Anspruch auf Abtretung der Forderung zu.[65] Denn zum einen kann es nicht sein, dass der Gläubiger die Möglichkeit hat, sich doppelt zu befriedigen. Zum anderen ist die Interessenlage der Beteiligten die gleiche wie die im Falle einer Hypothekenbestellung. Die Sicherungsabrede ist dementsprechend ergänzend auszulegen. 103

60 Vgl. Hemmer/Wüst, Kreditsicherungsrecht, Rn. 159.

61 Zur Frage, wie die Zahlung des Schuldners bzw. Sicherungsgebers beim Fehlen weiterer Anhaltspunkte auszulegen ist, vgl. Hemmer/Wüst, Kreditsicherungsrecht, Rn. 172.

62 Siehe Hemmer/Wüst, Kreditsicherungsrecht, Rn. 164.

63 Palandt, § 1143 BGB, Rn. 7; § 1191 BGB, Rn. 33; BGHZ 105, 154 = **juris**byhemmer.

64 Baur/Stürner, § 45 IV. 3.

65 RGZ 150, 371, 374; Baur/Stürner, § 45 IV. 3.; Palandt, § 1191 BGB, Rn. 33.

hemmer-Methode: Die Hypothek war früher das gängige Sicherungsmittel im Realkreditgeschäft. Der Gesetzgeber selbst hat die Hypothek als den Regelfall detailliert beschrieben, während die Grundschuld nur durch Verweisungstechnik geregelt wird. In der Praxis wird heutzutage jedoch überwiegend eine Absicherung durch Grundschulden bevorzugt. Dies deshalb, weil die zu sichernden Forderungen mangels Akzessorietät flexibel ausgetauscht werden können. Bei der Hypothek ist dies nur gem. § 1180 BGB möglich. Die Interessenlage der Sicherungsgeber hat sich dadurch aber nicht verändert. Deshalb ist durch Auslegung der Sicherungsabrede bei der Grundschuld jeweils dieselbe Situation herzustellen, die für die Hypothek aufgrund gesetzlicher Regelung besteht.

V. § 1150 BGB - Rückgriff unter Ablösungsberechtigten

1. Fall: S = SG

Im Normalfall ist der Sicherungsgeber zugleich der Schuldner der Forderung. 104

Bsp.: *S nimmt bei Bank G ein Baufinanzierungsdarlehen auf, das er durch eine Hypothek auf seinem Baugrundstück besichert.*

2. Fall: S nicht SG

Soeben (§ 1143 BGB) haben wir die Fallkonstellation betrachtet, in der der Sicherungsgeber vom Schuldner verschieden ist und zur Abwendung der Zwangsvollstreckung in sein Grundstück an den Gläubiger leistet. 105

3. Fall: Ablöseberechtigter Dritter zahlt ⇨ § 1150 BGB

§ 1150 BGB erweitert mit seiner Verweisung auf § 268 BGB die Rückgriffsmöglichkeiten für Personen, die weder Sicherungsgeber noch persönlicher Schuldner sind. 106

Bsp.:[66] *S hat bei G ein Darlehen aufgenommen. Zur Sicherung hat S sein Grundstück mit einer Briefhypothek belastet. S verkauft das Grundstück an D. Zugunsten des D wird eine Auflassungsvormerkung in das Grundbuch eingetragen (§ 883 I 1 BGB). Wenn G nun die Zwangsversteigerung betreibt, fällt das nachrangige Recht des D nicht in das geringste Gebot (§ 44 I ZVG). Es droht dem D daher ein Rechtsverlust, vgl. § 52 I 2 ZVG. Die Auflassungsvormerkung ist zwar kein dingliches Recht, aber sie verleiht dem durch sie geschützten Anspruch auf Übertragung des Eigentums im beträchtlichen Umfang dingliche Wirkung (§ 888 BGB).*

D kann daher von G die Herausgabe des Hypothekenbriefs Zug um Zug gegen Zahlung der Schuldsumme verlangen (§§ 1150, 268 I, 1144 BGB).

hemmer-Methode: Geringstes Gebot i.S.d. § 44 I ZVG ist das Mindestgebot, das die Kosten des Zwangsversteigerungsverfahrens, sowie den Wert der dem verfahrensbetreibenden Gläubiger im Rang vorausgehenden Rechte abdeckt. Geringere Gebote sind unzulässig.

Wirkung

Die Darlehensforderung geht nach Ausübung des Ablösungsrechts gemäß §§ 1150, 268 III BGB auf den Ablösungsberechtigten über. Für die Hypothek selbst gilt das Gleiche aufgrund der §§ 1150, 268 III, 412, 401, 1153 I BGB. 107

Hat der Ablösungsberechtigte D den Kaufpreis für das Grundstück noch nicht bezahlt, so hat er nun die Möglichkeit mit der Darlehensforderung aufzurechnen.

VI. § 1225 BGB - Rückgriff des Verpfänders

Verpf. ist nicht pers. Schuldner

§ 1225 BGB steht in einer Reihe mit § 774 I BGB und § 1143 I BGB. Der Verpfänder (= Sicherungsgeber), der nicht der persönliche Schuldner ist, erwirbt durch Legalzession die Forderung des Pfandgläubigers gegen den persönlichen Schuldner. 108

66 Vgl. BGH, NJW 1994, 1475 = jurisbyhemmer.

Mit der Forderung geht das Pfandrecht an der Sache nach §§ 412, 401, 1250 auf den Verpfänder über. Hier gilt das Gleiche wie bei der Hypothek. War der Verpfänder Eigentümer des Pfandes, erlischt, anders als bei der Hypothek, das Pfandrecht im Regelfall (§ 1256 I BGB). 109

hemmer-Methode: Über § 1225 S. 2, 774 I 3 BGB bestimmt sich auch hier der Forderungsübergang nach dem Innenverhältnis zwischen Schuldner und Verpfänder.

VII. § 1249 BGB - Rückgriff weiterer Ablösungsberechtigter

lex specialis zu § 268 BGB

Ein Ablösungsrecht zur Abwendung der Pfandveräußerung durch den Pfandgläubiger steht denjenigen Personen zu, die durch die Veräußerung einen Rechtsverlust erleiden würden. 110

Dazu gehört als wichtigster Fall das Eigentum an der Pfandsache. Befriedigt der persönliche Schuldner den Pfandgläubiger, so erlischt die Forderung und damit auch das Pfandrecht (§§ 362, 1252 BGB). Der Ablösungsberechtigte kann das gleiche Ergebnis herbeiführen. 111

Bsp.: SG hat bei E einen Goldring gekauft. Er verpfändet diesen später bei G für ein Darlehen. Dann ficht E gegenüber SG den Kaufvertrag und die Übereignung an.

Weil die Anfechtung rückwirkend (§142 I BGB) die Übereignung unwirksam gemacht hat, hat SG bei der Verpfändung des Ringes als Nichtberechtigter gehandelt. G hat das Pfandrecht aber gutgläubig erworben (§§ 1207, 932 BGB). G kann das Verwertungsrecht an dem Ring ausüben (§§ 1228 I, 1233 f. BGB) und E liefe Gefahr, über § 1242 I BGB sein Eigentum zu verlieren. Deshalb gibt ihm § 1249 BGB das Recht das Pfand gegen Befriedigung des G auszulösen.

Die gesicherte Forderung des G gegen SG (hier zugleich der Schuldner) geht gemäß §§ 1249 S. 2, 268 III BGB auf E über.

Ablösungsberechtigte sind auch der Nießbraucher am Pfandgegenstand und andere dingliche Berechtigte i.S.d. § 1242 II BGB.[67] 112

VIII. § 1607 III BGB - Rückgriff des Unterhaltsleistenden

Nichtehelichenunterhalt

§ 1607 II S. 2, III BGB sieht einen gesetzlichen Forderungsübergang bei Leistung von Kindesunterhalt durch nicht unterhaltspflichtige Verwandte, Stiefelternteile oder den Scheinvater vor. Die cessio legis soll jedoch nur unter den Voraussetzungen des Abs. 2 S. 1 gelten. Damit führt nicht jede Unterhaltsleistung zur cessio legis. 113

Der Rechtsübergang hängt vielmehr davon ab, dass der eigentlich unterhaltsverpflichtete Verwandte, meist der Vater, nicht zahlt und die Durchsetzung des Unterhaltsanspruches gegen ihn in Deutschland unmöglich oder erheblich erschwert ist.[68] 114

hemmer-Methode: Kein Regressanspruch besteht, wenn der Anspruch gegen den vorrangig Verpflichteten an dessen Leistungsfähigkeit scheitert und eine Ersatzpflicht anderer Verwandter nach § 1607 I BGB besteht.

Für den leistenden Scheinvater gilt über § 1607 III S. 2 BGB der Abs. 3 S. 1 entsprechend, so dass auch dessen Regress durch die cessio legis gesichert wird.

67 Palandt, § 1249 BGB, Rn. 2.
68 Palandt, § 1607 BGB, Rn. 12.

§ 1607 III BGB lückenhaft

§ 1607 III BGB deckt aber nur einen Teil der möglichen Konstellationen ab: 115

Bsp.: *Das Kind K ist Ergebnis einer lauschigen Urlaubsnacht zwischen M und V. Damals waren beide stark alkoholisiert. Die nächsten Nächte hat die M mit D verbracht.*

- *1. Variante: M gelingt es erst Monate nach der Geburt, Namen und Adresse der Urlaubsbekanntschaft ausfindig zu machen. Bis dahin kommen ihre Eltern für das Kind auf.*
- *2. Variante: Wie 1, aber M kommt vorerst selbst für den Kindesunterhalt voll auf.*
- *3. Variante: D war der Ehemann der M und hielt zunächst sich für den Vater. Er kam daher für den Unterhalt auf.*
- *4. Variante: D zahlte gleich freiwillig den Unterhalt als "Schweigegeld", um seinen guten Ruf nicht zu ruinieren.*
- *5. Variante: Die Familie des D schämt sich aufrichtig für dessen Lebenswandel. Die Scheingroßeltern SG kommen daher an Stelle des D für den Unterhalt auf.*

Wie können die Zahlenden V in Regress nehmen, nachdem dessen Vaterschaft rechtswirksam festgestellt worden ist?

Regelungsbereich des Abs. 3 S. 1

§ 1607 III 1 BGB leitet den Unterhaltsanspruch des K gegen V auf die unterhaltsverpflichteten Verwandten und den Ehemann der Mutter über. 116

Lösung Varianten 1-3: Die Großeltern mütterlicherseits sind Verwandte des K (§§ 1601, 1589 BGB). Auch die M ist natürlich unterhaltspflichtige Verwandte (§ 1606 III 2 ändert nichts an der Unterhaltsverpflichtung und gilt nicht im Verhältnis zu den Großeltern.).

Somit ist in den Varianten 1 und 2 ein Regress über §§ 1607 III S. 1, 1615a, 1601, 1600d BGB möglich.

hemmer-Methode: § 1607 III S. 1 BGB setzt anders als Abs. 2 S. 2 gerade nicht eine tatsächlich bestehende Unterhaltspflicht des zahlenden Verwandten voraus! So ist es in den beiden Varianten unschädlich, dass die Mutter ihrer Unterhaltspflicht bereits durch die Betreuung nachkommt, § 1606 III S. 2 BGB, und die Eltern der Mutter aufgrund des § 1606 I BGB überhaupt nicht unterhaltspflichtig sind!

§ 1607 III 2

Ein Dritter, der nicht Verwandter des Kindes ist, aber im Glauben Vater zu sein zahlt, wird über § 1607 III S. 2 BGB Anspruchsinhaber. 117

In Variante 3 gilt D als Vater, § 1592 Nr. 1 BGB. In Variante 4 konnte der D auch ohne mit der M verheiratet zu sein und ohne gerichtliche Anerkennung aufgrund des Sexualverkehrs mit M mit hoher Wahrscheinlichkeit von seiner Vaterschaft ausgehen. Er hat somit "als Vater" geleistet und ist daher rückgriffsberechtigt. Dass er zudem auch seinen guten Ruf retten wollte, ist unschädlich.

keine Analogie zu § 1607 III

Andere dritte Personen, die Unterhaltsleistungen erbringen, kommen nicht in den Genuss der Legalzession. Gegen die analoge Anwendung des § 1607 III BGB spricht der Wortlaut in Absatz III S. 2, wonach Satz 1 schon für den außerehelichen Scheinvater nur "entsprechend" anzuwenden ist. Dies deutet auf eine restriktive Handhabung hin. Der Gesetzgeber hat die „Analogie“ gleichsam abschließend geregelt. 118

aber Regress möglich

Der Regress der Personen, die nicht unter § 1607 III BGB fallen, richtet sich folglich nach den allgemeinen Instituten. 119

Lösung Variante 5: Die Scheingroßeltern können also nicht den einfachen Weg des § 1607 III BGB beschreiten. Ein bereicherungsrechtlicher Anspruch gegen K wird schon an § 818 III BGB scheitern. Deliktische Ansprüche gegen M (§ 826 BGB) kommen auch nicht in Frage.

Wegen § 679 BGB ist jedoch eine berechtigte Geschäftsführung ohne Auftrag denkbar. Ein entgegenstehender Wille des Geschäftsherrn ist bei der Erfüllung gesetzlicher Unterhaltspflichten unbeachtlich. Voraussetzung der GoA wäre allerdings ein Fremdgeschäftsführungswille.

Die Scheingroßeltern erfüllten mit der Unterhaltsleistung ein objektiv fremdes Geschäft. Sie handelten auch mit Fremdgeschäftsführungswillen, da sie den Unterhalt für ihren Sohn zahlten. Da sie sich hierbei über die wahre Person des Geschäftsherrn irrten, wurde gemäß § 686 BGB der V als wirklicher Geschäftsherr verpflichtet. Wenn die Geschäftsführer gegenüber ihrem Sohn als vermeintlichen Geschäftsherrn in freigebiger Absicht handelten (§ 685 I BGB), kann sich der wirkliche Geschäftsherr V hierauf nicht berufen.

hemmer-Methode: Beachten Sie, dass § 685 II BGB nicht gilt, wenn die Großeltern Unterhalt an ihren Enkel zahlen. In diesem Fall findet er keine Anwendung, weil er nur im Verhältnis des Leistenden zum Empfänger, nicht zu einem vorrangig Unterhaltspflichtigen, gilt.

Handelten die Scheingroßeltern ohne Fremdgeschäftsführungswillen, lässt sich folgende Lösung vertreten:

Über die Rechtsfigur der nachträglichen Tilgungsbestimmung können sie die Erfüllung der Unterhaltsverpflichtungen des V durch ihre Zahlungen herbeiführen (§§ 267 I, 362 I BGB). Damit kommt ein Aufwendungsersatzanspruch aus GoA (§§ 670, 683, 679 2. Alt. BGB) in Betracht.

hemmer-Methode: An dieser Stelle soll der Thematik der Rückgriffskondiktion und deren Verhältnis zur GoA sowie der Zulässigkeit einer nachträglichen Tilgungsbestimmung nicht vorausgegriffen werden. Mehr dazu unter § 491 ff. und bei Hemmer/Wüst/Gold, Bereicherungsrecht, Rn. 211 ff.

IX. § 86 VVG - Rückgriff des Versicherers

hemmer-Methode: Das Versicherungsvertragsgesetz (VVG, Schönfelder 62) ist in der Ausbildung von untergeordneter Bedeutung. Bevor Sie hier vorschnell abschalten, sollten Sie aber daran denken, dass Sie sich in Ihrem späteren Berufsleben z.B. als RA sehr oft mit Versicherungen auseinandersetzen müssen. Zudem lassen sich einige Normen des VVG ohne weiteres in jede Zivilrechtsklausur einbauen. Der folgende Abschnitt sollte auch von den Kandidaten für das 1. Staatsexamens zumindest überblicksmäßig gelesen werden.

Ausgangsfall: Vater V macht von seinem Umgangsrecht gem. § 1684 I 2. HS BGB Gebrauch und holt den fünfjährigen Sohn S von seiner Mutter M, um die Ferien auf dem Bauernhof in der Fränkischen Schweiz zu verbringen. S lebt sonst bei seiner Mutter. Als V gerade für einen Moment unaufmerksam ist, bemerkt er nicht, dass S gerade in der Scheune herumklettert. Eine morsche Leiter bricht durch und S verletzt sich dabei erheblich. Zum Glück hat M für ihren Sohn eine Kinder-Unfallversicherung abgeschlossen. Der Sachbearbeiter der Versicherung, Herr Kaiser, fragt sich, ob er V und den Bauern B in Regress nehmen kann, nachdem die Versicherung gezahlt hat.

1. Einordnung des § 86 VVG

Systematische Stellung

Das Verständnis des § 86 VVG wird erleichtert, wenn man sich seine Stellung im Gesetz vergegenwärtigt. § 86 VVG steht im Ersten Abschnitt des Zweiten Kapitels und gilt daher für die gesamte Schadensversicherung. 120

Zur Schadensversicherung zählen die im Teil 2 behandelten Versicherungen. Soweit von der (privaten) Kranken- und Unfallversicherung Schadensleistungen erbracht werden, ist § 86 VVG auch für diesen Bereich der Personenversicherung einschlägig, § 194 I S. 1 VVG (Krankheitskosten, Kur-, Heil-, Bestattungskosten). 121

Ausfluss des Bereicherungsverbotes im Schadensersatzrecht

Mit seinen Versicherungsprämien erkauft sich der VN für den Schadensfall einen solventen Schuldner (z.B. Unfallversicherung) bzw. im Falle seiner eigenen Haftung eine Freistellung im Innenverhältnis zum VU (Privat- und Kfz-Haftpflicht). 122

Auch wenn der VN aus eigener Initiative für Schadensfälle vorgesorgt hat, soll er nicht von einem Schadensereignis in der Weise profitieren, dass bei ihm die Ansprüche gegen Dritte verbleiben. § 86 VVG ist Ausfluss des Grundsatzes des Bereicherungsverbotes, der unser Schadensersatzrecht prägt.[69]

hemmer-Methode: Das Versicherungsunternehmen ist somit kein zusätzlicher Schuldner, sondern lediglich "Vorschussschuldner".

§ 86 VVG konstituiert den Rückgriff

Die cessio legis des § 86 I S. 1 VVG hat für das VU eine umfassendere Bedeutung als § 426 II BGB unter Gesamtschuldnern. Denn durch die cessio legis werden nicht nur eventuelle Sicherheiten gemäß §§ 412, 401 BGB übertragen, sondern ein Regressanspruch des VU gegen den Mithaftenden überhaupt erst ermöglicht.[70] 123

> ***Bsp.:*** *Brandstifter B hat das Mietshaus des VN A abgefackelt. A hat gegen B und das VU C, bei dem er sein Haus versichert hat, Ersatzansprüche. Zwischen B und C bestehen keine unmittelbaren Beziehungen. Sie sind insbesondere keine Gesamtschuldner.[71] Erst § 86 I S. 1 VVG schafft der C eine Rückgriffsmöglichkeit, nachdem sie ihre vertraglich geschuldete Leistung an A erbracht hat.*

hemmer-Methode: Verdeutlichen Sie sich hier noch mal den Unterschied zwischen § 86 VVG und §§ 426 II, 774 I BGB. Während die Zession des § 86 VVG regressbegründend wirkt, besteht in den beiden anderen Fällen bereits ein Anspruch aus § 426 I bzw. § 670 BGB, zu dem der übergegangene Anspruch hinzutritt.

2. Umfang des Anspruchsübergangs

kongruente Überleitung

Die Schadensersatzansprüche aus Vertrag oder Gesetz werden dann übergeleitet, wenn der Schaden in den Schutzbereich der abgeschlossenen Versicherung fällt (Grundsatz der Kongruenz). 124

> *Dem A entstehen 25.000,- € Mietausfallschaden, der von der Feuerversicherung nicht abgedeckt war. Dieser Anspruch geht nach dem Grundsatz der Kongruenz nicht auf die C über.*

entspr. dem Leistungsumfang

Wie bei § 426 II BGB gehen Ansprüche nur soweit über, wie das VU leistet. 125

69 Palandt, § 255 BGB, Rn. 2.

70 Vgl. dazu nochmals den grundsätzlichen Unterschied bei Rn. 60.

71 Vgl. zu den Voraussetzungen der Entstehung einer Gesamtschuld Rn. 185 ff.

A war unterversichert. Die C leistete daher auf den Schaden von 1.000.000,-- € nur 750.000,-- €. In Höhe von 250.000,-- € verbleibt der Anspruch gegen B bei A.

Altgläubiger privilegiert

Wie § 268 III 2 BGB privilegiert auch § 86 I 2 VVG den VN in seinem Zugriffsrecht auf den Schuldner. Die Legalzession kann nicht zum Nachteil des VN geltend gemacht werden. 126

Der Brandstifter B hat eine Streichholzschachtelsammlung im Wert von 20.000,-- € als einzigen nennenswerten Vermögensbestandteil. Im Verhältnis VN-VU hat der VN privilegierten Zugriff.

§ 86 II VVG: Aufgabeverbot

Umgekehrt darf der VN nicht ohne Konsequenzen zum Nachteil des VU über seine Ersatzansprüche verfügen. § 86 II S2 und 3 VVG ahnden die Verletzung der Obliegenheit des VN, seinen Ersatzanspruch zu wahren und bei der Durchsetzung soweit erforderlich mitzuwirken. 127

B ist der ehemalige Steuerberater von A und weiß sehr viel unangenehme Dinge über A zu berichten. Deshalb erscheint es dem A günstiger, dem B alle Schadensersatzansprüche zu erlassen.

Die C hätte von A über § 86 I 1 VVG i.V.m. § 823 I BGB Ersatz verlangen können. Sie wird daher nach § 86 II S VVG leistungsfrei.

aber vertragl. Haftungsbeschränkung zulässig

Hat der VN im Vorfeld einen vertraglichen Haftungsausschluss zu seinen Ungunsten akzeptiert und damit bereits die Entstehung eines Ersatzanspruchs verhindert, ist das kein Fall des § 86 II VVG. Denn Sinn der Vorschrift ist nicht, dem VN seine vertragliche Dispositionsfreiheit zu nehmen. Nur in extremen Fällen, lässt sich eine Analogie vertreten. 128

Bsp.: *Der VN hat den Ausschluss der Haftung des Schuldners für vorsätzliches Verschulden seiner Erfüllungsgehilfen vertraglich akzeptiert (§§ 278 S. 2, 276 III BGB).*

3. Privileg bei häuslicher Gemeinschaft, § 86 III VVG

keine cessio legis gegenüber Familienangehörigen

Eine wichtige Regelung i.R.d. § 86 VVG ist das Privileg bei Bestehen einer häuslichen Gemeinschaft. § 86 III VVG schließt den Übergang eines Ersatzanspruches aus, wenn Schuldner des Anspruchs mit dem Versicherungsnehmer in häuslicher Gemeinschaft lebt. Das Privileg bei häuslicher Gemeinschaft ist wiederum ausgeschlossen, wenn der Familienangehörige vorsätzlich gehandelt hat, § 86 III, 2.Hs. VVG. 129

Tragender Gedanke dieses Ausschlusstatbestandes ist nicht der Schutz des Familienangehörigen, sondern die Verhinderung einer mittelbaren Belastung des Versicherungsnehmers[72] und das schutzwürdige Interesse des VN an der Erhaltung des Familienfriedens.[73] Ob das im konkreten Einzelfall zutrifft, ist für den Ausschluss des Übergangs nicht von Bedeutung (Typisierung). 130

Lösung des Ausgangsfalls: Bauer B haftet dem S aus dem Mietvertrag mit Schutzwirkung zu Gunsten Dritter. Sein Vater V hat die Aufsichtspflicht gegenüber S verletzt. Anspruchsgrundlage für die Haftung des V ist § 1664 I und 823 BGB. Allerdings ist Haftungsmaßstab die eigenübliche Sorgfalt. § 1664 I BGB privilegiert bei analoger Anwendung auch den nur umgangs-, nicht sorgerechtsberechtigten Vater.[74] Ob er gegen die eigenübliche Sorgfalt verstoßen hat, ist Tatfrage. Grob fahrlässig (§ 277 BGB) hat er sich jedenfalls nicht verhalten.

72 BGHZ 41, 79 = **juris**byhemmer.

73 BGHZ 41, 79 = **juris**byhemmer; BGHZ 72, 764.

74 BGHZ 103, 345 = **juris**byhemmer; Palandt, § 1664 BGB, Rn. 1.

Zahlt die Versicherung, so gehen die Ansprüche des S gegen V und B nach § 86 I S. 1 VVG auf sie über. Dem steht nicht entgegen, dass VN nicht S, sondern Mutter M ist. S ist versicherte Person. Bei einer Versicherung für fremde Rechnung bezieht § 86 VVG aber auch die Ansprüche der versicherten Person mit ein.

V kommt nicht in den Genuss des Privilegs der häuslichen Gemeinschaft, da § 86 III VVG eine häusliche Gemeinschaft zwischen dem Anspruchsberechtigten und dem Schädiger voraussetzt.

hemmer-Methode: S stehen hier grundsätzlich Ansprüche gegen V und B zu. Wenn V nach § 1664 BGB analog nur privilegiert haftet, kommt man zu dem Problem der gestörten Gesamtschuld. Diese wird unter Rn. 328 ff. dargestellt.

X. § 116 SGB X[75]- Rückgriff des Sozialversicherungs- bzw. -hilfeträgers

hemmer-Methode: Die folgenden Ausführungen zu § 116 SGB X und zu § 93 SGB XII gehört nicht überall zum Pflichtstoff für das Erste Staatsexamen. Dennoch sollten Sie diese Normen zumindest kennen und einmal gelesen haben. Für Studenten des Wahlfachs Sozialrecht und für Referendare sind die folgenden Kapitel dagegen „brandheiß“.
Die cessio legis nach § 6 EFZG ist wiederum für alle Studenten eine überaus wichtige Vorschrift, da man über diese Norm examensrelevante Verbindungen vom Zivilrecht des BGB zum Arbeitsrecht herstellen kann.[76]

cessio legis z.G. des Sozialversicherungsträgers

Eine außerordentlich wichtige Zessionsnorm ist § 116 SGB X im Bereich des Sozialversicherungsrechts. Beim Lesen des Gesetzes fällt die Parallele zu § 86 VVG auf. Letztlich steht hinter beiden Normen die gleiche Überlegung: 131

Die Leistung der Versicherung bzw. des Sozialhilfeträgers soll weder dem Geschädigten noch dem Schädiger einen bleibenden Vorteil verschaffen. Sie soll lediglich den Geschädigten vom Risiko der Durchsetzbarkeit des Schadensersatzanspruchs entlasten.

Ausgangsfall: *Das nichteheliche Kind K ist acht Jahre alt und lebt bei seiner Mutter M in der Stadt S. Die M erhält von der S Regelunterhalt nach dem Unterhaltsvorschussgesetz (UnterhVG; in Aichberger, Sozialgesetzbuch/RVO Nr. 905). Diese Regelung wurde getroffen, weil der Vater V, der die Vaterschaft anerkannt hat, zunächst mangels Leistungsfähigkeit keinen Unterhalt zahlen konnte. Mittlerweile hat V seine Rückstände fast vollständig an die S zurückgezahlt und will demnächst laufenden Unterhalt an M zahlen.*

Nun verunglückt V durch einen von D verschuldeten Verkehrsunfall tödlich. S zahlt weiterhin Unterhaltsvorschuss. K leidet stark unter dem Tod seines Vaters, zu dem er trotz der Trennung seiner Eltern eine recht enge Beziehung hatte. Er leidet unter Schlafstörungen und Depressionen. Kann die S bei D Regress nehmen?

1. Keine eigene Anspruchsgrundlage

Schadensersatzansprüche

Voraussetzung des § 116 SGB X ist zunächst ein *"auf anderen gesetzlichen Vorschriften beruhender Anspruch auf Ersatz eines Schadens"*. 132

75 Abgedruckt im Schönfelder, Fußnote zu § 823 BGB und bei Palandt, vor § 249 BGB, Rn. 112.

76 Die Probleme zum Entgeltfortzahlungsgesetz sollten Sie auch unbedingt mit Hilfe von Hemmer/Wüst/Krick, Arbeitsrecht, Rn. 486 ff. vertiefen.

Damit meint das Gesetz nicht nur Ansprüche aus Delikt und Gefährdungshaftung, sondern auch aufgrund einer vertraglichen Grundlage.[77] Die Formulierung "auf *anderen* gesetzlichen Vorschriften" stellt nur klar, dass es sich bei § 116 SGB X um keine eigene Anspruchsgrundlage handelt.

Bsp. (von eben): *K müsste somit ein Schadensersatzanspruch zustehen. V war seinem Kind K unterhaltsverpflichtet (§§ 1615 a, 1601, 1589 S. 1, 1600d BGB). Diese Anspruchsgrundlage ist durch den Tod des V entfallen. K könnte daher ein Anspruch aus § 844 II BGB gegen D zustehen.*

§ 844 II BGB ist ein echter Schadensersatzanspruch und somit überleitungsfähig. Als Schadensersatzanspruch setzt er einen Schaden i.S.d. § 249 BGB voraus. Das wäre nicht der Fall, wenn der V während der mutmaßlichen Dauer seines Lebens nicht mehr zur Gewährung von Unterhalt verpflichtet gewesen sein würde, § 1603 BGB. Unterhaltsverpflichtet ist nur der Leistungsfähige.

§ 844 II BGB setzt daher auch die Leistungsfähigkeit des Getöteten voraus.[78] Da der V zuletzt wieder „bei Kasse" war, sind die Voraussetzungen des § 844 II BGB erfüllt.

hemmer-Methode: Grundsätzlich setzen die §§ 823 ff. BGB voraus, dass der zu ersetzende Schaden unmittelbar beim Inhaber des verletzten Rechtsgutes entsteht. Stirbt der Rechtsgutsinhaber sofort bei der Verletzung, können in seiner Person keine Schadensersatzansprüche mehr entstehen, die auf die Erben übergehen könnten. Aus diesem Grund enthält § 844 BGB eine Ausnahme, nach der bei Tötung auch dritten Personen Ansprüche zustehen. Es handelt sich hierbei um eine Ausnahme des Grundsatzes der Unmittelbarkeit.

2. Kausalität und Kongruenzprinzip

eingeschränkter Anspruchsübergang

Der Versicherungs- oder Sozialhilfeträger muss aufgrund des Schadensereignisses verpflichtet sein, die Sozialleistung zu erbringen. Weiterhin muss zwischen der Sozialleistung und dem Schadensersatzanspruch eine *Kongruenz* bestehen (vgl. § 86 VVG). *133*

Auf den Träger der Sozialhilfe gehen Ansprüche qualitativ und quantitativ nur soweit über, wie er selbst zur Leistung verpflichtet ist.

Bsp. (von eben): *K könnte gegen S wegen seiner psychischen Belastungen dem Grunde nach ein Schmerzensgeldanspruch zustehen (§§ 823 ff., 253 II BGB). Dieser würde von § 116 I SGB X nicht erfasst. Denn der Sozialhilfeträger zahlt kein Schmerzensgeld.*

hemmer-Methode: An die Begründung des Zurechnungszusammenhangs bei den sog. Schockschäden sind hohe Anforderungen zu stellen. Der nicht unmittelbar miterlebte Tod naher Angehöriger, wie er im Fall geschildert ist, gehört i.d.R. zum "allgemeinen Lebensrisiko".[79]

Übergang bei Mitverschulden

Das Kongruenzprinzip schlägt sich auch in § 116 III SGB X nieder. Muss sich der Geschädigte sein Mitverschulden auf den Schadensersatz anrechnen lassen, wirkt sich das auch auf den Forderungsübergang aus. Bleibt die Sozialleistung hinter der Schadenshöhe zurück, so geht der Schadensersatzanspruch nicht in vollem Umfang auf die Behörde über (relative Theorie). *134*

---

77 Palandt, vor § 249 BGB, Rn. 116.

78 Palandt, § 844 BGB, Rn. 6.

79 Vgl. nur den abschreckenden Leitsatz des OLG Stuttgart, NJW-RR 1989, 478 = **juris**byhemmer.

3. Übergang nicht zum Nachteil des Gläubigers

Privilegierung des Altgläubigers

Der Grundsatz, wonach die cessio legis nicht zum Nachteil des Gläubigers geltend gemacht werden darf, findet sich in § 116 SGB X in vierfacher Weise wieder: 135

a) § 116 II SGB X bei gesetzlichen Haftungshöchstsummen (§§ 12 StVG, 10 ProdHG, 9, 10 HaftPflG),

b) § 116 IV SGB X bei Durchsetzungshindernissen,

c) § 116 V SGB X, wenn das Schadensereignis ohne Einfluss auf eine ohnehin bestehende Leistungspflicht ist,

d) § 116 III 3 SGB X, wenn der Forderungsübergang einen Sozialfall herbeiführen würde.

4. Familienprivileg

keine c.l. gegenüber Familienang.

Ähnlich wie bei § 86 III VVG privilegiert § 116 VI SGB X Schädiger, die Familienangehörige sind und mit dem Geschädigten in häuslicher Gemeinschaft leben. Der Geschädigte soll nicht über die häusliche Wirtschaftsgemeinschaft mit dem Regressverpflichteten durchs Hintertürchen in die Mithaftung genommen werden. § 116 VI SGB X spiegelt einen allgemeinen Rechtsgedanken wider, der nicht durch eine rechtsgeschäftliche Abtretung umgangen werden kann. 136

hemmer-Methode: Anders als § 86 III VVG spricht § 116 VI SGB X immer noch vom Familienangehörigen. Aufgrund der in § 86 III VVG erfolgten Ausdehnung des Regressverbotes auf alle Personen, die in häuslicher Gemeinschaft leben, ist es angezeigt, auch den § 116 VI SGB X auf nichteheliche und homophile Lebensgemeinschaften auszudehnen.[80]

5. Besonderer Erstattungsanspruch in Abs. 7

Cessio legis im Moment der Entstehung des Schadensersatzanspruchs

Beim genauen Lesen des § 116 I SGB X fällt auf, dass der Schadensersatzanspruch gegen den Regressschuldner bereits mit seiner Entstehung übergeht. Das Gesetz knüpft hier nicht wie in § 86 VVG an die Leistung des Regressgläubigers an. In der Praxis führt dies häufig dazu, dass der Regressschuldner schuldbefreiend an den Scheingläubiger leistet (§§ 412, 407 BGB). Der Träger der Sozialversicherung bzw. -hilfe müsste sich auf einen Bereicherungsanspruch aus § 816 II BGB verweisen lassen, dem sich der Geschädigte häufig durch Entreicherung entziehen könnte (§ 818 III BGB). 137

keine Entreicherungseinrede

§ 116 VII 1 SGB X schafft für diese Fälle einen eigenen Erstattungsanspruch, für den die Einrede der Bereicherung ausgeschlossen ist.[81] 138

hemmer-Methode: Der Ausschluss der Einrede der Bereicherung gegenüber öffentlich-rechtlichen Körperschaften ist typisch für das öffentliche Recht (vgl. § 49 a II 2 VwVfG), vgl. Hemmer/Wüst, Verwaltungsrecht II, Rn. 239.

80 Palandt, vor § 249 BGB, Rn. 125; BGH, NJW 2009, 2062 ff. = jurisbyhemmer.

81 Palandt, vor § 249 BGB, Rn. 126.

XI. § 6 EFZG, § 115 SGB X - Rückgriff des Arbeitgebers bzw. des Sozialversicherungsträgers

Ausnahme vom Grds. "kein Lohn ohne Arbeit"

139 Wird einer Partei eines gegenseitigen Vertrages ihre Leistung unmöglich, so wird sie einerseits von der Leistungspflicht frei (§ 275 BGB), andererseits kann sie aber auch nicht mehr die Gegenleistung fordern (§ 326 I BGB). Die § 616 BGB und § 3 EFZG machen von diesem Grundsatz eine Ausnahme. Der Dienstverpflichtete, Arbeitnehmer bzw. Arbeiter erhält Fortzahlung des Entgelts, sofern er die Leistungsverhinderung nicht verschuldet hat.

cessio legis z.G. des AG

140 Hat ein Dritter das Leistungshindernis zu vertreten, so gehen teilweise kraft Gesetzes Ersatzansprüche des Dienstverpflichteten auf den Dienstberechtigten über, (vgl. § 6 I EFZG).

> **Bsp.:** *AN wurde bei einem Verkehrsunfall ohne eigenes Verschulden durch den Autofahrer S schuldhaft verletzt. Der AG zahlt an den arbeitsunfähigen AN den Lohn weiter[82] und verlangt von S Regress. Zu Recht?*

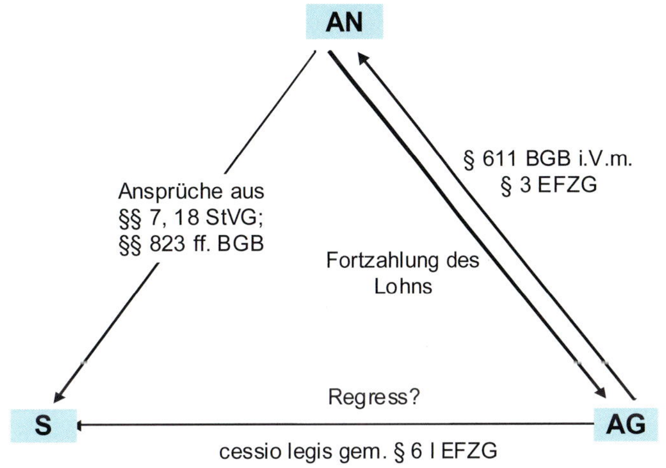

> § 6 EFZG bewirkt den Übergang der Ansprüche des AN gegen S aus § 18 StVG und § 823 I BGB, gegen den Halter des KFZ aus § 7 StVG und gegen die Haftpflichtversicherung aus § 115 VVG.

Umfang

141 Der Übergang findet in Höhe des gesamten Bruttolohns einschließlich des Arbeitgeberanteils an der Sozialversicherung statt.[83]

Auch über die bloßen Bezüge hinausgehende *Sonderzuwendungen* des Arbeitgebers sind zu ersetzen, sofern sie *Entgelt für die geleisteten Dienste* des AN darstellen.

Hierzu gehören das Urlaubsgeld und das Weihnachtsgeld, sofern diese nicht als Belohnung oder Anreiz für die Betriebstreue gedacht sind, sowie das Urlaubsentgelt, welches gem. § 11 BUrlG während des Urlaubs fortzuentrichten ist.

> **Bsp. (von eben):** *Ein eventueller Schmerzensgeldanspruch gegen S und die Versicherung verbleibt bei AN, weil es sich dabei nicht um einen Verdienstausfallschaden handelt, für den der Arbeitgeber aufkommen muss.*

Auch § 6 EFZG privilegiert in Absatz 3 den AN als Zedenten gegenüber dem Arbeitgeber (AG) als Zessionar.

---

82 Dazu ist er gem. § 3 EFZG verpflichtet.

83 Vgl. Palandt, § 252 BGB, Rn. 9.

ZbR des AG

Verstößt der AN gegen seine Mitwirkungspflichten nach § 6 II EFZG, steht dem AG ein Zurückbehaltungsrecht zu (§ 7 I Nr. 2 EFZG). 142

Bsp. (von eben): *AN gibt dem AG nicht die zur Durchsetzung der Ansprüche notwendigen Daten, wie Name des Versicherers, des Halters und Fahrers.*

Schaden des AN trotz Entgeltfortzahlung?

Dogmatisch schwierig ist die Begründung eines Schadens des AN, der auf den AG durch Legalzession übergeleitet wird. Aufgrund der Lohnfortzahlung ließe sich argumentieren, der AN habe gar keinen Erwerbsschaden. Damit eröffnet sich in der Klausur das Problemfeld der Vorteilsausgleichung, des normativen Schadens oder auch der Drittschadensliquidation. 145

Egal wie man das Ergebnis begründet, es steht jedenfalls fest. Der AG muss die gezahlte Lohnfortzahlung liquidieren können. Anderenfalls hätte die gesetzliche Regelung in § 6 EFZG von vornherein keinen Sinn.[84]

Argumente: § 843 IV BGB lässt sich als allgemeiner Rechtsgrundsatz heranziehen, der eine Vorteilsausgleichung ausschließt. Auch der Arbeitgeber steht nämlich dem AN gegenüber in einem ähnlichen Versorgerverhältnis wie der Unterhaltsverpflichtete zum Unterhaltsberechtigten. 146

Die Nichtanrechnung lässt sich rechtfertigen, weil die Entgeltfortzahlung vom AN als Teil seines Vergütungsanspruch durch seine vertragliche Verpflichtung gegenüber dem AG erkauft worden ist.[85] Die Anrechnung widerspräche auch dem sozialen Zweck der Fortzahlung, den AN abzusichern.

bei Kleinbetrieben kein endgültiger Regress des AG

Hat der AG, der nicht mehr als 20 AN beschäftigt, gegenüber dem Krankenversicherungsträger wiederum Anspruch auf teilweise Erstattung der Lohnfortzahlung (§§ 10 ff. LohnFZG),[86] so ist er gemäß § 12 LohnFZG wiederum zur anteiligen Abtretung an die Kasse verpflichtet. 147

Beamtenrecht

Im Beamtenrecht gibt es mit § 6 EFZG inhaltsgleiche Vorschriften: § 76 BBeamtenG, sowie die Landesbeamtengesetze. 148

§ 115 I SGB X an Stelle des § 6 EFZG

Verweigert der AG zu Unrecht die Entgeltfortzahlung und tritt ein Sozialversicherungsträger in Vorlage, geht der Anspruch des AN gemäß § 115 I SGB X[87] auf die Sozialversicherung über. 149

Rn. 150 bis 160 im Zuge der Überarbeitung entfallen

---

84 Siehe dazu auch Hemmer/Wüst/Krick, Arbeitsrecht, Rn. 512 ff.

85 Medicus, Bürgerliches Recht, Rn. 924.

86 Diese Vorschriften sind weiterhin in Kraft!

87 Abgedruckt in dtv-Beck, Arbeitsgesetze Nr. 29.

§ 3 PFLICHT ZUR RECHTSGESCHÄFTLICHEN ABTRETUNG

A. § 255 BGB

Gedanke: schadensersatzrechtliches Bereicherungsverbot

Die Vorschrift des § 255 BGB ist ähnlich wie der Gedanke der Vorteilsausgleichung Ausfluss des schadensersatzrechtlichen Bereicherungsverbotes.[88] Wer für den Verlust einer Sache oder eines Rechtes Schadensersatz zu leisten hat, ist hiernach zum Ersatz nur gegen Abtretung der Ansprüche verpflichtet, die dem Schadensersatzberechtigten aufgrund des Eigentums an der beschädigten Sache oder des Rechtes gegen Dritte zustehen. Der Geschädigte soll seinen Schaden nicht zweimal liquidieren dürfen. 161

Hat der Schädiger bereits den Schaden ersetzt, kann er nachträglich Abtretung der Ansprüche verlangen.[89] 162

weite Rechtsfolge

§ 255 BGB wird von den Rechtsfolgen her sehr weit ausgelegt. Von der Abtretungspflicht werden nach h.M. nicht nur Herausgabeansprüche des Ersatzberechtigten, sondern auch Schadensersatzansprüche nach § 823 I BGB sowie §§ 989, 990 BGB erfasst.[90]

enger Anwendungsbereich

Der Anwendungsbereich des § 255 BGB ist allerdings eng. Erfolgt der Forderungsübergang schon kraft Gesetzes, bleibt für § 255 BGB an sich kein Raum mehr. Schon deshalb ist § 255 BGB unter Gesamtschuldnern unanwendbar, da § 426 II BGB zwischen diesen eine cessio legis anordnet. 163

hemmer-Methode: Seien Sie aber vorsichtig mit dem Zitat des BGH, § 426 II BGB sei lex specialis gegenüber § 255 BGB.[91] Denn dieses suggeriert, dass § 255 BGB als *Generalregressnorm* grundsätzlich auch zwischen Gesamtschuldnern tatbestandlich eingreift. Das ist nach h.M. jedoch falsch: In den Fällen, die § 255 BGB im Auge hat, wertet das Gesetz die Verpflichtungen des einen und des anderen Schädigers nicht als gleichrangig. Mangels Gleichstufigkeit der Verpflichtungen besteht zwischen den Schädigern also gerade keine Gesamtschuld. § 255 BGB und die Gesamtschuld schließen sich somit gegenseitig aus.[92] Sie stehen zueinander im Verhältnis der Alternativität und nicht der Subsidiarität.
Die Abgrenzung zwischen § 255 BGB und § 426 BGB erscheint somit auf den ersten Blick einfach. Problematisch und im Einzelfall heftig umstritten ist aber gerade die Frage, wann tatsächlich eine § 255 BGB ausschließende Gesamtschuld vorliegt. Diese Abgrenzungsschwierigkeiten lassen sich an den folgenden zwei Fallbeispielen gut erkennen.

I. Grundfall:[93] Ausgleich zwischen Dieb und Verwahrer

Fall: V hat eine Sache des E in Verwahrung. Aufgrund fahrlässigen Verhaltens des V gelingt es dem Dieb D, die Sache zu stehlen. 164

88 Palandt, § 255 BGB, Rn. 1, Medicus, SchRAT, § 54 III 3 c).

89 Palandt, § 255 BGB, Rn. 7.; zur analogen Anwendung der Vorschrift vgl. zuletzt OLG Köln, NJW 2004, 3569 = NJW RR 2004, 1391 = **juris**byhemmer.

90 MüKo, § 255 BGB, Rn. 6, zur Gegenauffassung Boecken/von Sonntag, Jura 1997, 7 ff.

91 BGHZ 59, 97 = **juris**byhemmer.

92 Palandt, § 255 BGB, Rn. 2; Larenz, SchRAT, § 32 I, siehe auch unten Rn. 212.

93 Nach BGHZ 59, 97 = **juris**byhemmer.

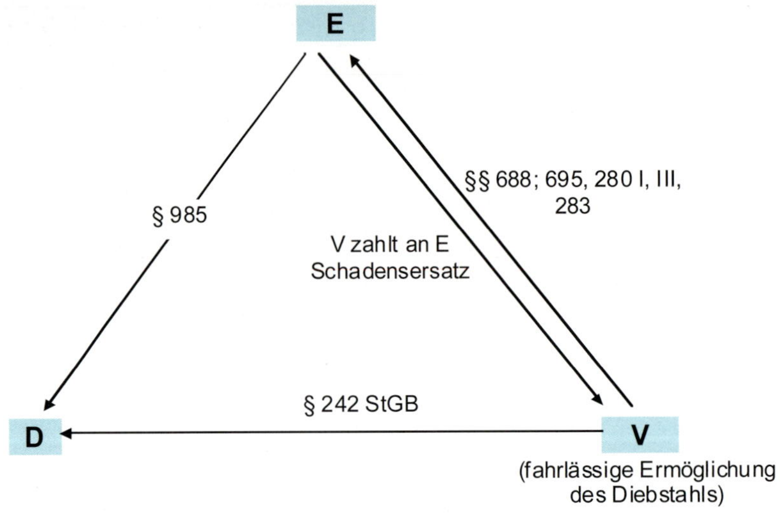

Dem Verwahrer ist die Herausgabe der Sache unmöglich geworden. Er hat daher für den Verlust der Sache Schadensersatz nach §§ 695, 280 I, III, 283 BGB zu leisten. Daneben steht dem E gegen D der Herausgabeanspruch aus § 985 BGB zu. V hat den Verlust der Sache lediglich möglich gemacht, D hat ihn dagegen unmittelbar herbeigeführt.

Nach § 255 BGB muss V Schadensersatz nur Zug um Zug gegen Abtretung der Ansprüche gegen D leisten (V schuldet für den Verlust der Sache dem E Schadensersatz, welchem aufgrund seines Eigentums ein Herausgabeanspruch gegen D zusteht ⇨ der Wortlaut des § 255 BGB passt damit exakt auf den vorliegenden Fall).

Da E nur den Besitz, nicht aber das Eigentum an der Sache verloren hat, müsste V an sich auch nur hierfür Schadensersatz leisten. Weil der Wert des Besitzes kaum zu bemessen ist und der E auch nicht das Risiko der Durchsetzbarkeit seiner Eigentumsansprüche tragen soll, sieht das Gesetz zunächst einmal vollen Ersatz vor, als ob E sein Eigentum verloren hätte. V erhält dafür als Ausgleich das Eigentum[94] und die damit verbundenen Ansprüche übertragen.

In diesem Fall, in dem sich die Sache noch beim Dieb befindet und dieser auf Herausgabe in Anspruch genommen werden kann, liegt unstreitig ein Fall des § 255 und keine Gesamtschuld vor. Eine Gesamtschuld scheidet schon deswegen aus, weil unterschiedliche Leistungsverpflichtungen - Herausgabe der Sache gegenüber Geldersatz - bestehen.[95] **165**

hemmer-Methode: Beachten Sie, dass D bei Rückgabe der Sache an den E seinerseits keinen Anspruch aus § 255 BGB auf Abtretung der Ansprüche des E gegen V hat. Erhält nämlich der E zuvor von D die Sache unversehrt zurück, hat er keinen Schaden erlitten (allenfalls Anspruch wg. Nutzungen nach §§ 990, 987 BGB) und somit keinen Anspruch mehr gegen V, den er abtreten könnte.
Auch diese Tatsache ist ein Beleg dafür, dass im vorliegenden Fall der direkten Anwendung des § 255 BGB kein Fall der Gesamtschuld vorliegen kann, da D im Verhältnis zu V letztverpflichtet ist:
Kommt E zuerst auf V zu, so muss er ihm das Eigentum verschaffen (§ 255 BGB) und V kann dieses von D gem. § 985 BGB herausverlangen.
Kommt E zuerst auf D zu, so muss dieser die Sache an E herausgeben, wodurch der Anspruch des E gegen V mangels Schaden entfällt.

94 Eine isolierte Abtretung des Anspruchs aus § 985 BGB ist nach h.M. nicht möglich. Mit der Abtretung des Anspruchs aus §§ 823 ff., 249 S. 1 BGB des E gegen den D erwirbt der Zessionar V aber das Eigentum an der Sache gemäß §§ 929, 931 i.V.m. § 398 BGB. Das Eigentum und der Herausgabeanspruch aus § 985 BGB fallen also nicht auseinander, vgl. Palandt, § 255 BGB, Rn. 9.

95 Vgl. m.w.N. Palandt, § 255 BGB, Rn. 2.

II. Abwandlung: Ausgleich zwischen Dieb und Verwahrer

str.: Abwandlung

Problematisch ist die Abwandlung des obigen Falles, wenn der Dieb die Sache nicht mehr im Besitz hat. 166

Bsp.: *Die gestohlene Sache geht bei D unter.*

Er haftet nun, wie auch der Verwahrer, (nach § 848 BGB verschuldensunabhängig[96]) auf Schadensersatz (z.B. nach §§ 989, 990; 823, 992 BGB) und nicht mehr auf Herausgabe. Strittig ist nun, ob V weiterhin nach § 255 BGB Abtretung verlangen kann, oder ob eine Gesamtschuld mit der Konsequenz des § 426 I, II BGB vorliegt. 167

hemmer-Methode: Diese Frage stellt sich dann nicht, wenn man mit einer Mindermeinung von der Rechtsfolge des § 255 BGB nur Herausgabeansprüche erfasst sieht.[97] Dann wäre § 255 BGB hier schon tatbestandlich ausgeschlossen, da dem E kein abzutretender Herausgabeanspruch mehr zusteht.

Gesamtschuld flexibler

Der BGH bejaht hier das Vorliegen einer Gesamtschuld.[98] § 255 BGB ist demnach unanwendbar. Hintergrund der Heranziehung des § 426 II BGB ist dessen grundsätzlich flexiblere Handhabungsmöglichkeit. Denn für den Innenausgleich der Gesamtschuldner nach § 426 I BGB, der maßgeblich ist für die Höhe der übergegangenen Außenforderung, kann der BGH auf den Gedanken des § 254 BGB zurückgreifen,[99] während die starre Regelung des § 255 BGB nur die Abtretung der gesamten Ansprüche vorsieht. 168

Dieser Rspr. des BGH ist aber aus folgenden drei Gründen nicht zu folgen:

Konsequenz

1. Die Konsequenz dieser Rechtsprechung ist nämlich, dass der Dieb in dem Moment, in dem er die Sache veräußert oder zerstört, besser steht als zuvor, als er noch dem Herausgabeanspruch des E ausgesetzt war. Denn dieser Herausgabeanspruch hätte V im Falle seiner Leistung in vollem Umfang zugestanden, während V nun nur noch einen quotenmäßigen Schadensersatz aus §§ 426 I, II i.V.m. 990, 989, 992 BGB verlangen kann. Dem Dieb wäre in Kenntnis dieser BGH-Rechtsprechung nur zu raten, die Sache schnellstmöglich zu zerstören oder sich zumindest im Prozess auf den Untergang der Sache (wahrscheinlich oft nur eine Schutzbehauptung!) zu berufen. Ein ersichtlich unbilliges Ergebnis! Der Umstand des Verlustes oder der Zerstörung, der für E und V zudem in vielen Fällen völlig ungewiss sein wird, kann also nicht entscheidend für die Anwendbarkeit des § 255 BGB sein. 169

1. Kritikpunkt

2. Zudem verkennt der BGH, dass § 840 BGB selbst in seinen Absätzen 2 und 3 ebenso starr die Haftung auf den unmittelbaren Schadensverursacher abwälzt.[100] Die Lösung über die Gesamtschuld ist damit nur scheinbar flexibler. Auch wertungsmäßig kann die Aushebelung des § 255 BGB somit nicht überzeugen.[101] 170

2. Kritikpunkt

3. Eine weitere Ungereimtheit der BGH-Rechtsprechung liegt darin, dass V (auch nach BGH) vollen Schadensersatz von D verlangen können müsste, wenn er bereits vor der Zerstörung an den E Schadensersatz geleistet hat und sich das Eigentum nach § 255 BGB hatte übertragen lassen. 171

---

96 Bei § 848 BGB handelt es sich um eine Parallelvorschrift zu § 287 S.2 BGB; Hintergrund dieser Norm ist der Grundsatz *„fur semper in mora" (der Dieb ist immer im Verzug).*

97 M.w.N. Boecken/von Sonntag, Jura 1997, 1, 7 ff.

98 BGHZ 59, 97 = **juris**byhemmer.

99 Dazu unten Rn. 297 ff.

100 Siehe dazu unten Rn. 243 ff.

101 Reinicke/Tiedtke, Gesamtschuld, S. 31, Larenz, SchRAT, § 37 I; Palandt, § 255 BGB, Rn. 2.

Die Rechtsstellung des V kann aber nicht von dem Zufall abhängen, ob die Sache vor oder nach Abtretung zerstört wurde, zumal sich dieser (willkürliche!) Zeitpunkt im Prozess nur schwer beweisen lassen wird.

§ 255 BGB vorzugswürdig

Der Vorzug des § 426 BGB ist demnach nur scheinbar sachgerecht. Das Ergebnis des BGH ist mit der überzeugenden Literaturansicht abzulehnen. 172

III. Ausgleich zwischen Dieb und dem nach § 816 I 1 BGB Haftenden?[102]

Fall: *Dieb D hat bei Eigentümer E Geräte gestohlen und an den gutgläubigen K weiterverkauft. K veräußert diese in seinem Geschäft an einen Dritten. E genehmigt diese Veräußerungen und fordert von K den Erlös des Verkaufs. Kurz zuvor erhielt E bereits von D vollen Ersatz. Jetzt verlangt K von E aus eigenem und aus abgetretenem Recht des D den inzwischen gezahlten Veräußerungserlös zurück.*

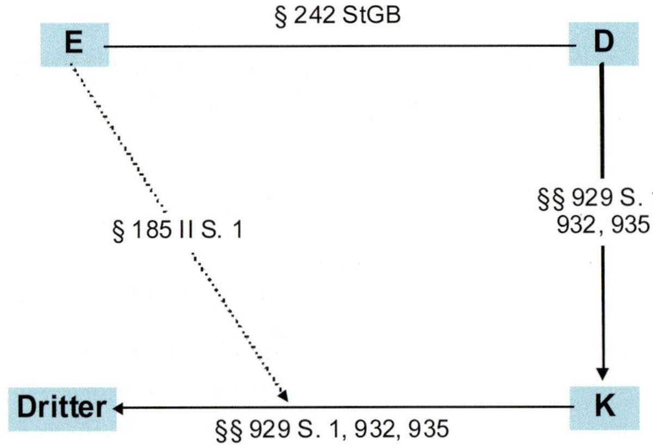

Durch die Genehmigung des E wurde die Verfügung des K gegenüber den Dritten gemäß § 185 II 1, Alt. BGB in der Rechtsfolge wirksam. E konnte daher den Kaufpreis als das durch die Verfügung Erlangte nach § 816 I 1 BGB von K herausverlangen.[103]

Der BGH hat entgegen einer früheren Entscheidung[104] eine Gesamtschuld zwischen D und K bejaht, da beide für den Verlust der Sache haften müssen (§ 823 und § 816 I BGB). Wegen §§ 422 I 1, 362 I BGB habe daher die Zahlung des D an E auch die Verbindlichkeit des K getilgt. K habe daher auf eine Nichtschuld geleistet (der Anspruch aus § 816 I 1 BGB bestand ja wegen der wechselseitigen Tilgungswirkung gerade nicht mehr) und könne daher seine Leistung mit der Leistungskondiktion von E zurückfordern.[105]

Einen anderen Lösungsweg bietet § 255 BGB. Da der E nicht den Veräußerungserlös und Schadensersatz für den Verlust der Geräte behalten darf, brauchte D nur gegen Abtretung der Ansprüche aus dem Eigentum Schadensersatz in Geld leisten. Zum Anspruch aus dem Eigentum gehört auch der aus § 816 I BGB (Rechtsfortwirkungsanspruch). Hat E den Anspruch bereits eingezogen, verwandelt sich der Anspruch auf Abtretung in einen auf Herausgabe. Dieser von D an K (siehe Sachverhalt) abgetretene Anspruch begründet den Anspruch des K gegen E.

102 Nach BGHZ 52, 39 ff. = **juris**byhemmer.

103 Zu § 816 BGB vgl. Hemmer/Wüst/Gold, Bereicherungsrecht, Rn. 365 ff.

104 BGHZ 29, 157 ff. = **juris**byhemmer.

105 Darstellung nach Medicus, Bürgerliches Recht, Rn. 927; BGHZ 52, 39 ff. = **juris**byhemmer; WM 1983, 1189 = **juris**byhemmer; so auch Palandt, § 816 BGB, Rn. 6.

Argumente gegen § 255

Gegen die Lösung über § 255 BGB spricht zum einen, dass § 426 BGB flexibler ist und im Gegensatz zu § 255 BGB auch einen Teilregress erlaubt.[106] 173

Vor allem aber spricht gegen die Lösung über § 255 folgende Überlegung. Befände sich die Sache noch bei K, so könnte der D bei Zahlung an E nach h.M. nicht die Abtretung der Ansprüche gegen K gemäß § 255 BGB verlangen. Die Abtretung der Herausgabeansprüche gegen K an D wäre nämlich sinnlos, da K seinerseits von D gerade Freistellung von diesen Ansprüchen nach §§ 280 I, III, 283 BGB verlangen könnte.[107] Nichts anderes kann nun aber gelten, wenn der K nicht mehr Herausgabe, sondern nach § 816 I S. 1 BGB Erlösherausgabe schuldet. 174

B. § 285 BGB[108]

Abtretung des stellv. commodums

Weiterhin ist an den Anspruch auf Abtretung des sog. *stellvertretenden commodums* zu denken (§ 285 BGB), wenn dem Schuldner die Leistung unmöglich geworden ist und er infolge des dafür ursächlichen Umstandes einen Ersatz oder Ersatzanspruch erlangt hat. 175

Anwendbarkeit auf § 985?

Wichtig ist vor allem das Verhältnis zwischen § 285 BGB und der Vorschrift des § 985 BGB. Nach ganz allgemeiner Ansicht ist § 285 BGB nämlich nicht auf den Herausgabeanspruch des § 985 BGB anwendbar. 176

Bsp.: *Eigentümer E ist eine Sache abhanden gekommen. Besitzer B veräußert diese an K. Wegen § 935 BGB ist E Eigentümer geblieben. Bis zum Veräußerungszeitpunkt konnte er von B Herausgabe aus § 985 BGB verlangen, jetzt richtet sich der Anspruch gegen den neuen Besitzer K. Kann E daneben von B auch Herausgabe des Veräußerungserlöses gemäß §§ 985, 285 BGB verlangen?*

Die Anwendung des § 285 BGB würde zu einer Anspruchshäufung beim Eigentümer führen. Er könnte gegen jeden früheren Besitzer aus §§ 985, 285 BGB vorgehen und außerdem vom jetzigen Herausgabe der Sache verlangen. Zum anderen wäre der Anspruchsgegner doppelt belastet: Er müsste den Erlös auskehren und wäre zudem noch der Rechtsmängelhaftung gegenüber seinem Käufer K ausgesetzt (§§ 433, 435, 437 Nr.3, 280 I, III, 283 BGB), da er diesem zur Eigentumsübertragung verpflichtet ist. Der Besitzer schuldet nach § 985 BGB dem Eigentümer die Herausgabe. Bei Anwendung des § 285 BGB würde der E mit dem Veräußerungserlös aber ein Surrogat für das Eigentum bekommen. Zudem bilden die §§ 989, 990 BGB eine abschließende Regelung für den Fall, dass die Sache nicht mehr herausgegeben werden kann.[109]

cessio legis vorrangig

Für § 285 BGB ist auch kein Raum, wenn der Ersatzanspruch bereits kraft Gesetzes auf den Rückgriffsgläubiger übergeht. 177

Bsp.: *Wird ein Arbeitnehmer (AN) infolge des Verschuldens eines Dritten arbeitsunfähig krank und leistet der Arbeitgeber (AG) Entgeltfortzahlung an den AN, so geht dessen Schadenersatzanspruch gegen den Dritten gemäß § 6 EFZG automatisch auf den AG über. Dieser muss also nicht nach §§ 326 III, 285 BGB Abtretung verlangen.*[110]

---

106 Dazu siehe unten Rn. 297 ff.

107 M.w.N. Palandt, § 255 BGB, Rn. 4.

108 Eine sehr interessante Entscheidung des BGH zum Anwendungsbereich des § 285 BGB finden Sie in Life&Law 2006, Heft 9. Dort ging es um die Doppelvermietung eines Grundstücks. Der Mieter, der das Grundstück nicht nutzen konnte, verlangte vom Vermieter über § 285 BGB den vom Zweitmieter bezogenen Mietzins über § 285 BGB heraus. Hauptprobleme der Entscheidung sind die Anwendbarkeit des § 285 BGB auf das mietrechtliche Mängelrecht sowie die Frage der Kongruenz zwischen unmöglich gewordener Leistung und stellvertretendem commodum. **Unser Service-Angebot an Sie: kostenlos hemmer-club-Mitglied werden (www.hemmer-club.de) und Entscheidungen der Life&Law lesen und downloaden.**

109 Ausführlich Hemmer/Wüst, Sachenrecht II, Rn. 156 ff.; Medicus, Bürgerliches Recht, Rn. 599, Palandt, § 281 BGB, Rn. 3.

110 Siehe dazu auch Hemmer/Wüst/Krick, Arbeitsrecht, Rn. 512 f.

§ 4 GESAMTSCHULDNERAUSGLEICH NACH § 426 BGB

Unterscheide Außenverhältnis zum Gl. und Innenverh. zum Gesamtschuldner

Der Gläubiger von Gesamtschuldnern ist ein "juristischer Pascha".[111] Denn er hat die Möglichkeit, sich nach eigenem Gutdünken an einen der Schuldner zu wenden. Die mehr oder weniger zufällige Inanspruchnahme des einen oder anderen Gesamtschuldners im Außenverhältnis, kann aber nicht dazu führen, dass dieser die Last letztendlich alleine tragen muss. Die endgültige Lastenverteilung ergibt sich vielmehr aus dem Innenverhältnis der Gesamtschuldner zueinander. Dieses Innenverhältnis kann, wie wir noch sehen werden, sehr unterschiedlich ausgestaltet sein. 178

A. Übersicht

Regressnorm § 426 BGB

Die Regressnorm unter Gesamtschuldnern ist § 426 BGB. Wie bereits angesprochen, stellt jeder der beiden Absätze eine eigene Anspruchsgrundlage für den regressberechtigten Gesamtschuldner zur Verfügung. 179

I. § 426 I BGB

Freistellungsanspruch aus dem Innenverhältnis

Absatz 1 regelt die *Innenforderung* zwischen den beiden Gesamtschuldnern. Diese entsteht bereits mit der Begründung des Gesamtschuldverhältnisses und nicht erst - wie bei § 426 II BGB - mit Leistung an den Gläubiger. 180

bereits vor Leistung gibt § 426 I BGB Freistellungs-/Mitwirkungsanspruch

Der im Innenverhältnis berechtigte Gesamtschuldner hat gegen den/die anderen zunächst einen Anspruch auf (teilweise) *Freistellung* von der Inanspruchnahme durch den Gläubiger bzw. auf *Mitwirkung* bei der (gemeinsamen) Erfüllung.

hemmer-Methode: Dieser Freistellungsanspruch ist Folge der wechselseitigen Pflichten der Gesamtschuldner. Sie müssen an der Befriedigung des Gläubigers mitwirken. Der Anspruch auf Mitwirkung besteht schon vor der eigenen Leistungserbringung. Er setzt die Fälligkeit der Gesamtschuld voraus und geht auf Befreiung von dem Teil der Schuld, der nach dem Innenverhältnis von dem nicht leistenden Gesamtschuldner zu tragen ist.

Nach Leistung an Gl. Ausgleichsanspruch

Leistet der Regressberechtigte doch, so wandelt sich der Freistellungsanspruch in einen Ausgleichsanspruch um, soweit er mehr an den Gläubiger geleistet hat, als er im Innenverhältnis quotenmäßig zu tragen hat. Die vom Gesetz in Absatz 1 Satz 1 vorgesehene Haftung zu gleichen Teilen im Zweifelsfalle greift in der Regel nicht ein, da aufgrund des Schuldverhältnisses sehr oft "ein anderes bestimmt ist". 181

II. § 426 II BGB

Außenforderung

§ 426 II BGB lässt den Anspruch des Gläubigers gegen die übrigen Gesamtschuldner übergehen, also die *Außenforderung*. Zahlt ein Gesamtschuldner, so erwirbt er parallel zum bereits bestehenden Anspruch aus Absatz 1 die Außenforderung. Der Übergang ist allerdings von vornherein auf den Anteil beschränkt, den der Leistende im Innenverhältnis nach § 426 I 1 BGB verlangen kann. Das ergibt sich schon aus dem Gesetzeswortlaut; das Wort „soweit“ in § 426 II 1 BGB bezieht sich auch auf die Worte „und von den übrigen Schuldnern Ausgleich verlangen kann“. 182

111 So erstmals bezeichnet von Heck, Grundriss des Schuldrechts, 1929, § 76 4 a.

Im Übrigen erlischt die Forderung.

Innenverhältnis bestimmt Umfang der cessio legis

Ohne Innenforderung geht also auch keine Außenforderung über. Inhalt und Umfang des Übergangs sind vom Innenverhältnis abhängig. Beide Ansprüche sind auf den gleichen Betrag gerichtet. 183

III. Vorteil der Doppelsicherung für den Regress

wichtig: *§§ 412, 401 BGB*

Der Vorteil dieser Doppelsicherung liegt auf der Hand. Dem Regressberechtigten stehen durch den Übergang der Außenforderung über §§ 412, 401 BGB auch die akzessorischen Sicherheiten der Forderung und die Vorzugsrechte zur Verfügung. 184

hemmer-Methode: Beachten Sie in diesem Zusammenhang einerseits die Parallele zum Bürgschaftsrecht. Letztlich dient nämlich § 774 I 1 BGB ebenfalls nur dem Zweck, den Anspruch aus dem Innenverhältnis zu sichern (regresssichernde cessio legis). Andererseits sollten Sie sich des Unterschiedes zu anderen Legalzessionsnormen bewusst sein. In der Regel ermöglichen diese dem Regressberechtigten erst den Rückgriff (regressbegründende cessio legis), da unmittelbar zum Schuldner keine Rechtsbeziehungen bestehen (etwa § 86 I S. 1 VVG, § 116 SGB X).

B. Gesamtschuld als Voraussetzung für § 426 BGB

I. Abgrenzung zur Teilschuld und zur gemeinschaftlichen Schuld

1. Abgrenzung zur Teilschuld

Gesamtschuld als Voraussetzung

Die Vorschrift des § 426 BGB kommt nur dann zur Anwendung, wenn ein Gesamtschuldverhältnis i.S.d. § 421 BGB zwischen den Regressbeteiligten besteht. Nach dem Gesetzesaufbau und dem Wortlaut des § 420 BGB scheint aber nicht die Gesamtschuld der Regelfall zu sein, sondern die *Teilschuld*, die die Schuld des Einzelnen auch im Außenverhältnis von vornherein auf seinen Anteil beschränkt. 185

Teilschuld?

Die Teilschuld knüpft an die *Teilbarkeit der Leistung* an. Teilbare Leistungen sind i.d.R. nur Leistungen, die auf Geld oder auf vertretbare Sachen[112] gerichtet sind. Damit werden scheinbar die meisten Fälle erfasst. Tatsächlich wird § 420 BGB im vertraglichen Bereich aber weitgehend durch § 427 BGB verdrängt, der im Zweifel von einer Gesamtschuld ausgeht, wenn sich mehrere zu einer teilbaren Leistung verpflichten. 186

hemmer-Methode: Hinter § 427 BGB steht der Gedanke, dass mehrere Vertragsschuldner durch ihr gemeinschaftliches Auftreten die berechtigte Erwartung erwecken, jeder von Ihnen sei bereit, für die von ihnen gemeinschaftlich übernommenen Verbindlichkeiten in vollem Umfang einzustehen.[113] Ergibt sich aus der Interessenlage etwas anderes, so kann § 427 BGB keine Anwendung finden. Weiterhin ist darauf zu achten, dass § 427 BGB eine Auslegungsregel ist ("im Zweifel") und damit - ebenso wie im Erbrecht - erst dann zum Zuge kommt, wenn die Auslegung nach §§ 133, 157 BGB ergebnislos geblieben ist.

---

112 Palandt, vor § 420 BGB, Rn. 1.

113 Larenz, SchRAT, § 36 II b).

Bsp.: *Wohnungseigentümer, die gemeinschaftlich eine Wohnungseigentumsanlage errichten, haften für die Herstellungskosten den Werkunternehmern nicht gesamtschuldnerisch, sondern nur anteilig, gleichviel, worauf sich die jeweiligen Werkleistungen beziehen, welchen Umfang sie haben und wie begütert der einzelne Wohnungseigentümer ist.*

Denn das mit der gesamtschuldnerischen Haftung verbundene Wagnis liegt regelmäßig weit über dem, was einem Einzelnen wirtschaftlich und sozial zumutbar ist.[114]

Andererseits haften dieselben als Gesamtschuldner für Verwaltungsschulden der Wohnungseigentümergemeinschaft etwa beim Heizölkauf.[115]

spezialgesetzliche Ausweitung des § 427 BGB

Beruht die gemeinschaftliche Verpflichtung nicht auf gemeinschaftlich geschlossenen Verträgen, zieht das Gesetz häufig trotzdem die Gesamtschuld der Teilschuld vor. Wichtiges Beispiele sind hier § 769 BGB und § 78 I VVG. **187**

Im deliktischen Bereich haften mehrere Verantwortliche nach § 840 BGB gesamtschuldnerisch, Gesamthänder haften z.B. aufgrund der § 2058 BGB, §§ 128, 161 II HGB gesamtschuldnerisch. **188**

§ 431 BGB

Eine Teilschuld scheidet auch aus, wenn die Schuldner eine *unteilbare Leistung* schulden. § 431 BGB ordnet für diesen Fall zwingend Gesamtschuld an. Teilbar ist eine Leistung nur dann, wenn sie ohne Wertminderung und ohne Beeinträchtigung des Leistungszwecks in Teilleistungen zerlegt werden kann. Bei Geld oder vertretbaren Sachen ist das regelmäßig der Fall. Unteilbar ist bspw. die Pflicht zur Herstellung eines Werkes, zur Herausgabe einer bestimmten Sache oder zur Übereignung eines Grundstücks.[116] **189**

2. Abgrenzung zur gemeinschaftlichen Schuld

gemeinschaftliche Schuld

Sind mehrere, die keine Gesamthandsgemeinschaft bilden, zu einer Leistung verpflichtet, so kommt neben einer Haftung als Gesamtschuldner auch eine gemeinschaftliche Schuld i.e.S. in Betracht. Welche Form der Schuldnermehrheit vorliegt, ist durch Auslegung zu ermitteln. **190**

Eine gemeinschaftliche Schuld kann sowohl durch Vertrag als auch kraft Gesetzes[117] entstehen. Sie ist immer dann anzunehmen, wenn mehrere eine Leistung nur gemeinsam erbringen können und nach dem Parteiwillen bzw. dem Gesetzeszweck ein Einstehenmüssen für das Verschulden des anderen nicht gewollt ist.

Bsp.: *M hat zur Feier seines sechzigsten Geburtstags ein Streichquartett engagiert. Zwei Stunden vor Beginn der Feierlichkeiten bricht sich der Cellist den Arm, so dass er nicht spielen kann.*

Bei der Ausgestaltung des Vertrages können die Parteien verschiedene Wege gehen. Welche Form gewählt wurde, ist durch Auslegung zu ermitteln. In Betracht käme zunächst, dass M mit jedem einzelnen Musiker einen selbständigen, von den anderen Musikern unabhängigen Vertrag geschlossen hat. Der Geiger könnte in diesem Fall das vereinbarte Entgelt auch dann fordern, wenn er bereit ist zu spielen, die anderen Musiker jedoch ausfallen. Eine derartige Regelung wird jedoch nicht im Interesse des Gläubigers liegen, da er das Quartett und nicht den Einzelmusiker hören wollte.

114 BGHZ 75, 26 = **juris**byhemmer.

115 BGH, NJW 1977, 1964 = **juris**byhemmer.

116 Palandt, § 266 BGB, Rn. 3.

117 Vgl. dazu ausführlich Reinicke/Tiedtke, Gesamtschuld, S. 19 f.

Die einzelnen Verbindlichkeiten könnten weiterhin gesamtschuldnerisch ausgestaltet sein. Jeder Musiker schuldet dann, dass das Quartett spielt. Fällt ein Musiker aus, kann keiner Bezahlung verlangen. Weitere Konsequenz wäre, dass jeder Einzelne für die Erfüllung dieser Verbindlichkeit einzustehen hätte und auch ohne eigenes Verschulden schadensersatzpflichtig wäre. Jeder Musiker hätte für das Verschulden des anderen einzustehen. Dies wird in der Regel von den Schuldnern nicht gewollt sein.

Es muss daher ein Mittelweg gefunden werden, der den Interessen beider Parteien entspricht. Dies kann dadurch erreicht werden, dass dem Gläubiger zwar nur eine Forderung gegen die gemeinschaftlich verbundenen Musiker zusteht. Jeder Musiker verpflichtet sich jedoch nicht, dafür einzustehen, dass das Quartett spielt, sondern verpflichtet sich lediglich zur Mitwirkung an der gemeinsam zu erbringenden Schuld. Der Einzelne ist dann, im Gegensatz zur gesamtschuldnerischen Verpflichtung, nicht schadensersatzpflichtig, wenn ein anderer ausfällt, solange ihn daran kein eigenes Verschulden trifft (sog. *gemeinschaftliche Schuld*).

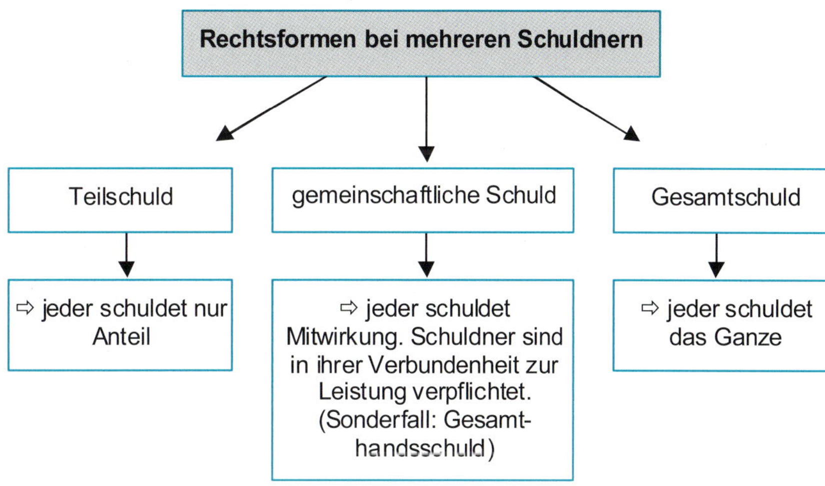

II. Mindestvoraussetzung in § 421 BGB

Problem: Voraussetzungen der Gesamtschuld

In den Fällen, in denen das Gesetz die gesamtschuldnerische Haftung ausdrücklich vorsieht, ist die Frage unproblematisch, welche **191**
Voraussetzungen für das Vorliegen einer Gesamtschuld zu verlangen sind. Fehlt eine solche Anordnung, ist nach wie vor umstritten, welche Voraussetzungen vorliegen müssen, um eine Gesamtschuld in anderen Fällen annehmen zu können.

§ 421 BGB: Definition?

§ 421 S. 1 BGB umschreibt die Gesamtschuld dahingehend, dass **192**
mehrere eine Leistung in der Weise schulden, dass jeder die Leistung zu bewirken verpflichtet ist, der Gläubiger aber die Leistung nur einmal zu fordern berechtigt ist. Aufgrund der im BGB angewandten Gesetzestechnik scheint § 421 BGB den Begriff der Gesamtschuld zu definieren, ähnlich wie es in § 194 I BGB bezüglich des Anspruchsbegriffs oder in § 121 I S. 1 BGB bezüglich der Unverzüglichkeit erfolgt. Das ist jedoch umstritten.

e.A.: nur Rechtsfolgenbestimmung

Nach Brox ist eine Gesamtschuld nur dann gegeben, wenn das **193**
Gesetz sie an anderer Stelle anordnet.[118] Die Vorschrift regelt nach dieser Ansicht die Rechtsfolgen einer ohnehin bestehenden Gesamtschuld. Liegen diese Umstände auch bei anderen Schuldnern vor, müssen sie deshalb keine Gesamtschuldner sein.

h.M.: Mindestanforderungen der GS in § 421 BGB

Nach h.M. stellt § 421 BGB hingegen *Mindestanforderungen* an eine **194**
Gesamtschuld auf, die - das ist im näheren umstritten - einer weiteren Eingrenzung bedürfen.

118 Brox, Allgemeines Schuldrecht, § 32 I 1.

Innerhalb der h.M. wollen dies einige dadurch erreichen, dass sie § 421 BGB einschränkend auslegen und den Begründungstatbestand einer Gesamtschuld unmittelbar auf § 421 BGB stützen.[119] Andere begreifen § 421 BGB nicht als eine abschließende Definition der Gesamtschuld und begründen mitunter eine Gesamtschuld auch durch Analogieschlüsse.[120]

Bsp.: *§ 840 I BGB wird z.B. analog angewandt, wenn nur ein Schuldner aus unerlaubter Handlung, der andere aber aus Vertrag haftet.*

1. Jeder auf das Ganze

jeder auf das Ganze

Der Anspruch des Gläubigers muss sich gegen mehrere Schuldner richten, von denen jeder zur vollen Leistung verpflichtet ist. **195**

Bsp.: *Haupt- und Subunternehmer schulden nicht beide dem Besteller die Werkleistung. Leistungspflichten bestehen nur innerhalb der Zwei-Personen-Verhältnisse. Der Subunternehmer schuldet seine Leistung nur dem Hauptunternehmer.*

2. Gläubiger darf die Leistung nur einmal fordern

keine Kumulierung

Die Gesamtschuld ist von der Anspruchskumulation zu unterscheiden. Dort kann der Gläubiger die Leistung nämlich mehrmals fordern. **196**

Bsp.: *In der Schadensversicherung kann der Versicherungsnehmer noch so viele Versicherungsverträge abgeschlossen haben, seinen Schaden (z.B. Hausrat) bekommt er nur einmal ersetzt (§ 78 I VVG). Dagegen bekommen die Erben im Todesfall jeweils die volle Leistung aus mehreren Lebensversicherungsverträgen. Ein Fall der Anspruchskumulation liegt auch dann vor, wenn der Gläubiger zur Sicherung seines Bedarfs vorsorglich mit mehreren Lieferanten unabhängig voneinander selbständige Verträge schließt.[121] Leistet einer der Händler termingerecht, so ist zwar der wirtschaftliche Zweck der Doppelbestellung erreicht, der Vertrag zu dem anderen Lieferanten wird dadurch aber nicht berührt. Dies bedeutet, dass der Gläubiger diesem gegenüber noch zu Abnahme und Zahlung verpflichtet ist.*

Im Zweifel ist die Differenzierung durch Auslegung vorzunehmen.[122] **197**

hemmer-Methode: Ein examensrelevantes Beispiel für diese Auslegung ist das Verhältnis zwischen Vor- und Nachmieter, wenn beide zur Vornahme der Schönheitsreparaturen verpflichtet sind. Die h.M. sieht darin regelmäßig eine Anspruchskumulation.[123] Damit wirkt die Erfüllung durch den Nachmieter nicht nach § 422 BGB auch für den Vormieter. Dessen Leistungspflicht wird damit allerdings wegen Zweckerreichung unmöglich, so dass er dem Vermieter nach §§ 280 I, III, 283 BGB schadensersatzpflichtig wird. Im Rahmen dieses Anspruchs stellt sich dann die Frage, ob sich der Vermieter die Leistung des Nachmieters im Rahmen einer Vorteilsanrechnung anrechnen lassen muss, so dass er keinen Schaden mehr geltend machen könnte.
Dies ist i.d.R. zu verneinen. Der Vermieter kann eine unrenovierte Wohnung meist nicht zu dem gleichen Mietzins vermieten wie eine renovierte Wohnung. Dermaßen erkaufte Vorteile sollen aber nicht dem Vormieter zugute kommen. Dieser wäre andernfalls dazu ermutigt, seine vertraglichen Pflichten beim Auszug nicht zu erfüllen.[124]

119 So Reinicke/Tiedtke, Gesamtschuld, S. 20.

120 So z.B. Larenz, SchRAT, § 37 I, Medicus, Bürgerliches Recht, Rn. 917.

121 Larenz, SchRAT, § 37 I.

122 Palandt, § 421 BGB, Rn. 3.

123 Vgl. BGHZ 49, 56 = **juris**byhemmer; zur Gegenansicht Reinicke/Tiedtke, Gesamtschuld, S. 3.

124 Reinicke/Tiedtke, Gesamtschuld, S. 3, 4.

3. Mehrere schulden eine Leistung: Identität bzw. Gleichartigkeit des Leistungsinteresses

oft unproblematisch

Gesamtschuldner schulden *"eine"* Leistung. Daraus wird geschlossen, dass grundsätzlich dieselbe Leistung geschuldet wird. Schulden sie eindeutig inhaltlich gleiche Leistungen, ist dieser Punkt nicht weiter problematisch. 198

Bsp.: *Die Mitglieder einer Wohngemeinschaft, die Parteien des Mietvertrages geworden sind, schulden dem Vermieter nach §§ 535 II, 427 BGB gesamtschuldnerisch den Mietzins. Nach Beendigung des Mietvertrages schulden alle die Rückgabe der Wohnung (§ 546 BGB). Die geschuldeten Leistungen sind identisch.*

Problem: verschiedenartige Leistungen

Schwieriger ist dagegen die Begründung einer Gesamtschuld, wenn die Schuldner verschiedenartige Leistungen zu erbringen haben. Grundlegend hierzu ist der folgende Fall: 199

Bsp.:[125] *Bauunternehmer U hat seine Bauleistungen mangelhaft erbracht. Architekt A hat zudem seine diesbezüglichen Aufsichtspflichten verletzt. A ersetzt Bauherr H seinen Schaden. Kann A bei U Regress nehmen?*

Der Anspruch könnte auf § 426 I BGB bzw. § 426 II i.V.m. § 634 Nr.4, 280 I, III, 281 BGB beruhen. Voraussetzung hierfür ist eine Gesamtschuld zwischen A und U. Beide haben sich aber nicht gemeinschaftlich zu einer teilbaren Leistung verpflichtet, U schuldete die Errichtung des Bauwerkes und A die Architektenleistung, so dass § 427 BGB ausscheidet.

Zudem schuldeten beide hinsichtlich der von ihnen zu verantwortenden Leistungsstörungen unterschiedliche Leistungen: U war zunächst nach §§ 634 Nr.1, 635 BGB zur Nacherfüllung verpflichtet, während der A aus § 634 Nr.4, 280 I, III, 281 BGB Schadensersatz schuldete. Dem BGH reichte zur Begründung einer Gesamtschuld aus, dass die Haftung beider auf demselben Mangel beruhte und die Leistung des einen dem anderen wenigstens teilweise zugute kommen konnte. Nachbesserung und Geldersatz seien deshalb nicht gänzlich verschieden. Eine völlige Identität von Leistungsinhalt und -umfang ist nach dem BGH nicht erforderlich. Es genügt, wenn eine an der Grenze zur inhaltlichen Gleichheit liegende besonders enge Verwandtschaft vorliegt.

hemmer-Methode: Wie so oft, trägt auch diese umständliche Definition des BGH mindestens genauso viel zur Verwirrung wie zur eigentlich bezweckten Aufklärung bei. Es hilft wenig, sein Gedächtnis mit äußerst abstrakten Definitionen zu belasten, ohne den dahinterstehenden Sinn und Zweck verstanden zu haben.

Gläubigersicht

Stellt man auf die Sicht des Gläubigers ab, wird der Fall etwas deutlicher. Aus der Sicht des Gläubigers betrachtet, richten sich beide Verpflichtungen darauf, dasselbe *Interesse* zu befriedigen. Der Bauunternehmer hat ein mangelfreies Werk abzuliefern, der Architekt hat diesen dabei zu kontrollieren. Beide Pflichten sind darauf gerichtet, das Interesse des Bauherrn an einem einwandfreien Bauwerk zu schützen. 200

Auch wenn der Architekt nicht die unmittelbare Herstellung des Bauwerkes schuldet, sondern nur das im Bauplan verkörperte geistige Bauwerk sowie Bauleitung und Bauaufsicht, dienen diese Pflichten doch direkt dem Interesse des Gläubigers an einem mangelfreien Bauwerk.

Die vom Gesetz vorgesehenen Arten der Gewährleistung, können nicht dazu führen, dass dem Leistenden der Rückgriff verwehrt wird oder der Gläubiger von beiden Schuldnern Leistung fordern kann. 201

125 Nach BGHZ (GS) 43,227 ff. = **juris**byhemmer; vgl. Medicus, Bürgerliches Recht, Rn. 926; Larenz, SchRAT, § 37 I.

weiteres Beispiel

Dasselbe Leistungsinteresse des Gläubigers sieht der BGH in einer neueren Entscheidung auch dann als gegeben an, wenn ein Baumangel zur Beschädigung von Sachen des Mieters führt. 202

Der Vermieter musste dem Mieter aus § 536 a I i.V.m. § 280 BGB Schadensersatz leisten, der Bauunternehmer haftete aus Werkvertrag mit Schutzwirkung zugunsten Dritter.[126] Somit konnte der in Vorleistung tretende Vermieter nach § 426 BGB Rückgriff nehmen.

4. Nicht erforderlich: Derselbe Rechtsgrund der Haftung

unstreitig

Anerkannt ist heute im Grundsatz, dass die Gesamtschuld nicht denselben Rechtsgrund voraussetzt.[127] Der eine Schuldner kann also aus Vertrag, der andere aus Delikt haften.[128] Umstritten sind allerdings die weiteren Voraussetzungen. 203

III. Wesen der Gesamtschuld nicht abschließend in § 421 BGB beschrieben

notwendiges Regulativ

Rechtsprechung und Lehre sind sich im Grundsatz schon seit langem darin einig, dass es eines Regulativs bedarf, um den weiten Begriff der Gesamtschuld in § 421 BGB einzugrenzen. Unter Wertungsgesichtspunkten konnte nicht jeder Sachverhalt, der scheinbar unter § 421 BGB subsumierbar war, auch die in § 422 I S. 1 BGB vorgesehene *gegenseitige Tilgungswirkung* zur Folge haben. 204

> **Bsp.:** *S hat das Kind G schuldhaft verletzt. Die unterhaltspflichtigen Eltern kommen für die Arztkosten auf. Für diesen Fall sieht § 843 IV BGB ausdrücklich vor, dass eine Anrechnung zugunsten des S ausscheidet. Insoweit gibt es also auch keine gegenseitige Tilgungswirkung der Leistungen der beiden Schuldner.*[129]

innere Verbundenheit

Für die Annahme einer Gesamtschuld bedarf es daher einer *inneren Verbundenheit* der Forderungen. 205

1. Kriterien der inneren Verbundenheit: Zweckgemeinschaft und Gleichstufigkeit

Lehre von der scheinbaren GS

Die *Lehre von der unechten oder scheinbaren Gesamtschuld* ist als überholt anzusehen.[130] Sie sah in § 421 BGB einerseits eine umfassende Gesamtschulddefinition, wollte die §§ 422 ff. BGB aber nur auf die "echte" Gesamtschuld anwenden. Da sie letztlich das Abgrenzungsproblem nur verlagerte, trug sie zur Problemlösung selbst nichts bei. 206

hemmer-Methode: Wenn heute noch immer häufig von „unechten" oder „scheinbaren" Gesamtschulden die Rede ist,[131] dann sollen damit i.d.R. nur noch diejenigen Fälle *bezeichnet* werden, die gerade nicht unter die §§ 421 ff. BGB fallen.

Zweckgemeinschaft

Insbesondere die Rechtsprechung ist lange Zeit der *Lehre der rechtlichen Zweckgemeinschaft* gefolgt. Nach dieser sind die Schuldner dann nicht als Gesamtschuldner anzusehen, wenn sie lediglich absichtslos oder eher zufällig nebeneinander haften. 207

126 BGH, NJW 1994, 2231 f. = **juris**byhemmer.

127 Palandt, § 421 BGB, Rn. 5; Reinicke/Tiedtke, Gesamtschuld, S. 22.

128 Genauere Darstellung des Meinungsstandes siehe Rn. 241 ff.

129 Die Verneinung der Gesamtschuld führt allerdings zu Regressproblemen für den vorleistenden Unterhaltspflichtigen, siehe zu dieser Fallkonstellation Rn. 218 ff. und 328 ff.

130 Reinicke/Tiedtke, Gesamtschuld, S. 22.

131 Vgl. Palandt, § 421 BGB, Rn. 10.

Erforderlich ist vielmehr ein innerer Zusammenhang in Form einer Zweckgemeinschaft.

Kritik: fehlende Klarheit

In der Rechtslehre ist diese Ansicht wegen ihrer fehlenden Klarheit überwiegend kritisiert worden.[132] Wird unter Zweckgemeinschaft ein von den Schuldnern verfolgter gemeinschaftlicher Zweck verstanden, so fragt sich, worin dieser bei Gesamtschuldanordnungen kraft Gesetzes liegen soll. Für diese zahlreichen Fälle würde diese Definition der Gesamtschuld überhaupt nicht passen. Soll aber nur ausgedrückt werden, dass alle Verbindlichkeiten zur Erreichung desselben Zweckes miteinander verbunden sein müssten, so wäre kein Unterschied zum Tatbestandsmerkmal des einheitlichen Gläubigerinteresses zu erkennen. 208

Gleichstufigkeit

Durchgesetzt hat sich heute wohl endgültig die sog. *Stufenlehre*, die insbesondere von Larenz vertreten worden ist.[133] Mittlerweile hat sich auch der BGH stillschweigend dieser Ansicht angeschlossen, wenngleich vereinzelt noch vom Merkmal der Zweckgemeinschaft die Rede ist.[134] 209

Verhältnis der Verbindlichkeiten

Diese Theorie stellt darauf ab, ob die einzelnen Verbindlichkeiten *in ihrem Verhältnis zueinander* gleichrangig bzw. gleichstufig sind. Im Unterschied zum Merkmal des einheitlichen Gläubigerinteresses kommt es also auf das Verhältnis der Schuldner untereinander an. Hierbei ist in Abgrenzung zur Haftungsquote des Innenverhältnisses nach § 426 I 1 BGB ("zu gleichen Anteilen (...), soweit nicht ein anderes bestimmt ist") entscheidend, dass das Rangverhältnis *nach außen* zum Ausdruck gelangt. 210

bei typisierter Betrachtung kein Schuldner primär verpflichtet

Nach Larenz liegt in den Fällen der Gesamtschuld *typischerweise* Gleichstufigkeit aller Verpflichtungen in dem Sinne vor, dass nicht einer der Schuldner von vornherein der Primärverpflichtete ist, vielmehr *prinzipiell* alle letztlich irgend einen Beitrag zu leisten haben und es eben deshalb dann eines Ausgleichs unter ihnen bedarf, wenn einer an den Gläubiger geleistet hat.[135] Im Ausnahmefall kann der Beitrag des Einzelnen - insbesondere infolge der analogen Anwendung des § 254 BGB - bis auf Null zurückgehen. Auch wenn dann im *Innenverhältnis* einer der Schuldner in vollem Umfang regresspflichtig ist, liegt eine Gesamtschuld vor. 211

Vorteil: saubere Abgrenzung von cessio legis und § 255 BGB

Ein Vorteil dieser Ansicht liegt darin, dass es ihr zumindest gelingt, die Gesamtschuld gegenüber den Fällen der cessio legis und denen des § 255 BGB abzugrenzen. Wegen der hier *schon typischerweise* vorrangigen Haftung des einen Schuldners scheidet die Gesamtschuld von vornherein aus. Die Leistung des nachrangig Haftenden stellt lediglich einen Vorschuss dar. 212

Bsp.: *A verletzt den B und ist ihm deshalb nach § 823 I BGB schadensersatzpflichtig. Zugleich hat B einen Anspruch gegen seine Krankenversicherung.*

Zahlt die Versicherung an B, so geht nach § 86 VVG der Anspruch gegen A auf sie über. § 86 VVG bringt damit zum Ausdruck, dass die Versicherung im Verhältnis zu A immer nur vorschussartig haften soll. A ist immer letztverpflichtet. Es fehlt damit an der für eine Gesamtschuld erforderlichen Gleichstufigkeit.[136]

132 Larenz, SchRAT, § 37 I; Reinicke/Tiedtke, Gesamtschuld, S. 22; Palandt, § 421 BGB, Rn. 7.

133 Larenz, SchRAT, § 37 I.

134 BGHZ 106, 319; Palandt, § 421 BGB, Rn. 7.

135 Larenz, SchRAT, § 37 I, S. 635.

136 Weitere typische Fälle der cessio legis, in denen eine Gesamtschuld an der Gleichstufigkeit scheitert sind § 116 SGB X, § 6 EntgeltFG, vgl. dazu oben Rn. 131 ff.; 139 ff.

hemmer-Methode: Die Gleichstufigkeit in diesem Sinne ist zu verneinen, wenn die gesetzliche Wertung zum Ausdruck bringt, dass einer der Schuldner zwingend Letztverpflichteter ist. Der andere Schuldner haftet nur vorschussartig, um dem Gläubiger das Risiko der Durchsetzbarkeit seiner Ansprüche zu nehmen. Eine solche vorschussartige Leistung liegt auch im Fall des § 255 BGB vor. Lesen Sie dazu noch einmal den Standardfall zu § 255 BGB.[137]

Kritik: bloße Problemverlagerung

Hauptkritikpunkt an dieser Lehre ist, dass sie wiederum nicht eindeutig zu klären vermöge, wie § 421 BGB nun einzuschränken sei. Das Problem werde nur auf den Begriff der Gleichrangigkeit verlagert.[138] Im Grunde werde nur gesagt, dass eine Gesamtschuld nicht vorläge, wenn es nicht sachgemäß sei, die Regelungen der §§ 421 ff. BGB anzuwenden. 213

hemmer-Methode: Die Kritik von Reinicke/Tiedtke ist natürlich nicht ohne weiteres von der Hand zu weisen. Andererseits ist die Frage des Vorliegens einer Gesamtschuld eben häufig eine Wertungsfrage und Wertungsfragen lassen sich in der Regel nicht durch allgemeingültige Definitionen befriedigend beantworten. Letztlich kommen auch Reinicke/Tiedtke zu den gleichen Ergebnissen wie die Lehre von der Gleichstufigkeit. Sie verwenden lediglich nicht den Begriff der Gleichstufigkeit, sondern vertreten die Auffassung, dass es sich in den Fällen der cessio legis und des § 255 BGB um gesetzliche Einschränkungen der Gesamtschuld handelt.[139]

Voraussetzungen der Gesamtschuld im Überblick:

a) Mehrere Schuldner sind jeweils zur vollen Leistungserbringung verpflichtet.

b) Gläubiger darf Leistung nur einmal fordern.

c) Identität bzw. Gleichartigkeit des Leistungsinteresses

d) Innere Verbundenheit

⇨ insb. frühere Rspr.: Zweckgemeinschaft

⇨ h.M. in Lit.: Gleichstufigkeit

Beachte: Prüfung überflüssig, wenn Gesamtschuld gesetzlich angeordnet, z.B. § 840 BGB, vgl. unten Rn. 230 ff.

2. Fall zur Frage der Gleichstufigkeit

Anhand eines sehr klausurträchtigen Falles[140] soll die Thematik noch einmal abschließend beleuchtet werden. Wichtig ist stets, die Ergebnisse einer Streitigkeit nicht einfach auswendig zu lernen, sondern anhand eines klausurtypischen Aufbaus (den Sie in der Klausur genauso beherrschen müssen wie den Inhalt) einzutrainieren.

Sachverhalt (stark abgeändert und vereinfacht): *Die Auftraggeberin A beauftragte den Bauunternehmer K mit den Rohbauarbeiten für ein Einfamilienhaus.*

Mit den Innen- und Außenputzarbeiten beauftragte sie den Bauunternehmer B. Bei der Abnahme zeigten sich an den Außenwänden des Hauses Risse in Mauer und Putz.

137 Vgl. dazu oben 164.

138 Reinicke\Tiedtke, Gesamtschuld, S. 24.

139 Reinicke/Tiedtke, Gesamtschuld, S. 38.

140 Nach BGH NJW 2003, 2980 ff. = jurisbyhemmer.

Im Prozess der A gegen K auf Zahlung eines Vorschusses zur Mängelbeseitigung wurde folgendes festgestellt:

- *Für die Risse verantwortlich waren Ausführungsfehler des K und des B.*
- *Die jeweilige Verantwortlichkeit trifft den K zu ¾ und den B zu ¼.*

Die Leistungsbereiche von K und von B sind nicht zweifelsfrei voneinander trennbar, sodass der Mangel nur einheitlich beseitigt werden kann. Daher wurde K zur Zahlung eines Mängelbeseitigungsvorschusses von 12.000 € rechtskräftig verurteilt.

Er verklagt nun den B auf Zahlung von 3.000,- €, also der anteilig von diesem zu ¼ verursachten Vorschusskosten, die er aufgrund des Urteils an die A abgeführt hatte. Zu Recht?

Regressmöglichkeit?

Streitentscheidend ist hier die Frage, ob mehrere Bauunternehmer im Falle einander überschneidender Sachmängel als Gesamtschuldner haften und damit ein Regress nach § 426 BGB möglich ist, oder ob der Regress auf anderem Wege zu erfolgen hat. Dieser aus der alltäglichen Praxis des privaten Baurechts stammende Fall, der im Original noch weitaus „verzwickter" war, ist gleichermaßen interessant für Studenten und Praktiker.

<u>Entscheidungsgründe:</u> Zu prüfen ist, ob dem K gegen B ein Anspruch auf Ersatz des von K an A geleisteten Vorschusses für die Mängelbeseitigung in Höhe von ¼, d.h. 3.000,- € zusteht.

Für die Lösung des vorliegenden Falles stehen im Großen und Ganzen vier Möglichkeiten zur Verfügung:[141]

- Regress über die GoA ⇨ §§ 683 S. 1, 670 BGB
- Regress über die Gesamtschuld ⇨ § 426 I BGB
- Zessionsregress ⇨ § 255 BGB analog
- Gänzliche Versagung eines Regressanspruches

A. §§ 683 Satz 1, 670 BGB (-)

Ein Anspruch aus GoA ist abzulehnen.[142]

Kein fremdes Geschäft

Zum einen ist die Erfüllung des Anspruches der A auf Zahlung eines Kostenvorschusses gemäß §§ 634 Nr. 2, 637 III BGB von K geschuldet gewesen und daher weder ein fremdes noch ein sog. „auch-fremdes" Geschäft. Zum anderen fehlt auch der Fremdgeschäftsführungswille, da der K lediglich seiner Pflicht aus dem Urteil nachkam. Ein Anspruch aus GoA scheidet daher aus.

B. §§ 426 I BGB?

Dem K könnte jedoch der Gesamtschuldnerausgleich des § 426 I BGB zustehen. Voraussetzung wäre hierfür, dass K und B Gesamtschuldner sind.

Pr. Voraussetzungen der Gesamtschuld?

Da hier weder eine gesetzliche Anordnung einer Gesamtschuld noch eine gemeinsame vertragliche Verpflichtung vorliegt, kommt nur ein Gesamtschuldverhältnis aus sonstigen Gründen in Betracht.

Da das Gesetz die Voraussetzungen der Gesamtschuld nicht unmittelbar regelt, ist strittig, wann ein Gesamtschuldverhältnis anzunehmen ist.

141 Vgl. dazu auch Stamm, NJW 2003, 2940 ff.

142 Bejahend noch OLG Hamm NJW-RR 1991, 730 ff. = **juris**byhemmer; NJW-RR 1992, 849 ff. = **juris**byhemmer.

1. Mehrere Schuldner

Schuldnermehrheit (+)

Aus den Vorschriften der §§ 421 ff. BGB folgt als erste Voraussetzung, dass eine Schuldnermehrheit vorliegen muss, wobei jeder auf das Ganze verpflichtet sein muss.[143]

Weitere Voraussetzung ist, dass der Gläubiger die Leistung nur einmal verlangen darf und jeder Schuldner die Leistung allein erbringen kann, da nur in diesem Fall die wechselseitige Tilgungswirkung des § 422 I 1 BGB eintreten kann.

Vorliegend schulden sowohl K als auch B gem. §§ 634 I Nr. 1, 635 BGB wegen der Risse in der Wand und im Verputz Nacherfüllung. Da die Mängelbeseitigung aber nur einheitlich und außerdem nur einmal erfolgen kann, kann die Leistung von der A auch nur einmal verlangt werden. Damit steht auch der Vorschuss zur Mängelbeseitigung gemäß §§ 634 Nr. 1, 637 III BGB der A nur einmal zu.

2. Gleichartigkeit bzw. Identität der Schuld

Aus § 422 I ist weiterhin das Erfordernis der Gleichartigkeit der Leistung zu entnehmen. Eine wechselseitige Tilgung ist nämlich nur sachgerecht, wenn die Forderung des Gläubigers auf dasselbe Leitungsinteresse gerichtet ist (sog. „Identität der Schuld“).

„Sound“: Es ist nicht nötig, dass die Ansprüche auf demselben Rechtsgrund beruhen!

Dass beide Unternehmer K und B aufgrund eines Werkvertrages verpflichtet waren, reicht für die Gleichartigkeit der Schuld weder aus, noch ist dies zwingend für die Gleichartigkeit erforderlich. Allerdings ist eine völlige Identität nicht erforderlich, da sich da die Gleichartigkeit nur auf den Inhalt des Leistungsgegenstands bezieht

Da hier das Leistungsinteresse der A darin besteht, ein mangelfreies Einfamilienhaus zu erhalten und beide Unternehmer diesen Erfolg schulden, ist eine Gleichartigkeit der Schuld im vorliegenden Fall eindeutig zu bejahen.

3. Innere Verbundenheit: Zweckgemeinschaft bzw. Gleichstufigkeit der Haftung

Gleichstufigkeit?

Mit Bejahung der Gleichartigkeit der Schuld ist der Tatbestand der Gesamtschuld aber immer noch nicht abschließend beschrieben, denn es ist noch zu entscheiden, in welchen Fällen die wechselseitige Tilgungswirkung gem. §§ 422 I 1, 362 I sachgerecht ist.

Hierfür wird eine *„innere Verbundenheit“* zwischen den Schuldnern gefordert. Zweifelhaft ist aber, welches Merkmal die für die Gesamtschuld kennzeichnende innere Verbundenheit begründet.

a) Im vorliegenden Fall bauen die Leistungen der beiden Unternehmer K und B aufeinander auf. Jeder von ihnen schuldet grundsätzlich nur die Erfüllung seiner eigenen Leistung:

- K schuldet für sich allein die Rohbauarbeiten
- B schuldet für sich allein die Verputzarbeiten

Hinsichtlich Primärleistungen (-)

Für die Annahme einer Gesamtschuld fehlt es also hinsichtlich der Primäransprüche an der Identität der übernommenen Pflichten und damit an einer sog. Zweckgemeinschaft bzw. Gleichstufigkeit.

b) Fraglich ist aber, ob im Fall einer beiderseitigen Pflichtverletzung nicht ausnahmsweise eine andere Betrachtungsweise geboten ist.

143 Z.B. (-) bei Haupt- und Subunternehmer, da nur ein Anspruch gegen den Hauptunternehmer besteht, BGH NJW 1981, 1779 = **juris**byhemmer.

aa) Ein Teil der Rechtsprechung[144] und Literatur hat in ähnlichen Fallkonstellationen wie der vorliegenden eine gesamtschuldnerische Haftung mehrerer Bauunternehmer verneint. Angesichts der unterschiedlichen bauvertraglichen Pflichten fehle es an einer *sog. Zweckgemeinschaft*.

bb) Nach a.A. wird ein Gesamtschuldverhältnis mit folgender Begründung bejaht. Es träfe nicht zu, dass zwischen den beiden Unternehmern K und U unterschiedliche Pflichtenkreisen bestehen.

Bzgl. Leistungsstörung?

Will man derartige Fälle gerecht und sinnvoll lösen, so muss man eine zeitliche Trennung vornehmen. Zu differenzieren sei zwischen dem Zeitpunkt des jeweiligen Vertragsschlusses (primäre Leistungsverpflichtung) und dem Zeitpunkt der Leistungsstörung (sekundäre Leistungsverpflichtung.

- Mit Abschluss der Bauverträge liegt mangels Leistungsidentität sicherlich keine Gesamtschuld vor.

- Soweit hingegen beide Bauunternehmer auf Grund sich überschneidender Sachmängel aus §§ 634 Nr. 1, 635 BGB die vollständige Mängelbeseitigung schulden, ist die Gleichstufigkeit der Haftung bzw. die Zweckgemeinschaft der Unternehmer zu bejahen. Die gegen beide Unternehmer gerichteten Nacherfüllungsansprüche (bzw. sonstigen Mängelrechte) dienen dem gleichen Zweck und seien daher gleichstufig.

cc) Der BGH, der diese Frage bislang noch nicht zu entscheiden hatte, schließt sich dieser Ansicht völlig zu Recht an und bejaht das Vorliegen einer Gesamtschuld.

BGH (+)

Das maßgebliche Kriterium sieht der BGH in der gleichstufigen Verbundenheit der beiden Unternehmer im Rahmen ihrer Nacherfüllungspflicht, gemeinsam und in vollem Umfang für die von ihnen mit verursachten Mängel einstehen zu müssen, sofern nur eine Sanierungsmöglichkeit in Betracht kommt.

In diesem Fall ist ein einheitlicher Erfolg geschuldet. Es wäre zudem nicht nachvollziehbar, wenn bei den sich inhaltlich überlagernden Mängelansprüchen der A gegen die beiden Unternehmer der zunächst in Anspruch genommene Unternehmer die Kosten der Sanierung zu tragen hätte, ohne zu einem internen Ausgleich berechtigt zu sein.[145]

4. Abgrenzung der Gesamtschuld zum Zessionsrecht:

Vorrang des § 255 BGB?

Fraglich bleibt aber, ob der Begriff der gleichstufigen Verantwortlichkeit und der wechselseitigen Tilgungswirkung ausreicht, um eine gesamtschuldnerische Haftung zu begründen.

Nach BGH (-)

a) Nach der apodiktisch anmutenden Ansicht des BGH bedarf es keines Rückgriffs auf andere denkbare Anspruchsgrundlagen, wie sie teilweise in Rechtsprechung und Literatur befürwortet werden.

hemmer-Methode: Dies war auch schon alles, was der BGH zur nachfolgenden, äußerst umstrittenen Problematik „vom Stapel gelassen" hat. In einer Klausur sollten Sie aber die folgenden Ausführungen zumindest kurz ansprechen.

b) Nach teilweise vertretener Ansicht soll eine Gesamtschuld nämlich erst dann vorliegen, wenn nicht die Voraussetzungen des insoweit spezielleren Zessionsregresses gemäß § 255 BGB vorliegen. Danach ist § 255 BGB als „lex specialis" gegenüber der Gesamtschuld vorrangig.[146]

c) Diese Auffassung ist aber aus mehreren Gründen abzulehnen.

---

144 Vgl. OLG Hamm, NJW-RR 1992, 849 (850) = **juris**byhemmer und OLG München, NJW-RR 1988, 20.

145 Anmerkung: Zu diesem mehr als fragwürdigen Ergebnis kam aber tatsächlich das OLG München NJW-RR 1988, 20 ff., das aus dem Scheitern der Gesamtschuld die Schlussfolgerung abgeleitet hat, dass dem in Anspruch genommenen Bauunternehmer keinerlei Regressmöglichkeit zusteht.

146 Vgl. Selb, Schadensbegriff und Regressmethoden, 1963, 41.

Allenfalls Analogie

aa) Zunächst scheitert bereits eine Subsumtion unter die Vorschrift des § 255 BGB aus, da es im vorliegenden Fall nicht um den Verlust einer Sache geht. Demnach könnte allenfalls eine analoge Anwendung des § 255 BGB in Betracht kommen.

Dann aber Vorrang der gesetzlichen Regelung

bb) Wie aber soll eine analoge Anwendung einer Vorschrift einen ausdrücklich im 7. Abschnitt des BGB geregelten Ausgleich mehrerer Schuldner gemäß § 426 BGB verdrängen können? Zumindest mit Gesetzessystematik lässt es sich keinesfalls rechtfertigen, § 255 BGB als vorrangigen Regress anzusehen. Für eine Analogie wäre eine Regelungslücke erforderlich, an der es hier ersichtlich mangelt.

cc) Besteht also aus dogmatischer Sicht keinerlei Veranlassung, den Anwendungsbereich des § 255 BGB zu Lasten der Gesamtschuld zu erweitern, könnten hierfür nur praktische Erwägungen sprechen. Allerdings ist genau das Gegenteil der Fall.

Gesamtschuld letztlich einfacher und flexibler

Es ist nämlich die Gesamtschuld, die aus mehreren Gründen den viel praktikableren Regress darstellt:

(1) Die Annahme eines Gesamtschuldverhältnisses ermöglicht es, i.R.d. Ausgleichsanspruchs nach § 426 I BGB die Vorschrift des § 254 BGB anzuwenden und damit dem jeweiligen Verursachungsanteil des Vor- und Nachunternehmers gerecht zu werden.

Im Gegensatz zur „Alles-oder-Nichts-Lösung" des § 255 BGB, können bei der Gesamtschuld Unbilligkeiten zwischen den Gesamtschuldnern i.R.d. §§ 426 I, II analog § 254 BGB ausgeglichen werden („Teilregress").[147]

(2) Des Weiteren begründet § 255 BGB lediglich eine Pflicht zur rechtsgeschäftlichen Abtretung, die u.U. schwer zu verwirklichen ist. Die „cessio legis" des § 426 II BGB enthält dafür die praktischere Lösung.

(3) Letztlich trägt auch die wechselseitige Tilgungswirkung des § 422 I 1 BGB bei der Gesamtschuld zur Rechtssicherheit bei.

(4) Der oft ins Rennen geworfenen Argumentation, dass der Zessionsregress dem ausgleichspflichtigen Schuldner gemäß § 401 BGB seine Einreden erhält und dem ausgleichsberechtigten Schuldner den Übergang der akzessorischen Nebenrechte gewährleistet, ist entgegenzuhalten, dass all dies die Gesamtschuld wegen §§ 426 II, 412 BGB „auch kann".

hemmer-Methode: Wieso also kompliziert (über § 255 BGB analog), wenn es doch auch einfach (über § 426 I BGB) geht?

__Ergebnis__: Zwischen K und U besteht ein Gesamtschuldverhältnis. Da die Verursachungsbeiträge im Verhältnis ¼ zu ¾ stehen, ist insoweit gemäß § 254 I BGB „ein anderes bestimmt".

Es kommt daher nicht zu einem Ausgleich nach Kopfteilen gemäß der Grundregel des § 426 I 1 BGB, sondern nur zu einem Ausgleich in Höhe von ¼. In dieser Höhe hat der K an die A im Innenverhältnis gegenüber B „zu viel" geleistet.

hemmer-Methode: Die vorliegende Entscheidung des BGH ist im Ergebnis überzeugend. Sie verbessert insoweit die Stellung der am Bau beteiligten Werkunternehmer untereinander. Die Ausführungen des BGH selbst sind dagegen leider viel zu knapp geraten, sodass gerade „Anfänger" von den Ausführungen des BGH in die Irre geführt werden. Der BGH hat es - so richtig die Entscheidung im Ergebnis auch ist - schlicht versäumt (zumindest in einem *obiter dictum*), „Farbe zu bekennen" und zu den beiden Regressmöglichkeiten (§ 255 BGB vs. § 426 I BGB) eine klare Stellungnahme abzugeben.

147 Vgl. Rüßmann, JuS 1974, 292 (295).

Gerade der juristisch versierte Leser ist daher trotz des „erfreulichen Endes“ eher enttäuscht, da er es leid ist, ständig zwischen den Zeilen lesen zu müssen. Was also ist das Wichtige an dieser Entscheidung? Sie bringt Klarheit in einer absolut wichtigen Frage des privaten Baurechts, lässt aber die Begründungsarbeit weitgehend offen und liefert daher „Zündstoff“ für Examensfälle.

3. Umstrittene Abgrenzungsbeispiele

a) Abgrenzung zu § 255 BGB

Diese Fälle wurden bereits unter § 3 dargestellt.[148] Die unter 2) dargestellte BGH – Entscheidung wird in der Literatur auch vor dem Hintergrund des § 255 BGB diskutiert.[149] 214

b) Ausgleich zwischen Unterhalts- und Schadensersatzverpflichtetem?

Bsp.: Die Eltern E bringen ihr Kind Terry zu einer Hausbesichtigung mit, die sie mit Verkäufer Pit auf dessen Zeitungsinserat hin vereinbart haben. Pit hat vergessen, seinen scharfen Hund Bull anzuleinen. Dieser beißt Terry, woran die Eltern kein Verschulden trifft. Sie kommen aber zunächst für die ärztliche Versorgung auf.

Versorgerverhältnisse

Den Fällen, in denen das Gesetz eine cessio legis vorsieht, liegt die gesetzgeberische Entscheidung zugrunde, dass einer der Schuldner nicht endgültig haften soll. Die zusätzliche Haftung des Regressberechtigten beruht häufig auf einem sog. *Versorgerverhältnis* zwischen ihm und dem Gläubiger. Dies gilt z.B. für den Sozialversicherungsträger (§ 116 I SGB X) oder den Arbeitgeber (§ 6 EFZG). Hier scheidet eine Gesamtschuld von vornherein aus. 215

keine cessio legis, aber § 843 IV BGB

Auch zwischen dem Unterhaltsschuldner und dem Unterhaltsberechtigten besteht ein solches Versorgerverhältnis. Wird der Unterhaltsberechtigte von einem Dritten verletzt und haftet dieser deliktisch, so sieht das Gesetz aber keine eigene cessio legis für diese Fälle vor. In § 843 IV BGB wird lediglich zum Ausdruck gebracht, dass eine eventuelle Schadensminderung infolge der Unterhaltsleistungen dem Schädiger nicht zugute kommen darf. 216

keine Gesamtschuld

Dadurch bringt das Gesetz aber deutlich zum Ausdruck, dass die Schuldner nicht auf der gleichen Stufe stehen. Die Unterhaltsleistung berührt den Schadensersatzanspruch in keiner Weise, so dass es bereits an einer gegenseitigen Tilgungswirkung – der Grundvoraussetzung für eine Gesamtschuld, vgl. § 422 I 1 BGB – fehlt. 217

Rückgriffsproblematik

Damit bleibt freilich die Rückgriffsfrage offen. Denkbar wäre zum einen, dass dem Geschädigten der doppelte Vorteil der Unterhaltsleistung und des Schadensersatzes verbleiben soll. Das würde sich aber weder mit den Grundgedanken des Schadensersatzrechts (Ausgleichsgedanke, kein Strafcharakter) noch des Unterhaltsrechts (Bedürftigkeit) vereinbaren lassen. 218

§ 1648 BGB?

Für die wichtigste Fallgruppe des Eltern-Kind-Verhältnisses gibt es verschiedene Lösungsansätze: Weiterhelfen könnte z.B. der Aufwendungsersatzanspruch des § 1648 BGB.[150] Allerdings erfasst dieser gerade nicht als Unterhalt geschuldete Leistungen. 219

148 Siehe Rn. 161 ff.

149 Stamm, NJW 2003, 2940 ff. bevorzugt für den BGH Fall ebenfalls die Lösung über die Gesamtschuld und lehnt § 255 BGB analog ab.

150 Medicus, SchRAT, § 60 III 2.

Diese fallen den Eltern selbst zur Last (z.B. unfallbedingte Reha-Maßnahmen als Erziehungskosten).[151]

GoA?

Ein Anspruch aus GoA auf Aufwendungsersatz gem. §§ 677, 683 S. 1, 670 BGB gegen den Schädiger würde voraussetzen, dass die Eltern ein Geschäft des Schädigers vornehmen wollten (Fremdgeschäftsführungswille).[152] Mit der Figur des "auch fremden Geschäfts" unter Vermutung des Fremdgeschäftsführungswillens lässt sich mit dem BGH diese Ansicht vertreten. *220*

Nach Larenz darf jedoch der Wille des Unterhaltspflichtigen, mit der Erfüllung seiner Unterhaltspflicht zugleich auch eine Angelegenheit des Schädigers zu besorgen, gerade nicht vermutet werden.[153] Die Eltern wollen auf eine eigene Schuld leisten und nicht nach § 267 BGB auf eine fremde. Ein fremdes Geschäft könnte auch nur dann bejaht werden, wenn der Schädiger durch die Zahlung der Eltern von seiner Verpflichtung gegenüber dem Kind befreit würde. Da aber im Hinblick auf die übernommenen Kosten eine Vorteilsanrechnung ausscheidet,[154] fehlt es an einem Geschäft für einen anderen. In der Lehre wird daher überwiegend die GoA abgelehnt.[155]

hemmer-Methode: Der BGH[156] hat allerdings die GoA ohne jede Diskussion der Problematik für den Fall bejaht, dass der Ehemann die Kosten für Besuche nächster Angehöriger bei seiner unfallverletzten Frau aufgrund seiner Unterhaltspflicht trägt. Er würde zugleich die Verpflichtung des Schädigers erfüllen, die notwendigen Heilungskosten zu tragen. Die Annahme einer GoA ist mithin keinesfalls unvertretbar. Da Sie in der Klausur Ihr Ergebnis aber immer begründen müssen, ist diese Lösung unpraktikabel.

Bereicherungsanspruch?

Ein Bereicherungsanspruch in Form der sog. Rückgriffskondiktion gegen den Schädiger würde voraussetzen, dass dieser etwas erlangt hätte. In Frage käme nur die Befreiung von einer Verbindlichkeit. Mangels Tilgungswirkung (§ 843 IV BGB) der Leistung der Eltern zugunsten des Schädigers ist das nicht der Fall. Würde Tilgungswirkung eintreten, wäre zudem die dann vorrangige GoA Rechtsgrund der Leistung. *221*

Abtretungspflicht

Ein billiges Ergebnis, den Anspruch des Kindes gegen den Schädiger auf die Eltern übergehen zu lassen, lässt sich somit nur durch eine Abtretung oder eine cessio legis aufgrund analoger Anwendung, z.B. des § 1607 III BGB erreichen. Die h.M. begnügt sich mit einer Verpflichtung des Gläubigers zur Abtretung. Soweit § 285 BGB nicht anwendbar ist,[157] muss man in diesen Fällen auf § 255 BGB analog oder § 242 BGB zurückgreifen. *222*

hemmer-Methode: Die Analogie zu § 255 BGB ist hier genaugenommen eine doppelte: Erstens ist ein Mensch und keine Sache verletzt, zweitens gebührt der Regress gerade nicht dem Inhaber des Schadensersatzanspruchs. Gegen die Analogie spricht zum einen die systematische Stellung im Schadensersatzrecht (Interessengleichheit?) und die Tendenz der Rspr., den Anwendungsbereich der Norm wegen ihrer Starrheit einzugrenzen. § 242 BGB ist flexibler.[158]
Für die Analogie spricht, dass den Eltern der Anspruch auch zustehen kann, obwohl sie keine Schädiger i.S.d. § 255 BGB sind. Grund: Sie können nicht schlechter stehen als ein Schädiger.

151 Palandt, § 1648 BGB, Rn. 1.

152 Zur GoA als Regressnorm ausführlich unten Rn. 359 ff.

153 BGH, NJW 1979, 598 = **juris**byhemmer; Larenz, SchRAT, § 30 II, Fn. 40 und SchRBT 1, § 37 I a.

154 Vgl. den Rechtsgedanken des § 843 IV BGB.

155 Reinicke/Tiedtke, Gesamtschuld, S. 26, Larenz, SchRBT 1, § 57 I.

156 Siehe BGH, NJW 1979, 598 = **juris**byhemmer und Palandt, § 677 BGB, Rn. 6 ebenfalls unkritisch.

157 Vor der Einführung des § 6 EFZG war der AG zur Gehaltsfortzahlung nach § 616 BGB für Angestellte verpflichtet, ohne in den Genuss der cessio legis des § 4 LohnFZG zu kommen. Hier konnte man über § 285 BGB die Abtretungspflicht des Angestellten unmittelbar begründen.

158 Vgl. Larenz, SchRAT, § 30 II c.

c) Fuldaer Dombrandfall

keine GoA bei Versorgerverhältnis

Ganz ähnlich war die Konstellation im Dombrandfall, einem Klassiker des RG.[159] 223

Fall: *Durch ein Feuerwerk wurde der Fuldaer Dom in Brand gesetzt und brannte zum Teil ab. Der zur Unterhaltung der Kirche verpflichtete Staat leistete die Mittel für den Wiederaufbau und forderte nun vom Feuerwerker Regress.*

Die Lösung des RG über GoA wird heute überwiegend abgelehnt. Der Staat wollte nur seiner Verpflichtung zur Kirchenbaulast nachkommen, nicht aber ein Geschäft des Feuerwerkers übernehmen. Der staatlichen Kirchenbaulast liegt wiederum eine Art Versorgergedanke zugrunde, sie dient nicht dazu Drittverantwortliche zu entlasten. Der deliktische Schuldner und der Staat stehen somit nicht auf einer Stufe und sind keine Gesamtschuldner. Daher ist der Schadensersatzanspruch der Kirche gegen den Feuerwerker mangels gegenseitiger Tilgungswirkung nicht untergegangen, die Kirche muss diesen an den Staat abtreten (§ 242 BGB).[160] 224

hemmer-Methode: Hier liegt die gleiche Wertung wie in den Fällen einer cessio legis bspw. nach § 86 I VVG vor. Der Staat haftet nur vorschussartig, um die Kirche vom Durchsetzungsrisiko zu befreien. An der Gleichstufigkeit von Verbindlichkeiten fehlt es allgemein ausgedrückt immer dann, wenn der Gläubiger einen gesetzlichen Schadensersatzanspruch gegen einen der Schuldner hat, und ihm ein weiterer Anspruch gegen einen Schuldner zusteht, dessen Verpflichtung aus einem Fürsorgeverhältnis zu ihm beruht.

IV. Vertraglich oder gesetzlich begründete Gesamtschuld

Schuldmitübernahme

Die Begründung der Gesamtschuld kann auf Vertrag oder auf Gesetz beruhen. Um eine vertragliche Begründung im engeren Sinne handelt es sich nur dann, wenn die gemeinschaftliche Verpflichtung gerade Gegenstand des Vertrages ist (z.B. Schuldmitübernahme). 225

Darüber hinaus ordnet in vielen Fällen das Gesetz eine Gesamtschuld als Rechtsfolge eines Rechtsgeschäfts an. 226

1. § 427 BGB

Auslegungsregel

§ 427 BGB enthält eine Auslegungsregel, die den Anwendungsbereich des § 420 BGB erheblich einschränkt. *Gemeinschaftlich* i.d.S. ist bereits eine Verpflichtung, wenn sie subjektiv aus der Sicht der Beteiligten eine Einheit bildet. Gleichzeitigkeit ist nicht erforderlich. 227

z.B.: Schuldmitübernahme

Kein Rückgriff auf die Auslegungsregel ist geboten, wenn sich die gemeinschaftliche Verpflichtung bereits aus der Vereinbarung ergibt bzw. aus *deren* Auslegung. So haftet derjenige, der einer fremden Schuld beitritt (kumulative Schuldübernahme) dem Gläubiger als Gesamtschuldner, weil die nach außen gerichtete Gleichstufigkeit zwischen Schuldner und Sicherungsgeber gerade Sinn dieses Kreditsicherungsmittels ist.[161] 228

§ 1357 I 2 BGB

Ein wichtiger Fall der gemeinschaftlichen Verpflichtung ist der des § 1357 I 2 BGB. 229

---

159 RGZ 82, 206.

160 Larenz, SchRAT, § 32 II.

161 Zum Schuldbeitritt vgl. näher Hemmer/Wüst, Kreditsicherungsrecht, Rn. 51 ff.

Bsp.: Ehemann M schließt mit den Stadtwerken S einen Energielieferungsvertrag für die eheliche Wohnung. Die Ehefrau F wird wegen § 1357 I 2 BGB automatisch mitverpflichtet.

2. § 840 BGB

zwei Regelungsbereiche

In § 840 BGB sind zwei Regelungsbereiche zu unterscheiden: Absatz 1 begründet die Gesamtschuld unter deliktisch Haftenden, die Absätze 2 und 3 regeln den Innenausgleich. 230

a) § 840 I BGB: Begründung der Gesamtschuld

Grundsatz

§ 840 I BGB enthält den Grundsatz, dass mehrere Täter einer unerlaubten Handlung, die nebeneinander verantwortlich sind, als Gesamtschuldner haften. 231

"unerlaubte Handlung"

Der Begriff der *unerlaubten Handlung* i.S.d. § 840 I BGB ist weit zu verstehen. Er erfasst neben den Deliktstatbeständen der §§ 823 ff. BGB auch all diejenigen, die an ein wirkliches oder vermutetes Verschulden anknüpfen. So gehören auch Vorschriften aus Sondergesetzen, wie aus dem UWG hierher. Vor allem aber werden auch die Gefährdungshaftungstatbestände (z.B. § 7 StVG) miteinbezogen. 232

Bsp.: Fahrer F fährt mit dem Schwerlast-Lkw des Halters H auf eine Straßenbahn der Stadtwerke S auf. Dabei wird der Fahrgast G verletzt.

F haftet dem G aus § 18 I StVG als Fahrzeugführer. Sein Verschulden wird vermutet.[162] Daneben haften H aus § 7 StVG und S aus § 1 I HPflG.[163] Gemäß § 840 I BGB haften alle dem Geschädigten als Gesamtschuldner.

hemmer-Methode: An die Seite des nach § 7 StVG haftenden Fahrzeughalters tritt gemäß §§ 3, 3a PflVG[164] i.V.m. § 115 I S. 1, Nr. 1 VVG dessen Kfz-Haftpflichtversicherung als Gesamtschuldnerin (§ 115 I S. 4 VVG). Dadurch entsteht eine quasi geschachtelte Gesamtschuld. Im Innenverhältnis zu möglichen anderen aufgrund § 840 I BGB haftenden Gesamtschuldnern kann die Versicherung Regress nur in der Höhe verlangen, wie ihn der Halter hätte geltend machen können. Im Verhältnis zum Versicherungsnehmer gilt hingegen § 116 VVG.

"nebeneinander"

Nebeneinander verantwortlich i.S.d. Vorschrift sind mehrere Personen, wenn sie - ohne miteinander in Verbindung zu stehen - selbständig als fahrlässige Nebentäter denselben Schaden verursacht haben. Außerdem sind alle, die nach § 830 I BGB haften, nebeneinander verantwortlich. Dies sind die Mittäter, Anstifter und Gehilfen (§ 830 I 1, II BGB) und Beteiligte i.S.d. § 830 I 2 BGB. 233

b) § 840 II und III BGB: Innenausgleich

hemmer-Methode: Um die Darstellung des § 840 BGB nicht auseinander zu reißen wird schon an dieser Stelle die Frage des Innenausgleichs vorweggenommen.

Regelungen des Innenverhältnisses

Sofern nicht etwas anderes bestimmt ist, haften Gesamtschuldner im Innenverhältnis zu gleichen Teilen (§ 426 I 1 BGB).[165] Eine andere Bestimmung i.d.S. ist § 840 BGB in seinen Absätzen 2 und 3. 234

162 Beachten Sie, dass gem. § 18 I 2 StVG eine Widerlegung des Verschuldens möglich ist; vgl. in diesem Zusammenhang auch § 292 ZPO.

163 Schönfelder Nr. 33.

164 Schönfelder Nr. 63.

165 Ausführlich dazu unten Rn. 284.

Sonderstellung

Diese Regelungen nehmen eine Sonderstellung im Recht der Gesamtschuld ein, da sie einen der Schuldner voll entlasten und den anderen voll belasten. 235

Haftung für vermutetes Verschulden wird privilegiert

Der nach § 831 BGB für den Verrichtungsgehilfen haftende Geschäftsherr wird im Innenverhältnis privilegiert. Der Grundgedanke dieser Vorschrift ist, dass letztlich derjenige den Schaden tragen soll, der ihn nachweislich schuldhaft (unmittelbar) verursacht hat und nicht derjenige, der nur für vermutetes Verschulden bei der Auswahl haftet und dem der Entlastungsbeweis nicht gelungen ist. Das Gleiche gilt grundsätzlich auch zwischen Aufsichtspflichtigem und Aufsichtsbedürftigem, soweit dieser selbst verantwortlich ist (§§ 827 ff. BGB). In umgekehrter Richtung zu Lasten des Aufsichtspflichtigen löst das Gesetz den Ausgleich, wenn der an sich nicht verantwortliche Aufsichtsbedürftige nur unter Billigkeitsgesichtspunkten nach außen haftet (§ 829 BGB). 236

beachte Verhältnis § 840 zu §§ 831 II und § 832 II BGB

Beachten Sie aber Folgendes: Die neben dem Geschäftsherrn bzw. Aufsichtspflichtigen aufgrund vertraglicher Übernahme der Auswahl bzw. der Aufsicht Haftenden (§§ 831 II, 832 II BGB) sind zwar Gesamtschuldner i.S.d. § 840 I BGB; der Innenausgleich richtet sich aber nicht nach § 840 II BGB, weil sie nicht "anderer" i.S.d. Vorschrift sind. Der Ausgleich richtet sich nach dem zwischen ihnen bestehenden Vertragsverhältnis. 237

Bsp.: *Karrierefrau F gibt ihren 4-jährigen Zögling K bei Tagesmutter T in Obhut. Wenn sie ihr Kind abends abholt, unterhält sie sich regelmäßig länger mit der T. Eines Tages nutzt der K die Gelegenheit und wirft in einem unbeobachteten Augenblick einige Blumentöpfe vom Balkon der T auf die belebte Straße. Er trifft die Politesse P, die gerade einen Strafzettel an Mutters Jaguar heftet.*

Gegenüber P (bzw. deren Arbeitgeber/Dienstherrn: § 6 EFZG bzw. Beamtengesetze) haften M und T als Gesamtschuldner: §§ 840 I i.V.m. 832 I (M) und 832 II (T). Der Innenausgleich zwischen M und T richtet sich nicht nach § 840 II BGB, sondern nach deren Vertragsverhältnis.

hemmer-Methode: Zwischen Arbeitgeber und Arbeitnehmer geht der auf Vertrag beruhende innerbetriebliche Schadensausgleich dem § 840 II BGB vor. Bei betrieblich veranlasster Drittschädigung durch den AN kann dieser vom AG quotenmäßige Freistellung bzw. Ausgleich je nach Abwägung aller Schadensrisiken verlangen.[166]

auch Gefährdungshaftung privilegiert

Die §§ 833 bis 838 BGB regeln Gefährdungstatbestände. Ist neben der daraus haftenden Person ein anderer für den Schaden verantwortlich, so soll nach § 840 III BGB letzterer intern allein verpflichtet sein. 238

aber Abs. 2, 3 nicht anwendbar

Anders als Abs. 1 werden die Abs. 2 und 3 nicht auf außerhalb des BGB angesiedelte Haftungstatbestände auf Grund vermuteten Verschuldens (z.B. § 18 StVG) und Gefährdungshaftung (z.B. § 7 StVG, §§ 1 ff. HPflG) ausgedehnt. 239

Diese Gesetze sehen eigene Ausgleichsregeln vor (§ 17 StVG, § 13 HPflG) und sind nach Ansicht der Rspr. so wesensverschieden zu den §§ 833 ff. BGB, dass dem § 840 BGB kein allgemeiner Rechtsgrundsatz entnommen werden kann.[167]

Regress unter Privilegierten

Ist der Regressgegner in den Fällen des § 840 II und III BGB wiederum nur aufgrund eines reinen Gefährdungstatbestandes verantwortlich, ist es unter Wertungsgesichtspunkten nicht vertretbar, den Innenausgleich nach § 840 BGB vorzunehmen. 240

166 Vgl. dazu Hemmer/Wüst, Arbeitsrecht, Rn. 634 ff.

167 Palandt, § 840 BGB, Rn. 10.

Das ergibt sich schon aus dem gerade zitierten § 17 StVG. Der Regress muss hier auf die allgemeine Regel des § 426 BGB gestützt werden.[168]

Bsp.: *A und B gehen mit ihren Hunden Waldi und Hasso im Wald spazieren. Als Jogger J vorbeirennt, fallen die Hunde über seine rechte Wade her.*

A und B haften beide gemäß § 833 BGB als Tierhalter und sind daher Gesamtschuldner (§ 840 I BGB). Da beide unter dem Gesichtspunkt der Gefährdungshaftung verantwortlich sind, passt § 840 III BGB nicht. Der Ausgleich erfolgt nach § 426 I i.V.m. § 254 BGB analog.

3. Gesamtschuld zwischen deliktisch und vertraglich Haftenden?

Regelungslücke

Das Gesetz sieht Gesamtschuldnerschaft unter rechtsgeschäftlich Verpflichteten und unter gesetzlich Verpflichteten vor. Die §§ 427 und 840 BGB sagen aber nichts über die Möglichkeit einer Gesamtschuld zwischen deliktisch und vertraglich haftenden Personen aus. 241

bei Anspruchsgrundlagenkonkurrenz

§ 840 I BGB bleibt unstreitig anwendbar, wenn einer der Schädiger neben der deliktischen Haftung *auch* aus Vertrag haftet. Die Anspruchsgrundlagenkonkurrenz in der Person des einen Schuldners steht der Anwendung des § 840 I BGB grundsätzlich nicht entgegen. 242

Analogie oder Stufenlehre

Haftet dagegen einer ausschließlich aus Vertrag, so ist § 840 BGB seinem Wortlaut nach nicht anwendbar. Daher kommen viele[169] zu einer analogen Anwendung des § 840 BGB. Zur Begründung eines Gesamtschuldverhältnisses bedarf es der Analogie aber nicht, wenn man von der Stufenlehre ausgehend in § 421 BGB keine abschließende Definition der Gesamtschuld sieht, sondern bei gleichstufiger Verantwortlichkeit nach außen die Gesamtschuld bejaht. In diesem Fall muss auf § 840 BGB nur noch für das Innenverhältnis aller Schädiger in analoger Anwendung zurückgegriffen werden. 243

Bsp.:[170] *M hatte von V eine Fabrikhalle gemietet. Diese brannte infolge eines leicht fahrlässigen Verhaltens des bei M arbeitenden A ab. Der M zahlte daraufhin die Miete nicht mehr.*

Der BGH nahm ein Gesamtschuldverhältnis zwischen Mieter und Arbeiter an. Der Mieter durfte die Mietzahlungen nicht wegen Unmöglichkeit der Gebrauchsgewährung verweigern, da er das Unmöglichwerden zu vertreten hatte (§§ 326 II, 278 analog BGB). Des Weiteren haftet er gem. §§ 546, 280 I, III, 283, 278 BGB auf Schadensersatz.[171] Der Arbeiter konnte sich dem geschädigten Dritten gegenüber nicht auf die Grundsätze des innerbetrieblichen Schadensausgleichs berufen, da diese im Außenverhältnis nach st. Rspr. nicht wirken.[172] Demnach war er dem V gegenüber nach § 823 I BGB schadensersatzpflichtig.

Zwischen beiden Verpflichtungen zum Ersatz des dem V entstandenen Schadens bestand ein innerer Zusammenhang i.S.e. rechtlichen Zweckgemeinschaft, die der BGH aus dem Zusammenhang von Arbeitsvertrag und Mietvertrag herleitete. Danach war der Arbeiter einerseits als Erfüllungsgehilfe des Mieters so wie dieser zum pfleglichen Umgang mit der Mietsache verpflichtet. Andererseits war das Arbeitsverhältnis der Grund dafür, dass mit der Zerstörung der Mietsache nicht auch die Pflicht zur Mietzahlung nach § 326 I BGB erloschen war, da sich der Mieter das Verschulden seines Arbeiters zurechnen lassen musste.

168 Palandt, § 840 BGB, Rn. 12.

169 Z.B. Medicus, SchR BT, § 69 II 2. b) aa); BGHZ 85, 375 (386 f.) = **juris**byhemmer.

170 Nach BGH, Versicherungsrecht 1969, 738.

171 Sollte trotz des Brandes eine Rückgabe der Mietsache (im ordnungsgemäßen, ursprünglichen) Zustand noch möglich sein (nach evtl. möglicher Reparatur), so würde der Mieter aus § 280 I i.V.m. § 278 auf Schadensersatz haften.

172 BGHZ 108, 305 = **juris**byhemmer; BGH, NJW 1994, 852 = **juris**byhemmer und Hemmer/Wüst/Krick, Arbeitsrecht, Rn. 634 ff.

Nach der heute herrschenden Stufenlehre kommt man zum gleichen Ergebnis. Aus Sicht des Geschädigten stehen beide Schuldner im Außenverhältnis gleichrangig nebeneinander.

Das gefundene Ergebnis wird auch durch den folgenden Vergleich bestätigt: Hätte sich der Arbeitgeber ein Auswahlverschulden wegen der Person des Arbeiters anlasten müssen, so hätte er nach § 831 I BGB deliktisch gehaftet. Dann würde die Gesamtschuld unmittelbar aus § 840 I BGB folgen.

4. § 769 BGB

Mitbürgen

Mitbürgen sind Gesamtschuldner kraft Gesetzes, auch wenn sie die Bürgschaft nicht gemeinschaftlich übernommen haben. Dies ordnet § 769 BGB an. 244

hemmer-Methode: Unterscheiden Sie sauber die nachrangige Haftung des Bürgen gegenüber dem Hauptschuldner (cessio legis des § 774 I 1 BGB) und die gleichrangige Haftung der Bürgen untereinander als Gesamtschuldner nach § 769 BGB!

Erweiterung gegenüber § 427 BGB

§ 769 BGB stellt in zweifacher Hinsicht eine Erweiterung gegenüber § 427 BGB dar. Zum einen setzt er keine gemeinschaftliche Verpflichtung mehr voraus und zum anderen beschränkt er sich nicht nur auf eine Auslegungsregel. 245

Hat sich ein Bürge für die ganze Schuld, der andere nur für einen Teil der Schuld verbürgt, so sind sie nur zu diesem Teil Mitbürgen und Gesamtschuldner.[173] 246

§ 139 BGB

Nur bei gemeinschaftlicher Übernahme gilt § 139 BGB, wenn eine Bürgschaft unwirksam ist. Mit Rücksicht auf die Natur der gesamtschuldnerischen Haftung soll aber regelmäßig die Nichtigkeit der einen Bürgschaftsübernahme die Wirksamkeit der anderen unberührt lassen.[174] 247

hemmer-Methode: Von der Mitbürgschaft müssen Sie die Teilbürgschaft unterscheiden. Beträgt die Hauptschuld bspw. 1.000,- € und verbürgen sich zwei Bürgen jeweils für 500,- €, so können beide in dieser Höhe Mitbürgen sein. Dies hätte allerdings zur Folge, dass die Hauptschuld insgesamt nur bis zu einer Höhe von 500,– € gesichert wäre. Anders im Fall einer Teilbürgschaft. Hier sichert jeder Bürge gerade einen anderen Teilbetrag der Hauptverbindlichkeit. Dies ist kein Fall des § 769 BGB, beide Bürgen haften dann ja gerade nicht für dieselbe Verbindlichkeit. Es kommt also nicht zu einem Regress unter den Bürgen, wenn einer von ihnen zahlt. Die Bürgschaftsverbindlichkeit des anderen bleibt davon unberührt. Ob im Einzelfall eine Teil- oder Mitbürgschaft vorliegt, müssen Sie in der Klausur gegebenenfalls durch Auslegung ermitteln.[175]

5. Weitere Fälle der gesetzlichen Begründung einer Gesamtschuld

Handelndenhaftung

Das Vereins- und Gesellschaftsrecht kennt die Haftung der Handelnden, soweit eine organschaftliche Haftung nicht in Betracht kommt. So haften die für den nichtrechtsfähigen Verein Handelnden nach § 54 S. 2 BGB als Gesamtschuldner. Gleiches gilt nach § 11 II GmbHG und § 41 I 2 AktG für die Phase vor Eintragung der Gesellschaft in das Handelsregister. 248

173 Reinicke/Tiedtke, Kreditsicherung, S. 53.

174 Palandt, § 769 BGB, Rn. 1.

175 Vgl. hierzu auch Hemmer/Wüst, Kreditsicherungsrecht, Rn. 317.

Gesellschafter- und Organhaftung

Die OHG und KG-Gesellschafter haften i.R.d. §§ 128, 161 II, 171 I, 176 HGB untereinander gesamtschuldnerisch. Für Geschäftsführer/Vorstände und Aufsichtsräte gilt gemäß §§ 43 II, 52 I GmbHG, 93 II, 116 AktG. 249

hemmer-Methode: Beachten Sie jedoch, dass zwischen der Gesellschaft und den Gesellschaftern keine Gesamtschuld besteht.[176]

Partner

Das neue Partnerschaftsrecht kennt - im Unterschied zum Recht der GbR - die Gesamtschuldnerschaft der Gesellschafter kraft gesetzlicher Anordnung (§ 8 I 1 PartGG). 250

hemmer-Methode: Auch die Gesellschafter einer GbR haften nach der Theorie der Doppelverpflichtung gesamtschuldnerisch für rechtsgeschäftliche Verpflichtungen der Gesellschaft.[177] Allerdings handelt es sich dabei um eine rechtsgeschäftlich begründete Gesamtschuld nach § 427 BGB und nicht um eine gesetzliche Anordnung. Ebenso gelangt man nach der neuen Rechtsprechung des BGH über die akzessorische Gesellschafterhaftung analog § 128 HGB zu einer gesamtschuldnerischen Haftung der Gesellschaft einer GbR.[178]

im BGB

Das BGB kennt darüber hinaus eine Vielzahl von Gesamtschuldanordnungen im Schuldrecht (z.B. §§ 563 b, 613 a II 1, 651 b II), im Sachenrecht (§ 1108) im Familienrecht (§§ 1437 II, 1459 II) und im Erbrecht (§§ 2058, 2382 I). 251

V. Selbständigkeit der zur Gesamtschuld verbundenen Forderungen

Zwischen dem Gläubiger und den einzelnen Gesamtschuldnern bestehen jeweils eigene Rechtsverhältnisse. Erst aufgrund der inneren Verbundenheit der einzelnen Forderungen werden diese zur Gesamtschuld zusammengefasst. Die wichtigste Rechtsfolge der Gesamtschuld, nämlich dass der Gläubiger die Leistung nur einmal zu fordern berechtigt ist, beschreibt § 421 S. 1 BGB schon selbst. Die §§ 422 bis 425 BGB beschäftigen sich mit den Auswirkungen von Veränderungen zwischen Gläubiger und einem Gesamtschuldner auf die Verhältnisse der anderen Gesamtschuldner zum Gläubiger. 252

1. Grundsatz der Einzelwirkung § 425 BGB

selbständige Forderungen

Das Gesetz zielt darauf ab, die Selbständigkeit der Rechtsverhältnisse aufrechtzuerhalten, soweit es die Besonderheit der gesamtschuldnerischen Verbindung zulässt. Die einzelnen Forderungen des Gläubigers gegen die Gesamtschuldner können sich daher unterschiedlich entwickeln. 253

Dieser Grundsatz findet sich in § 425 I BGB: „....Tatsachen wirken, ... , nur für und gegen den Gesamtschuldner, in dessen Person sie eintreten.“ Dies wird als *Grundsatz der Einzelwirkung* bezeichnet.

Beispielsfälle der Einzelwirkung

Abs. 2 bringt eine nicht abschließende („insbesondere“) Aufzählung von Fällen, in denen sich die Forderungen des Gläubigers gegen die Gesamtschuldner im Einzelnen unterschiedlich entwickeln können: 254

Fälligkeitskündigung

Der als erstes genannte Fall der Kündigung meint nur die auf vorzeitige Rückzahlung zielende Fälligkeitskündigung (§§ 286 II Nr.2, 488 III, 608 I BGB). 255

176 Vgl. unten Rn. 604 und 613.

177 Vgl. unten Rn. 597.

178 NJW 2001, 1056 ff., Life& Law 2001, 216 ff. = jurisbyhemmer.

Die Beendigung von Dauerschuldverhältnissen wie Miete und Pacht, auf deren Seiten sich mehrere Parteien gegenüberstehen, kann dagegen nur durch einheitliche Kündigung aller Berechtigten bzw. gegen alle Berechtigten erfolgen.[179]

hemmer-Methode: Veränderungen eines Schuldverhältnisses, bei dem auf einer oder beiden Seiten mehrere Partner stehen, können also grundsätzlich nur einheitlich durch alle bzw. gegenüber allen geschehen.[180]
Dies bedeutet aber nicht, dass in jedem Fall alle Vertragsparteien persönlich beteiligt sein müssen. So kann bspw. die Kündigung eines Mitmieters nach den Regeln über die Verwaltung von Gemeinschaftsangelegenheiten (§§ 709 ff., 744 f., 2038 BGB) Wirkung auch für die übrigen Mitmieter entfalten.

bei Darlehen

Auch der Darlehensvertrag ist ein Dauerschuldverhältnis. Sind mehrere Personen gemeinsam Darlehensnehmer eines einheitlichen Darlehensvertrages, muss die Kündigung des Darlehens durch den Gläubiger gegenüber allen Darlehensnehmern erfolgen.[181] *256*

Die Kündigung ist in diesem Falle nicht nur Fälligkeitskündigung i.S.d. § 425 II BGB, die getrennt gegenüber jedem Gesamtschuldner vorgenommen werden kann. *257*

Sie ist vielmehr die zur Beendigung des Dauerschuldverhältnisses aus Darlehen erforderliche Willenserklärung, die wie bei einem gemeinsamen Mietvertrag nur allen Schuldnern gegenüber ausgesprochen werden kann. § 425 II BGB regelt nicht die Frage, ob die einem Gesamtschuldner gegenüber ausgesprochene Kündigung auch geeignet ist, das der Gesamtschuld zugrundeliegende Rechtsverhältnis zu beenden.[182]

Verzug

Der Verzug und die damit verbundenen Rechtsfolgen (Verzugsschaden, -zinsen, erweiterte Haftung im Verzug, vgl. §§ 280 II, 286 ff. BGB) treten nur in der Person desjenigen Gesamtschuldners ein, den der Gläubiger in Verzug gesetzt hat. Es muss also grundsätzlich jeder Gesamtschuldner durch eine gesonderte Mahnung in Verzug gesetzt werden. *258*

Verschulden

Das Verschulden eines Gesamtschuldners wirkt grundsätzlich nur zu dessen Lasten. Aus § 425 II BGB folgt, dass Gesamtschuldner nicht gegenseitig Erfüllungsgehilfen i.S.d. § 278 BGB sind. Allerdings ergibt sich häufig aus der Besonderheit des Schuldverhältnisses eine Gesamtwirkung gegenüber allen. *259*

hemmer-Methode: Unterscheiden Sie sorgfältig das Verschulden eines Gesamtschuldners vom Mitverschulden des Gläubigers. Während § 425 für das Verschulden eines Gesamtschuldners grundsätzlich die Einzelwirkung anordnet, schweigt das Gesetz zur Frage des Mitverschuldens des Gläubigers. Von daher ist diese Frage besonders umstritten.[183]

subjektive Unmöglichkeit

Die Unmöglichkeit der Leistung in der Person eines Gesamtschuldners entfaltet Einzelwirkung. Gemeint ist damit der Fall der für den Schuldner bestehenden Unmöglichkeit iSd § 275 I 1.Alt. BGB. Die anderen Gesamtschuldner bleiben weiterhin zur Erfüllung ihrer Schuld verpflichtet, es sei denn, auch sie sind in ihrer Person selbst dazu nicht mehr in der Lage. *260*

179 Palandt, § 425 BGB, Rn. 2; MüKo, § 425 BGB, Rn. 4, Larenz, SR I, § 37 II.

180 MüKo, § 425 BGB, Rn. 4.

181 LG Karlsruhe, NJW 1989, 2136 f. = **juris**byhemmer.

182 LG Karlsruhe, a.a.O., S. 2137 = **juris**byhemmer.

183 Vgl. dazu den Exkurs in Rn. 301 ff.

Die objektive Unmöglichkeit (§ 275 I 2.Alt. BGB) befreit dagegen natürlich alle Gesamtschuldner. Was objektiv unmöglich ist, kann nicht mehr Gegenstand einer Verpflichtung sein.[184]

Verjährung

Die Verjährung, deren Hemmung bzw. Unterbrechung jeder Außenforderung läuft gesondert. Dem Gläubiger gegenüber kann sich nur derjenige Gesamtschuldner auf diese Tatsache berufen, in dessen Person sie eingetreten ist. Die Forderungen des Gläubigers gegen die Gesamtschuldner können auch von vornherein unterschiedlichen Verjährungsfristen unterliegen. **261**

Der Ausgleichsanspruch des Gesamtschuldners, der den Anspruch des Gläubigers erfüllt hat, wird grundsätzlich daher nicht davon berührt, dass der Anspruch des Gläubigers gegen den anderen Gesamtschuldner verjährt ist.[185]

Die Forderung gegen einen Deliktschädiger verjährt nach § 195 BGB in drei Jahren, während ein aus Vertrag haftender Gesamtschuldner einer vertraglichen Sonderverjährung unterliegen kann, wie beispielsweise der Mieter gemäß § 548 BGB.[186]

hemmer-Methode: Beachten Sie unbedingt, dass Tatsachen mit Einzelwirkung im Außenverhältnis der Gesamtschuldner zum Gläubiger für den Ausgleich im Innenverhältnis grundsätzlich ohne Bedeutung sind. Am Beispiel der Verjährung bedeutet dies, dass ein Gesamtschuldner auch dann vom leistenden Gesamtschuldner nach § 426 I 1 BGB in Regress genommen werden kann, wenn er dem Gläubiger die Einrede der Verjährung seiner Außenforderung hätte entgegenhalten können.[187]

Konfusion

Vereinigen sich Forderung und Schuld (sog. Konfusion) in der Person eines Gesamtschuldners, zum Beispiel weil er den Gläubiger beerbt hat, hat das keine Gesamtwirkung. Das heißt an sich, dass die Forderungen des Gläubigers gegen die anderen Gesamtschuldner voll auf den Rechtsnachfolger übergehen. Aber dennoch muss er bei Inanspruchnahme der anderen seinen Haftungsanteil nach § 426 I BGB in Abzug bringen, anderenfalls käme es nämlich zu einem Regresskarussell. Die im Außenverhältnis leistenden Gesamtschuldner könnten dann vom Rechtsnachfolger im Innenverhältnis wieder Ausgleich verlangen.[188] **263**

Rechtskräftiges Urteil

Das rechtskräftige Urteil wirkt gemäß § 325 ZPO nur inter partes und entfaltet dementsprechend auch keine Gesamtwirkung. **264**

hemmer-Methode: Anders behandelt das Gesetz Einwendungen der OHG/KG, die ein Gesellschafter für sich geltend macht. Nach § 129 I HGB kann er das nur, wenn die Gesellschaft selbst noch dazu in der Lage ist. Das ist nicht der Fall, wenn sie rechtskräftig verurteilt ist. Allerdings besteht zwischen Gesellschaft und Gesellschafter auch kein Gesamtschuldverhältnis, sondern eine akzessorische Haftung. Das Gesamtschuldverhältnis besteht nur zwischen den Gesellschaftern (§ 128 HGB).[189]

unbenannte Fälle der Einzelwirkung

Rücktritt

Der in § 425 II BGB nicht erwähnte Fall des Rücktritts ist grundsätzlich wie der Fall der Kündigung zu behandeln. Für die Erklärung ist als Wirksamkeitsvoraussetzung § 351 BGB zu beachten, der ausdrücklich die einheitliche Ausübung gegenüber allen Vertragsparteien vorgibt. **265**

---

184 MüKo, § 425 BGB, Rn. 1.

185 BGH, Life&Law 2009, 793 ff.

186 Siehe hierzu Bsp. Rn 359.

187 Dies gilt aber nicht für den übergegangenen Anspruch nach § 426 II 1 BGB, weil diesbezüglich die §§ 412, 404 BGB zu beachten sind; dazu mehr unter Rn. 290 ff.

188 Palandt, § 425 BGB, Rn. 5; MüKo, a.a.O., Rn. 10.

189 Ausführlich zu den subjektiven Grenzen der Rechtskraft sowie zu den Fällen der Rechtskrafterstreckung Hemmer/Wüst/Gold, ZPO I, Rn. 550 ff.

Schutz der §§ 492 ff BGB

Bei der Schuldmitübernahme für einen Verbraucherdarlehensvertrag erstreckt sich der Schutz der §§ 492 ff BGB auch auf den gesamtschuldnerisch haftenden Schuldmitübernehmer. Der Schuldbeitritt selbst ist zwar kein Verbraucherdarlehensvertrag i.S.d. §§ 488 I, 491 I BGB. 266

Er muss diesem aber gleichgestellt werden, wenn der Vertrag zu dem der Beitritt erklärt wird, seinerseits einen Verbraucherdarlehensvertrag darstellt. Denn in solchen Fällen ist der Beitretende besonders schutzwürdig, weil er zwar die volle Haftung übernimmt, anders als der eigentliche Kreditnehmer dafür aber nicht einmal eine Gegenleistung in Gestalt des Kredits erhält.[190]

hemmer-Methode: Nach Ansicht des BGH hängt diese entsprechende Anwendung der §§ 492 ff BGB nur davon ab, ob der Schuldbeitretende Verbraucher i.S.d. § 13 BGB ist. Unbeachtlich ist hingegen, ob auch der eigentliche Kreditnehmer Verbraucher in diesem Sinne ist.[191]

Bsp.: *Die Bank B gibt dem S einen Kredit in Höhe von 50.000,- €. Zur Sicherheit übernahm D, ein Freund des S, die Verbindlichkeiten des S kumulativ. Als S bereits nach drei Monaten seine Verbindlichkeiten nicht mehr erfüllen kann, nimmt die B den D in Anspruch. Dieser verweigert die Leistung und wendet ein, er sei niemals über etwaige Rücktrittsrechte belehrt worden.*

Ein Anspruch der B setzt einen wirksamen Schuldbeitritt des D voraus. D steht aber ein Widerrufsrecht aus § 495, § 355 BGB zu, da der Schuldbeitritt zu einem Verbraucherdarlehensvertrag diesem aufgrund der gleichen Schutzbedürftigkeit gleichgestellt wird.[192] Da D nicht über sein Widerrufsrecht belehrt wurde, kann er den Widerruf auch noch nach drei Monaten erklären, vgl. § 355 III BGB.

hemmer-Methode: Die Frist für diesen Widerruf beginnt nach Ansicht des BGH mit der Erklärung des Schuldbeitritts. Dies soll auch dann gelten, wenn der Schuldbeitritt vor Entstehung der eigentlichen Schuld, also quasi antezipiert erklärt wird.[193]
Das Problem der Anwendbarkeit der §§ 492 ff BGB auf mithaftende Dritte stellt sich außer beim Schuldbeitritt vor allem bei der Bürgschaft. Hier tendiert die wohl noch h.M. angesichts der Schutzfunktion des § 766 BGB gegen eine Anwendbarkeit der §§ 492 ff BGB.[194]

2. Gesamtwirkung als Ausnahme: Besonderheiten des Schuldverhältnisses § 425 I BGB

a) Erfüllung, § 422 BGB

Gesamtwirkung der Befriedigung

Die Befriedigung des Gläubigers durch einen Schuldner entfaltet nach § 422 I 1 BGB für die anderen Gesamtschuldner Gesamtwirkung. 267

Das ergibt sich bereits aus dem in § 421 Satz 1 BGB beschriebenen Wesen der Gesamtschuld, wonach der Gläubiger nur einmal berechtigt ist, die Leistung zu fordern. Dies ist zwingendes Recht und kann weder zugunsten des Gläubigers noch zugunsten eines leistenden Gesamtschuldners umgangen werden.

190 BGH, NJW 1996, 2156 = **juris**byhemmer (auch der GmbH-Geschäftsführer kann beim Schuldbeitritt zu einem Finanzierungsleasing der GmbH Verbraucher sein).

191 BGH, NJW 1996, 2156 = **juris**byhemmer.

192 BGH, NJW 1996, 2156 = **juris**byhemmer.

193 BGH, NJW 1996, 2865 = **juris**byhemmer.

194 M.w.N. Emmerich in Anm. zu BGH, JuS 1996, 1035.

***Bsp.:** Der Schuldner kann nicht mit dem Gläubiger vereinbaren, dass er mit seiner Leistung die Forderungen der anderen Schuldner kaufen wolle, statt auf seine Schuld zu leisten. Zur Erfüllung dieses Kaufs müsste der Gläubiger seine Forderungen an den Käufer abtreten. Die Forderung gegen den Käufer würde durch Konfusion erlöschen. Die Unzulässigkeit dieses Geschäfts folgt aus §§ 422 I, 426 II BGB, wonach dem leistenden Schuldner die Forderungen gegen die anderen Gesamtschuldner nur entsprechend dem Innenverhältnis zustehen.*[195]

hemmer-Methode: Beachten Sie, dass die Befriedigung durch einen Gesamtschuldner nicht notwendig auch zum Erlöschen des kompletten Schuldverhältnisses und damit zum Untergang aller Forderungen führt. § 422 BGB muss insoweit im Zusammenhang mit der Zessionsnorm des § 426 II BGB gelesen werden. Die Forderungen gegenüber den anderen Gesamtschuldnern erlöschen demnach nur insoweit, als der befriedigende Gesamtschuldner im Innenverhältnis keinen Ausgleich beanspruchen kann.

Fälle der Befriedigung nach § 422 BGB

Fälle der gesamtwirkenden Befriedigung sind die Erfüllung, die Leistung an Erfüllungs Statt, die Hinterlegung und die Aufrechnung. **268**

Besonderheit: Aufrechnung

Für den Fall der Aufrechung stellt § 422 II BGB klar, dass nur der Gesamtschuldner aufrechnen kann, der selbst Inhaber einer vollwirksamen und fälligen Forderung gegen den Gläubiger ist. Dies setzt bereits § 387 BGB voraus, wonach die Aufrechnungsparteien *einander* Leistungen schulden müssen. **269**

keine Aufrechnungseinrede

Unzulässig ist es auch, dass sich der vom Gläubiger in Anspruch genommene Schuldner darauf beruft, der Gläubiger könne seine Forderung gegen die Forderung eines anderen Gesamtschuldners aufrechnen. Eine solche *Aufrechnungseinrede*, wie sie etwa dem Bürgen nach § 770 II BGB oder einem Gesellschafter einer OHG nach § 129 III HGB zusteht, kennen die §§ 421 ff. BGB nicht. **270**

Sonderfall: Gesamtschuldklage gegen Miterben

Im einem Sonderfall lässt der BGH allerdings die Aufrechnungseinrede eines Gesamtschuldners zu: **271**

Gemäß § 2058 BGB haften die Miterben den Nachlassgläubigern als Gesamtschuldner. Vor Auseinandersetzung der Erbengemeinschaft (§ 2042 BGB) haben die Nachlassgläubiger die Wahl zwischen der Gesamtschuldklage gegen Einzelne Miterben persönlich und der Gesamthandklage gegen die Erbengemeinschaft (§ 2059 II BGB). Ist ein Nachlassgläubiger zugleich Schuldner der Erbengemeinschaft und verklagt er einen Miterben als Gesamtschuldner gemäß § 2058 BGB, so kann der Miterbe in entsprechender Anwendung des § 129 III HGB die Einrede der Aufrechnung geltend machen.

Zwar ist ihm die Aufrechnung selbst als Verfügung über einen Nachlassgegenstand wegen § 2040 II BGB verwehrt. Andererseits ist er als Miterbe ebenso wie der OHG-Gesellschafter gesamthänderisch an der Nachlassforderung beteiligt.[196]

Einschränkungen

Die Befriedigung zugunsten der Gesamtschuldner tritt jedoch nur dann ein, wenn der eine Gesamtschuldner tatsächlich auf den Teil seiner Schuld leistet, für den auch die anderen Gesamtschuldner haften: **272**

***Bsp.:**[197] Auf dem Grundstück der R wurde eine Sprengung durchgeführt. Die R übernahm gegenüber der Nachbarin N für evtl. Schäden vertraglich die Haftung und hinterlegte 10.000,- €. Sprengmeister S führte die Sprengung fehlerhaft aus, so dass an den Gebäuden der N ein Schaden von 100.000 € entstand. Im Prozess gegen R wurde diese in voller Höhe verurteilt.*

195 BGHZ 17, 214 = **juris**byhemmer; BGH, NJW 1963, 2067; Reinicke/Tiedtke, Gesamtschuld, S. 54.

196 BGHZ 38, 122 = **juris**byhemmer; Palandt, § 2040 BGB, Rn. 6; Reinicke/Tiedtke, Gesamtschuld, S. 55.

197 OLG Düsseldorf, NJW 1995, 2565.

Die Vollstreckung blieb jedoch erfolglos, so dass die N nur auf die hinterlegten 10.000,- € zugreifen konnte. Im gesonderten Prozess gegen S hielt das LG den S in Höhe von € 40.000,- € für schadensersatzpflichtig. Es verurteilte ihn aber nur zur Zahlung von 30.000,- € Schadensersatz, weil es ihm die 10.000,- € gemäß § 422 I S. 2 BGB anrechnete. Zu Recht?

Die Anwendung des § 422 BGB setzt zunächst ein Gesamtschuldverhältnis zwischen R und S voraus. R haftet vertraglich, S deliktisch. Dies steht einer Gesamtschuld nicht entgegen.[198] Beide haften aufgrund desselben Schadensereignisses.

Die Identität des Leistungsinteresses ist mithin zu bejahen. Gleiches gilt auch für das Merkmal der Zweckgemeinschaft bzw. nach h.M. für das der Gleichstufigkeit.

Ersteres ist mit dem Argument zu bejahen, dass R und S nicht zufällig nebeneinander haften, sondern dass R die Haftung gerade für den vorhersehbaren Fall übernommen hat, dass der S fehlerhaft arbeitet. Beide stehen auch auf gleicher Stufe, denn die Haftungsübernahme diente gerade der zusätzlichen Sicherung der N. Dass R und S nicht im gleichen Umfang haften, spricht nicht gegen die Gesamtschuld. Wenn schon die einmal entstandenen Forderungen gegen die verschiedenen Gesamtschuldner sich aufgrund bestimmter Tatsachen unterschiedlich entwickeln können, ist nicht einsehbar, warum sie aufgrund ebensolcher Tatsachen von Anfang an nicht in unterschiedlicher Höhe entstehen können sollten. Das Gesamtschuldverhältnis erfasst die höhere Forderung dann von Anfang an nur im Umfang der geringeren Forderung. Das LG ging also richtigerweise von einer Gesamtschuld zwischen R und S aus.

Befriedigt der umfänglich haftende Gesamtschuldner, wie hier die R, den Gläubiger nur teilweise, stellt sich die Frage, ob das teilweise Erlöschen der Forderung auch dem S zugute kommt. (§ 266 BGB spielt hier keine Rolle, da die N die Teilleistung angenommen hatte.) Wegen § 423 BGB und der Selbständigkeit der Forderungen ist das keinesfalls zwingend. Das OLG Düsseldorf ist vom Grundsatz der Tilgungsbestimmung durch den Schuldner ausgegangen und hat § 366 BGB entsprechend angewandt. § 366 BGB trifft den Fall nicht unmittelbar, weil zwischen R und N nur *ein* Schuldverhältnis besteht. Da sich dieses mit dem Schuldverhältnis S und N aber teilweise überlagert, ist die Interessenlage vergleichbar mit der Konstellation, in der die gesamtschuldnerisch verbundenen Forderungen gleich hoch sind und R darüber hinaus noch eine weitere Forderung schuldet. Da R bei der Hinterlegung keine Tilgungsbestimmung getroffen hatte, kommt die gesetzliche Tilgungsreihenfolge des § 366 II BGB zum Zuge. Demnach wurde der Teil getilgt, der der N geringere Sicherheit bot. Dies war der nicht von der Gesamtschuld erfasste Teil. Das Urteil des LG ist mithin falsch, weil der hinterlegte Betrag zunächst auf den von S nicht geschuldeten Spitzenbetrag anzurechnen gewesen ist.

§ 367 BGB

Ganz ähnlich gelagert ist der folgende Fall: 273

Bsp.: *Gesamtschuldner A und B schulden Gläubiger G 10.000,- € aus einem Kaufvertrag. G setzt nur A in Verzug und verklagt ihn. A wird verurteilt. In der Zwangsvollstreckung erlöst G durch Pfändung 5.000,- € in bar. Es waren 1.000,- € Verzugszinsen und 3.000,- € Prozess- und Zwangsvollstreckungskosten entstanden. Wie hoch ist die gegenwärtige Schuld des B?*

Da B nicht Partei des Prozesses gewesen ist, hat G keinen prozessualen Kostenerstattungsanspruch gegen ihn (vgl. §§ 91 I, 100 IV, 788 ZPO).

Da er sich auch nicht in Verzug befand, § 425 II BGB, scheidet auch ein materiellrechtlicher Erstattungsanspruch sowie die Haftung für die Verzugszinsen aus. Seine Schuld betrug vor der Zwangsvollstreckung also weiterhin nur 10.000,- €.

198 Siehe oben Rn. 241 ff.

Wegen der besonderen gesetzlichen Tilgungsreihenfolge für Kosten und Zinsen in § 367 BGB[199] sind die in der Zwangsvollstreckung erlösten 5.000,- € zunächst auf die 3.000,- € Prozess- und Vollstreckungskosten und dann auf die 1.000,- € Verzugszinsen anzurechnen. Für die Tilgung der Hauptschuld bleiben nur noch 1.000,- € übrig. Nur in diesem Umfang mindert sich die Schuld des B infolge des § 422 I 1, 362 I BGB i.V.m. § 815 III ZPO. B schuldet G noch 9.000,- €.

b) Erlass, § 423 BGB

Gesamtwirkung bei Vereinbarung

Der Erlass (§ 397 BGB) zugunsten eines Gesamtschuldners hat nur dann Gesamtwirkung, wenn diese Rechtsfolge zwischen den Vertragsschließenden auch so vereinbart wurde (§ 423 BGB). Das ist gegebenenfalls durch Auslegung zu ermitteln. 274

Eine Gesamtwirkung kann dabei im Zweifel dann angenommen werden, wenn der am Erlassvertrag beteiligte Gesamtschuldner im Innenverhältnis in voller Höhe ausgleichspflichtig ist.[200] Der Erlass zugunsten der anderen Gesamtschuldner stellt nach überwiegender Ansicht eine Verfügung zugunsten Dritter dar.[201] In entsprechender Anwendung des § 333 BGB sind die begünstigten Gesamtschuldner berechtigt, den Erlass zurückzuweisen.[202]

Einzelwirkung

Daneben kann einem Erlassvertrag zwischen dem Gläubiger und einem der Gesamtschuldner auch bloße Einzelwirkung zukommen. Die Forderungen gegen die anderen Gesamtschuldner bleiben dann in voller Höhe bestehen. Diese können aber beim freigestellten Gesamtschuldner gemäß § 426 BGB Regress nehmen, wenn sie vom Gläubiger in Anspruch genommen werden.[203] 275

beschränkte Gesamtwirkung

Soll auf der einen Seite zwar nicht das gesamte Schuldverhältnis erlöschen, auf der anderen Seite aber der am Erlassvertrag beteiligte Gesamtschuldner von jeglicher Inanspruchnahme auch durch die übrigen Gesamtschuldner freigestellt sein, dann kommt dem Erlass beschränkte Gesamtwirkung zu. Dies bedeutet, dass auch die übrigen Gesamtschuldner in der Höhe freigestellt werden, in der sie von dem begünstigten Gesamtschuldner im Innenverhältnis Regress nehmen könnten. Erreichen lässt sich dieses Ergebnis über einen Teilerlass oder ein pactum de non petendo.[204] 276

hemmer-Methode: Ein Erlass mit der Wirkung, dass einer der Gesamtschuldner von jeglicher Inanspruchnahme durch den Gläubiger oder seine Mitschuldner freigestellt wird, die übrigen Gesamtschuldner aber weiter in voller Höhe haften sollen, ist also grundsätzlich nicht möglich. Ein solcher Erlass würde einen unzulässigen Vertrag zu Lasten Dritter darstellen.[205]
Besonders umstritten ist, ob der Erlass einer Forderung gegenüber einer OHG bei Fortbestand der Forderung gegen den Gesellschafter möglich ist. Eine direkte Anwendung des § 423 BGB scheidet hier aus, da Gesellschafter und Gesellschaft keine Gesamtschuldner sind. Nach Ansicht des BGH liegt hier ein unzulässiger Vertrag zu Lasten Dritter vor, da dadurch dem weiterhaftenden Gesellschafter die Einreden des § 129 HGB abgeschnitten werden.[206]

199 Beachten Sie die wichtige Ausnahme des § 497 III BGB von § 367 I BGB, wonach im Interesse des Schuldnerschutzes die Reihenfolge Kosten, Hauptschuld, Zinsen gilt.
200 OLG Hamm, MDR 1990, 338.
201 Rechtlich möglich ist aber auch die Konstruktion über ein pactum de non petendo, vgl. Palandt, § 423 BGB, Rn. 1.
202 Reinicke/Tiedtke, Gesamtschuld, S. 56.
203 Palandt, § 423 BGB, Rn. 3.
204 MüKo, § 423 BGB, Rn. 1.
205 MüKo, § 423 BGB, Rn. 1.
206 Vgl. m.w.N. Medicus, Bürgerliches Recht, Rn. 155.

c) Gläubigerverzug, § 424 BGB

Gesamtwirkung des Gläubigerverzuges

Auch der Gläubigerverzug entfaltet zugunsten aller Gesamtschuldner gemäß § 424 BGB Gesamtwirkung. Hätte der Gläubiger die angebotene Leistung des einen Gesamtschuldners angenommen, so wären auch die übrigen Gesamtschuldner ihm gegenüber frei geworden. Konsequenterweise muss damit auch die Verweigerung der Annahme Gesamtwirkung entfalten. 277

Folge des Gläubigerverzuges kann sein, dass die Gesamtschuldner auch bei an sich verschuldeter nachträglicher Unmöglichkeit der Leistung wegen § 300 I BGB frei werden.[207] 278

d) Besonderheiten des Schuldverhältnisses

Ausnahmsweise Gesamtwirkung

Der in § 425 BGB aufgestellte Grundsatz der Einzelwirkung ist - wie gesehen - nicht zwingendes Recht. Aus der Besonderheit des jeweiligen Schuldverhältnisses können sich Abhängigkeiten zwischen den Forderungen ergeben, die in der Rechtsfolge zu einer Gesamtwirkung führen. Deshalb ist vor der Annahme einer Einzelwirkung immer zu prüfen, ob nicht aufgrund einer ausdrücklichen oder stillschweigenden Vereinbarung oder aus Inhalt und Zweck des Schuldverhältnisses nicht doch eine Gesamtwirkung eingetreten ist. 279

Verschuldenszurechnung

In der Praxis besonders wichtig sind die Fälle der Zurechnung des Verschuldens eines Gesamtschuldners zu Lasten der anderen. Verpflichten sich mehrere Unternehmen zur gemeinsamen Herstellung eines Werkes in der Weise, dass jeder für sich für die Erfüllung einzustehen hat, müssen sie für das Verschulden des anderen einstehen.[208] Gleiches gilt für Freiberufler, die sich in einer Anwaltssozietät,[209] ärztlichen Gemeinschaftspraxis[210] oder Architekturbüro zusammengeschlossen haben, wenn sie ihren Kunden als solche gegenübertreten. Seit der Einfügung des § 51 a II BRAO ist die gesamtschuldnerische Haftung und die Verschuldenszurechnung im Berufsrecht der Rechtsanwälte gesetzlich geregelt, vgl. auch § 8 I, II PartGG.[211] 280

Bei einer BGB-Gesellschaft ergibt sich die Haftung aller Gesellschafter mittlerweile unproblematisch aus § 128 HGB analog, da das Verschulden eines Gesellschafters der Gesellschaft analog § 31 BGB zugerechnet wird[212], was wiederum die Anwendung des § 128 HGB analog auslöst.

hemmer-Methode: Solche Ausnahmen von der Regel sind besonders klausurrelevant. Sie müssen hier zunächst einmal aufzeigen, dass nach der gesetzlichen Regelung eigentlich keine Verschuldenszurechnung stattfindet, um dann über die Wertungen des Einzelfalls doch noch zu einer Gesamtwirkung des Verschuldens zu gelangen. Die Wertung, die bei einer GbR eine Gesamtwirkung des Verschuldens bewirkt, ist in der Inanspruchnahme gemeinsamen Vertrauens zu sehen.

---

207 Allgemein zum Gläubigerverzug Hemmer/Wüst, Schadensersatzrecht II, Rn. 256 ff.

208 Glasbetondecken-Fall BGH, NJW 1952, 217; Palandt, § 425 BGB, Rn. 15.

209 Anwaltssozietätsfall BGHZ 56, 355 = **juris**byhemmer; BGH, NJW 1992, 3038 = **juris**byhemmer; siehe auch Rn. 595.

210 BGH, NJW 1986, 2364 = **juris**byhemmer.

211 Nachdem der BGH (NJW 2003, 1803 = **juris**byhemmer) nun auch die Haftung eintretender Gesellschafter für Altverbindlichkeiten der Gesellschaft bejaht hat, ist umstritten, ob sich die Haftung auch bezieht auf Ansprüche gegen die Gesellschaft aus beruflichen Haftungsfällen. Wegen § 8 II PartGG ist dies zumindest im Rahmen der Partnerschaftsgesellschaften ausgeschlossen. Bejahend im Übrigen: LK Frankenthal, NJW 2004, 3190 = **juris**byhemmer.

212 BGH NJW 2003, 1445 ff. = **juris**byhemmer.

beim Schuldbeitritt

Folgen des Verschuldens (und damit auch des Verzugs, vgl. § 286 IV BGB) müssen dem Gesamtschuldner auch dann zugerechnet werden, wenn der Gedanke des § 767 I S. 2 BGB aufgrund der Interessenlage anwendbar erscheint. Dies ist beim kreditsichernden Schuldbeitritt zweifelsohne zu bejahen. Der Schuldbeitritt begründet eine umfänglichere Kreditsicherheit als die akzessorische Bürgschaft, da der Beitretende eine *eigene* Schuld begründet. Mithin ist es nur interessengerecht, dass er im Falle des Verzuges mindestens so umfänglich haftet wie der Bürge.[213] 281

Kündigung von Dauerschuldverhältnisses

Zweiter wichtiger Ausnahmefall dieser Gruppe ist die Kündigung von Dauerschuldverhältnissen wie Miete und Pacht. Das Kündigungsrecht von mehreren Mietern und das ihnen gegenüber bestehende Kündigungsrecht kann wegen der Einheitlichkeit des Mietverhältnisses nur gemeinsam von allen bzw. gegen alle ausgesprochen werden.[214] 282

Kündigungsgrund

Eine andere Frage ist, ob es ausreicht, dass die Tatbestandsvoraussetzungen der Kündigung bei nur einer Person vorliegen, oder ob sie bei jeder vorliegen müssen. Dies lässt sich nicht für alle Fälle einheitlich beantworten,[215] sondern muss unter Abwägung der beteiligten Interessen entschieden werden. Im einen Fall müssen die anderen Gesamtschuldner Rechtsverluste hinnehmen, obwohl in ihrer Person kein Kündigungsgrund existent ist, im anderen Fall verliert der Gläubiger sein Kündigungsrecht, nur weil er mehrere Schuldner hat. Die Gesamtschuld würde die Rechtsposition des Gläubigers verschlechtern. Dabei wird man grundsätzlich zu beachten haben, dass bei einer vertraglich begründeten Gesamtschuld wie Miete und Pacht die Mieter/Pächter eher das Risiko tragen müssen als der Gläubiger, dass in einer Person, mit der sie sich auf einer Seite verbunden haben, ein Kündigungsgrund entstanden ist.[216] 283

Eine eventuell erforderliche Abmahnung muss aber auch dann gegenüber allen Mietern ausgesprochen werden.[217]

C. Ausgleichspflicht nach § 426 I BGB

Das Innenverhältnis

Die Bestimmung der Gesamtschuld, dass der Gläubiger die Leistung von jedem verlangen kann, besteht nur in seinem Interesse. Es soll damit nicht gesagt sein, dass der Schuldner auch im Verhältnis zu den übrigen Gesamtschuldnern endgültig die Last tragen muss.[218] Der Anteil, mit dem der einzelne Gesamtschuldner im Verhältnis zu den anderen für die Schuld aufkommen muss, muss sich daher nach dem Maß seines Anteils an der Entstehung des Gesamtschuldverhältnisses richten.[219] Die Gesamtschuld ist auf den Ausgleich im Innenverhältnis angelegt. Ohne ihn wäre die Privilegierung des Gläubigers, auf mehrere Schuldner in vollem Umfang zugreifen zu können, nicht zu rechtfertigen.[220] 284

I. Freistellungs- oder Zahlungsanspruch

Anspruch bereits vor Leistung an Gläubiger

Das Gesamtschuldverhältnis entsteht als gesetzliches Schuldverhältnis mit der Begründung der Verpflichtungen im Außenverhältnis. 285

213 Vgl. MüKo, § 425 BGB, Rn. 8.

214 Palandt, § 542 BGB, Rn. 18, OLG Karlsruhe, NJW 1989, 2136 = **juris**byhemmer für den Darlehensvertrag; vgl. auch oben Rn. 257.

215 Reinicke/Tietke, Gesamtschuld, S. 60.

216 MüKo, § 425 BGB, Rn. 5.

217 Palandt, § 425 BGB, Rn. 16.

218 Larenz, SchRAT, § 37 III.

219 Larenz, SchRAT, § 37 III.

220 Reinicke/Tiedtke, Gesamtschuld, S. 61.

Daher entsteht auch die interne Ausgleichspflicht des § 426 I BGB bereits gleichzeitig damit und nicht erst bei Befriedigung des Gläubigers durch einen der Gesamtschuldner.

hemmer-Methode: Beachten Sie diesen Unterschied zu § 426 II BGB, der bereits seinem Wortlaut nach eindeutig an die Befriedigung anknüpft. Aus diesen Unterschieden wird die Selbständigkeit der beiden Absätze als eigene Anspruchsgrundlagen deutlich, die sich insbesondere auch in der eigenständigen Verjährung des Anspruchs aus § 426 I BGB zeigt.

Bedürfnis für Ausgleich vor Inanspruchnahme

Ist das Schuldverhältnis bereits vor der Befriedigung durch einen der Schuldner existent, so muss sich daraus auch eine Rechtsfolge ergeben. Zeichnet es sich z.B. schon eindeutig ab, dass der Gläubiger einen bestimmten Schuldner in Anspruch nehmen wird, ist es diesem nicht zumutbar, bis zu seiner Inanspruchnahme abzuwarten, bevor er intern Ausgleich verlangen darf. Der Gläubiger wird nämlich regelmäßig auf denjenigen Schuldner zuerst zugehen, der die beste Bonität besitzt. Für den leistenden Schuldner kann es daher sehr dringlich sein, seine möglicherweise illiquiden Mitschuldner in Anspruch zu nehmen, bevor es zu spät ist. 286

wechselseitige Mitwirkungspflicht

Die Gesamtschuldner haben eine wechselseitige Pflicht, an der Befriedigung der Gläubiger mitzuwirken. Die Ausgleichsforderung kann folglich unter den Gesamtschuldnern schon geltend gemacht werden, bevor der ausgleichsberechtigte Gesamtschuldner überhaupt geleistet hat. Um wiederum den Interessen der anderen Schuldner gerecht zu werden, kann dieser Anspruch nicht auf Leistung an den Berechtigten selbst lauten. Der Anspruchsteller kann lediglich Leistung an den Gläubiger verlangen.[221] 287

Besonderheiten

Der Befreiungsanspruch setzt die Fälligkeit des Anspruchs des Gläubigers voraus und geht auf den Teil der Schuld, den der verpflichtete Gesamtschuldner im Innenverhältnis zu tragen hat. 288

Es ist auch denkbar, dass ein Gesamtschuldner an den Gläubiger teilweise dadurch leistet, dass er seinen Befreiungsanspruch an diesen abtritt. Dieser wandelt sich dann in einen Zahlungsanspruch um.[222]

Dagegen darf er ihn nicht an Dritte abtreten. Dies würde zu einer inhaltlichen Veränderung der geschuldeten Leistung i.S.d. § 399 BGB führen.[223]

Rückgriff bei nur teilweiser Inanspruchnahme durch den Gläubiger

Der Rückgriffsanspruch als Zahlungsanspruch besteht nur dann, wenn der in Anspruch genommene Gesamtschuldner an den Gläubiger mehr geleistet hat, als ihm im Innenverhältnis obliegt.[224] 289

Bsp.: *D und S schulden G 2.000,- € als Gesamtschuldner. Im Innenverhältnis muss S 1.500,- € übernehmen. Erst wenn D mehr als 500,- € an G gezahlt hat, kann er mit dem überschießenden Betrag bei S Rückgriff nehmen.*

II. Ausgleich nach Veränderung der gesamtschuldnerischen Außenhaftung

Rolle der Einzelwirkung (§ 425) für den Innenausgleich

Dass sich die Forderungen des Gläubigers gegen die einzelnen Gesamtschuldner unterschiedlich entwickeln können, ist bereits oben dargestellt worden.[225] 290

221 Palandt, § 426 BGB, Rn. 5.

222 Palandt, § 257 BGB, Rn. 1.

223 Palandt, § 399 BGB, Rn. 4.

224 Palandt, § 426 BGB, Rn. 5; BGH, NJW 1986, 1097 = **juris**byhemmer; Reinicke/Tiedtke, Kreditsicherung, S. 90; Bei Mitbürgen gilt etwas anderes! Vgl. dazu Rn. 200.

225 Siehe Rn. 255.

Grundsätzlich lassen nachträgliche, nach außen einzelwirkende Tatsachen i.S.d. § 425 BGB den Innenausgleich unter Gesamtschuldnern unberührt.[226]

Bsp.: *Bauunternehmer V hat Straßenbauunternehmer M für zwei Tage einen Schaufellader gegen Entgelt überlassen. Der bei M arbeitende A holt diesen bei V ab. Auf der Fahrt zu M unterschätzt A in einer Unterführung die Breite des Baggers, obwohl er mit 15 km/h sehr langsam fährt und noch 5 km/h unter der Höchstgeschwindigkeit des Kfz bleibt. Er stößt mit einem LKW zusammen. Der Bagger wird beschädigt. V muss für die Reparatur 18.000,-- € aufwenden.*

Zwischen M und V bestand ein Mietvertrag. A war Erfüllungsgehilfe des M. M muss sich daher dessen Verschulden i.R.d. §§ 546 I, 280 BGB zurechnen lassen (§ 278 BGB). Der Anspruch gegen M verjährt nach § 548 I BGB in sechs Monaten.

Gegenüber A bestehen keine vertraglichen Ansprüche. Ansprüche gemäß § 18 StVG scheiden wegen §§ 7 I, 8 StVG aus. Somit bleibt nur § 823 I BGB als tatbestandlich eingreifende Anspruchsgrundlage.

Für den Anspruch gegen A gilt die Frist des § 195 BGB, so dass er in drei Jahren ab Kenntnis bzw. grob fahrlässige Unkenntnis von dem Schaden und der Person des Schädigers verjährt.

hemmer-Methode: Die Ansprüche gegen zwei Gesamtschuldner verjähren unabhängig voneinander, vgl. § 425 II BGB.

Hat A Ersatz geleistet, aber ist er erst nach Ablauf der Verjährungsfrist zwischen V und M auf M wegen Ausgleichs der Gesamtschuld zugegangen, kann der M dem Anspruch aus § 426 I BGB nicht die Einrede der Verjährung entgegenhalten. Dieser Anspruch verjährt nach § 195 BGB erst in drei Jahren.[227] Anderes gilt allerdings für den übergeleiteten Anspruch aus §§ 426 II, 280 I BGB. Dieser ist nach §§ 548 I BGB verjährt[228], was M nach §§ 412, 404 BGB auch dem A entgegenhalten kann.

hemmer-Methode: Es kann also auch einmal von Nachteil sein, einen Mitschuldner zu haben.[229] Wäre M Alleinschuldner gewesen, so hätte er nach Ablauf der Verjährungsfrist jegliche Leistung verweigern können, vgl. § 214 BGB. Als Gesamtschuldner steht er nun deshalb schlechter, weil der Anspruch aus § 426 I BGB unabhängig vom übergegangenen Außenanspruch in drei Jahren verjährt.
Dieses Ergebnis ist auch nicht unbillig. Zwar erscheint es bedenklich, dass M, der wegen § 425 II bereits „aus dem Schneider war", im Innenverhältnis nun doch „haftet", aber dies ist gerade der Sinn und Zweck der Gesamtschuld. Der A kann sich gegenüber V nicht auf Verjährung berufen, seine Schuld verjährt unabhängig von der des M, § 425 II BGB. Er ist deshalb zur vollen Zahlung verpflichtet. Es wäre nun aber ungerecht, wenn sich M ihm gegenüber im Innenverhältnis auf die Verjährung berufen könnte. Dann müsste nämlich A den Schaden in vollem Umfang tragen, obwohl er ihn lediglich zum Teil verursacht hat.
Ein anderes Ergebnis erscheint nur dann vertretbar, wenn auch dem A gegenüber bereits Verjährung eingetreten war, dieser sich aber nicht auf die Einrede des § 214 BGB beruft, sondern an den V leistet. Hier steht einem Rückgriff des A bei M gemäß § 426 I BGB eventuell die Einrede unzulässiger Rechtsausübung, § 242 BGB, entgegen.

Verjährung im Außenverhältnis lässt Innenausgleich i.d.R. unberührt

Aus der Selbständigkeit des internen Ausgleichsanspruchs folgt also seine selbständige Verjährung im Verhältnis zur Außenforderung. 291

226 MüKo, § 426 BGB, Rn. 4.

227 BGHZ 58, 216, 218 = jurisbyhemmer; Palandt, § 426 BGB, Rn. 4.

228 Palandt § 546 Rn. 15, § 548 Rn. 6

229 Reinicke/Tiedtke, Gesamtschuld, S. 66.

Ein Gesamtschuldner kann den Innenausgleich nicht erfolgreich unter Hinweis auf die Verjährung der Forderung ihm gegenüber, das Verstreichen einer Ausschlussfrist oder die rechtskräftige Abweisung des Gläubigers verweigern.[230]

Prozesskosten

Die Ausgleichungspflicht umfasst auch grundsätzlich nicht die von einem Gesamtschuldner zu zahlenden Prozesskosten, denn sie treffen den Gesamtschuldner nur in seiner prozessualen Stellung.[231] Jeder Gesamtschuldner muss damit rechnen, vom Gläubiger in Anspruch genommen zu werden und damit auch verklagt zu werden, sofern er nicht auf dessen Anfordern leistet. 292

maßgeblich ist das konkrete Innenverhältnis

Im Einzelfall kann sich aber aus dem konkreten Innenverhältnis der Gesamtschuldner etwas anderes ergeben. 293

Bsp.: *Die Gesamtschuldner vereinbaren, dass der vom Gläubiger zur Leistung aufgeforderte Gesamtschuldner in einer Art Musterprozess die Abwehr der Gläubigeransprüche durchzusetzen versucht. Auch wenn von Anfang an klar ist, dass der Ausgang des Prozesses keine Rechtskrafterstreckung zeitigen wird (§ 425 II a.E. BGB), kann der verurteilte Gesamtschuldner in diesem Fall auch für Verzugszinsen und Prozesskosten Rückgriff nehmen, da bei erfolgreicher Abwehr ein gewisses Präjudiz geschaffen worden wäre, was i.S.d. Gesamtschuldner war.*

III. Gesetzlicher Normalfall: „Zu gleichen Teilen“

§ 426 I 1 2. HS BGB

Die Gesamtschuldner sind im Verhältnis zueinander zu gleichen Teilen verpflichtet, soweit nicht ein anderes bestimmt ist (§ 426 I 1 BGB). Dieser gesetzliche Normalfall des hälftigen gesamtschuldnerischen Innenausgleichs ist in Wirklichkeit aber die Ausnahme. Der 2. Halbsatz beinhaltet nämlich die wichtigste Aussage dieses Absatzes. Für den Ausgleich ist allein das Innenverhältnis zwischen den Gesamtschuldnern maßgeblich. Daraus leitet man ab, dass § 426 I BGB ein gesetzliches Schuldverhältnis begründet und eine eigene Anspruchsgrundlage zur Verfügung stellt.[232] 294

hemmer-Methode: Vor allem Referendare müssen sich darüber hinaus unbedingt der zweiten Aussage dieses Halbsatzes bewusst sein: Aus ihr ergibt sich nämlich die Beweislast für denjenigen Gesamtschuldner, der eine abweichende Verteilung verlangt.[233]

IV. "Soweit nicht ein anderes bestimmt ist"

andere Bestimmung

Eine andere Bestimmung als die hälftige Haftungsaufteilung kann sich aus dem Gesetz direkt, aus der entsprechenden Anwendung einer gesetzlichen Regelung oder aufgrund einer Vereinbarung ergeben. 295

§ 840 II und III BGB

Bereits oben[234] ist erwähnt worden, dass § 840 II und III BGB andere Bestimmungen des Innenausgleichs zu Gunsten derjenigen sind, die auf Grund vermuteten Verschuldens oder Gefährdungshaftung deliktisch verantwortlich sind. Eine wichtige "andere Bestimmung" ist auch § 3 Nr. 9 PflVG zwischen dem Kfz-Halter und sonstigen versicherten Personen auf der einen und dem Versicherer auf der anderen Seite. 296

230 MüKo, § 426 BGB, Rn. 4.
231 BGH NJW 1971, 884 = **juris**byhemmer; Staudinger-Kaduk, § 426 BGB, Rn. 27.
232 Larenz, SchRAT, § 37 III, Palandt, § 426 BGB, Rn. 1.
233 Palandt, § 426 BGB, Rn. 7.
234 Rn. 234.

1. §§ 9; 17 StVG, § 254 BGB

§ 17 StVG bei Kfz-Unfällen

Von dogmatisch besonderer Bedeutung ist § 17 StVG. 297

Wird ein Schaden durch mehrere Kraftfahrzeuge verursacht und sind die beteiligten Halter einem Dritten kraft Gesetzes verantwortlich, so hängt im Verhältnis der Halter untereinander die Verpflichtung zum Ersatz sowie der Umfang des zu leistenden Ersatzes von den Umständen ab, insbesondere davon, inwieweit der Schaden von dem einen oder anderen Halter verursacht worden ist. Das Gleiche gilt nach § 17 IV StVG, wenn daneben ein Tierhalter (§ 833 BGB) oder ein Eisenbahnunternehmer (HaftPflG) haftbar ist.

§ 17 I S. 1 StVG schließt als Sonderregel § 254 BGB aus, soweit es um die Haftungsverteilung zwischen Kfz-Haltern einem Dritten gegenüber geht. Ansatzpunkt für die Haftungsaufteilung ist nicht das Mitverschulden, sondern die vom Fahrzeug ausgehende Betriebsgefahr. 298

Begriff der Betriebsgefahr

Betriebsgefahr ist die Summe der Gefahren, die das Kfz durch seine Eigenart in den Verkehr trägt. Die besondere Bauart des Fahrzeugs, etwaige Mängel oder ein Verschulden des Fahrzeugführers erhöhen die Betriebsgefahr.[235] Das Verschulden fließt hier als ein Kriterium des Verursachungsbeitrages ebenfalls in die Abwägung ein. 299

hemmer-Methode: Beachten Sie, dass also über das Kriterium der Betriebsgefahr nach h.M. auch das Verschulden des Fahrers zu Lasten des Halters geht, selbst wenn Zurechnungsnormen (z.B. § 278 BGB) fehlen.

§ 18 III StVG: Haftungseinheit von Fahrer und Halter

Ist ein Fahrer nach § 18 I StVG verantwortlich und ist der Schaden durch mehrere Kfz verursacht worden, so besagt § 18 III StVG, dass auch der Fahrer an der Quotelung des § 17 StVG zu beteiligen ist. Wie dem Wortlaut des § 18 III StVG zu entnehmen ist, gilt das aber nicht gegenüber dem Halter des von ihm gelenkten Fahrzeugs ("...zu den Haltern und Führern der anderen..."). Mit diesem bildet er eine sogenannte *Haftungseinheit*. Sie haften zwar nach außen voll mit der auf sie entfallenden Quote, bei der Quotenbildung werden sie aber wie eine Person behandelt. 300

Bsp.: *Fahrer F führt das Kfz des Halters H und missachtet die Vorfahrt des V, der mit überhöhter Geschwindigkeit sein Auto in die Kreuzung lenkt. Es kommt zum Zusammenstoß. Dabei wird der völlig unbeteiligte Radfahrer R verletzt. R verlangt Schadensersatz.*

H und V haften als Halter nach § 7 I StVG. F haftet nach § 18 I StVG. Da mehrere Fahrzeuge beteiligt waren, richtet sich die Haftungsquotelung nach § 17 I StVG, auch für den Fahrer (§ 18 III StVG). Das Verschulden des F hat die Betriebsgefahr des Fahrzeugs erhöht, so dass sich H dieses zurechnen lassen muss. Gewichtet man das Verschulden des V gleich hoch, gelangt man aber nicht etwa zu einer Dreiteilung der Quoten. Das würde bedeuten, dass das Verschulden des F doppelt berücksichtigt würde. Dem V darf nicht zugute kommen, dass zufällig nicht der Halter H selbst gefahren ist.[236] Vielmehr bilden F und H eine Haftungseinheit. Sie werden bei der Quotenbildung wie eine Person behandelt. Die Quotelung ist also hälftig zwischen F und H einerseits und V andererseits vorzunehmen.

235 Palandt, § 254 BGB, Rn. 60.

236 Reinicke/Tiedtke, Gesamtschuld, S. 68.

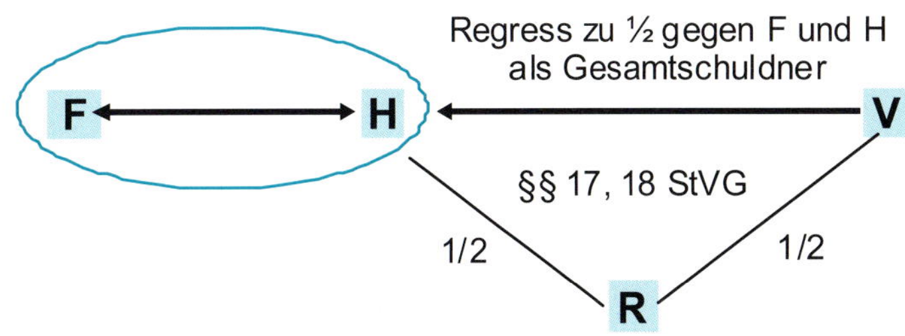

hemmer-Methode: Weitere typische Fälle der Haftungseinheit neben Halter und Fahrer eines Kraftfahrzeuges sind Geschäftsherr und Verrichtungsgehilfe i.S.d. § 831 BGB sowie Vertragspartner und Erfüllungsgehilfe. Allgemein formuliert liegt eine Haftungseinheit immer dann vor, wenn mehrere Personen zusammen einen Tatbeitrag leisten, der als solcher dem Tatbeitrag eines Dritten gegenübertritt.[237]

R kann von allen Beteiligten als Gesamtschuldner den vollen Schaden ersetzt verlangen (§ 840 I BGB analog). Im Innenverhältnis haften F, H und V wie oben ermittelt nach § 17, 18 StVG. Nimmt R den V in Anspruch, kann dieser H und F gesamtschuldnerisch auf deren gemeinsame Quote in Rückgriff nehmen.

H und F bilden auf Grund der Haftungseinheit ein quasi "gestuftes" Gesamtschuldverhältnis. Sie gleichen sich im Innenverhältnis nicht nach §§ 17, 18 StVG sondern nach §§ 426 I, 254 BGB analog aus.[238] § 840 III BGB ist dabei nicht analog zu Gunsten des Kfz-Halters anwendbar (s.o.), weil damit die Betriebsgefahr nicht entsprechend berücksichtigt würde.

hemmer-Methode: Grundsätzlich kann der vom Gläubiger in Anspruch genommene Gesamtschuldner seine Mitschuldner nur auf deren jeweilige Quote in Anspruch nehmen. Haften A, B und C als Gesamtschuldner im Innenverhältnis zur gleichen Quote, so kann also der A, nachdem er den Gläubiger in vollem Umfang befriedigt hat, von B und C jeweils nur ein Drittel nach § 426 I BGB verlangen. Nicht möglich ist es hingegen, B und C in der Höhe von zwei Dritteln gesamtschuldnerisch in Regress zu nehmen.[239]
Eine Ausnahme gilt allerdings dann, wenn zwei Schuldner wie in obigem Fall eine Haftungseinheit bilden. V, der den Gläubiger befriedigt hat, kann nicht zugemutet werden, die verschiedenen Mitglieder der Haftungseinheit anteilig in Anspruch zu nehmen und sich gegebenenfalls an dem Ausfall eines von ihnen nach § 426 I S. 2 BGB zu beteiligen. H und F genießen den Vorteil der Haftungseinheit, d.h. sie tragen im Innenverhältnis zu V zusammen nur die Hälfte und nicht jeweils ein Drittel der Schuld.
Dafür müssen sie im Gegenzug auch den Nachteil in Kauf nehmen, für diese Hälfte dem V gesamtschuldnerisch zu haften.[240]
Eine weitere Ausnahme nimmt die Rechtsprechung dann an, wenn der Ausgleichsberechtigte im Innenverhältnis völlig von der Beteiligung an der Schuld freizustellen ist.[241] **Dann handele es sich der Sache nach um einen Ersatzanspruch, für den ihm seine Mitschuldner in voller Höhe gesamtschuldnerisch und nicht nur anteilsmäßig haften sollen. Diese Rechtsprechung stößt in der Literatur zu Recht auf Kritik.**[242] **Fällt einer der ausgleichspflichtigen Gesamtschuldner aus, so muss dessen Liquiditätsrisiko nach § 426 I S. 2 BGB ohnehin der andere ausgleichspflichtige Gesamtschuldner alleine tragen. Es besteht also auf Seiten des ausgleichsberechtigten Gesamtschuldners kein schützenswertes Interesse, immer von vornherein gegen beide Ausgleichspflichtige einen gesamtschuldnerischen Regressanspruch in voller Höhe zu haben.**

237 Reinicke/Tiedtke, Gesamtschuld, S. 69.
238 Geigel-Schlegelmilch, 26. Kapitel, Rn. 18.
239 Palandt, § 426 BGB, Rn. 69.
240 Reinicke/Tiedtke, Gesamtschuld, S. 68.
241 BGHZ 17, 214, 222 = jurisbyhemmer.
242 MüKo, § 426 BGB, Rn. 13.

2. Problem des Mitverschuldens des Geschädigten[243]

kein Regress, sd. Liqidation des eigenen Schadens

Schwierige Probleme tauchen i.R.d. Gesamtschuld dann auf, wenn den Geschädigten ein Mitverschulden trifft. 301

Bsp.: *H missachtet mit seinem Kfz die Vorfahrt des V, der mit überhöhter Geschwindigkeit sein Auto in die Kreuzung lenkt. Es kommt zum Zusammenstoß, bei dem Radfahrer R verletzt wird. Auch dieser hat allerdings die Vorfahrt missachtet. Alle Beteiligte trifft der gleiche Verschuldensanteil. R hat einen Schaden von 6.000,- € und fragt sich in welchem Umfang er von H und V Ersatz verlangen kann.*

Geht R gegen V vor, steht ihm, da ihn der gleiche Verschuldensanteil wie H trifft, gemäß §§ 9 StVG, 254 BGB nur ein Anspruch in Höhe von 3.000,- € aus § 7 StVG zu. Zum gleichen Ergebnis gelangt man, wenn R gegen H vorgeht. Sowohl V und H schulden dem R also 3.000,- €.

Könnte R beide Forderungen unabhängig voneinander ersetzt verlangen, so erhielte er insgesamt 6.000,- €, sein Mitverschulden bliebe völlig unberücksichtigt.

Andererseits führt auch eine gesamtschuldnerische Haftung von H und V nicht zu interessengerechten Ergebnissen. R bekäme dann insgesamt nur 3.000,- € ersetzt, § 422 I 1 BGB. Hätte er zusammen mit V und H einem Dritten einen Schaden in der Höhe von 6.000,- € zugefügt, so könnte er, nachdem er diesen befriedigt hätte, V und H jeweils in Höhe von 2.000,- € in Anspruch nehmen, er bekäme insgesamt also 4.000,- € ersetzt. R darf nun aber nicht schlechter stehen, wenn er und nicht ein Dritter den Schaden erlitten hat. Im Ergebnis müssen ihm also Ansprüche im Gesamtumfang von 4.000,- € zustehen.

Fraglich ist allerdings, wie man zu diesem Ergebnis gelangt.

Möglich wäre es zum einen, R gegen V und H jeweils einen von einander unabhängigen Anspruch in Höhe von 2.000,- € zu geben. Dann stünde R aber zu schlecht, wenn einer von beiden ausfiele. Er müsste dessen Liquiditätsrisiko alleine tragen.[244]

Ein Teil der Literatur schlägt vor, die Höhe des Anspruchs des R im Wege einer Gesamtschau zu ermitteln. Der Verursacherbeitrag des R wird gegen den als Einheit verstandenen Beitrag von V und H abgewogen, sog. Gesamtschau. Beide haften demnach dem R in Höhe von 4.000,–€ als Gesamtschuldner.[245]

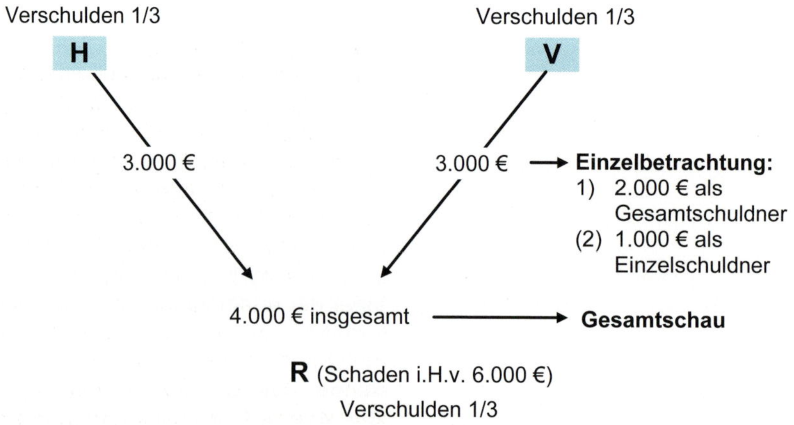

243 Zur Vertiefung siehe dazu auch den Aufsatz von Sedemund, ZGS 2003, 337 ff.

244 Reinicke/Tiedtke, Gesamtschuld, S. 70.

245 Vgl. m.w.N. Staudinger-Medicus, § 254 BGB, Rn. 122 ff.

hemmer-Methode: Dieser Lösungsweg gilt nach allgemeiner Meinung jedenfalls dann, wenn die Schädiger Mittäter bzw. Anstifter oder Gehilfe einer gemeinschaftlichen Tat sind. Hier bestimmt bereits § 830 I S. 1 BGB, dass die einzelnen Tatbeiträge den anderen zuzurechnen sind.[246]

Gegen diese Lösung über eine Gesamtschau spricht bei bloßer Nebentäterschaft allerdings die Verteilung des Liquiditätsrisikos. Fällt einer der beiden Schädiger aus, so trägt allein der andere Gesamtschuldner das Liquiditätsrisiko. Der R stünde damit besser, als wenn er neben V und H Gesamtschuldner wäre. Dann würde er bei Ausfall eines Gesamtschuldners nämlich das Liquiditätsrisiko in Höhe von 1.000,- € tragen müssen, § 426 I S. 2 BGB.[247]

Zum anderen ist dieser Weg unbillig, weil bei Nebentäterschaft der Verschuldensanteil des einen dem anderen Schädiger gerade nicht gem. § 830 I S. 1, II BGB zugerechnet werden kann. Betrachtet man die Verhältnisse des Geschädigten zu den jeweiligen Schädigern isoliert, trifft beide derselbe Verschuldensanteil. Der Geschädigte könnte dann nur 3.000 € verlangen. Wenn nun eine weitere Person verantwortlich ist, die dem anderen Schädiger nicht zurechenbar ist, darf sich die Stellung des einen Schädigers nicht verschlechtern; der Betrag der gesamtschuldnerischen Haftung kann sich dann nicht auf 4.000 € erhöhen.

Andererseits kann es nicht sein, dass der Geschädigte R nur hälftigen Ausgleich verlangen kann, wenn ihn in der Gesamtschau nur ein Drittel Verschulden trifft. Sowohl Gesamtschau als auch Einzelabwägung sind daher isoliert betrachtet nicht interessengerecht. Im Ergebnis muss es so sein, dass dem Geschädigten R vorliegend 4.000 € zufließen. Problematisch ist nur, in welchem Umfang die Schädiger auf diesen Betrag als Gesamtschuldner haften.

Die h.M. löst das Problem daher über eine Kombination von Einzelabwägung und Gesamtschau.[248] Die Verpflichtung jedes einzelnen Gesamtschuldners wird im Wege einer Einzelverpflichtung festgestellt. Sein Verursacherbeitrag wird dem Beitrag des Geschädigten gegenübergestellt.

Dies bedeutet, dass V und H jeweils auf 3.000,- € haften. Der Gesamtanspruch des Geschädigten hingegen wird durch eine Gesamtschau ermittelt, so dass dem R insgesamt 4.000,- € zustehen. R kann also von H und V jeweils 3.000,- €, insgesamt aber nur 4.000,- € fordern. H und V sind dabei in Höhe von 2.000,- € Gesamtschuldner und jeweils unabhängig voneinander Einzelschuldner in Höhe von 1.000,-€.[249], d.h. diese Zahlung entfaltet keine gegenseitige Tilgungswirkung.

Kontrolle: Fällt nun einer der Schuldner aus, erhält der Geschädigte R nur 3.000 € und trägt damit das Liquiditätsrisiko in Höhe von 1.000 €. Für den in Anspruch genommenen Schuldner gilt das gleiche. Er hat 3.000 € gezahlt, könnte im Innenverhältnis gem. § 426 I S. 1 BGB in Höhe von 1.000 € Regress nehmen und fällt damit aus. § 426 I S. 2 BGB überträgt ihm das Liquiditätsrisiko im Innenverhältnis nur hinsichtlich der gesamtschuldnerischen Haftung (2.000 €), aber nicht darüber hinaus. Damit ist gewährleistet, dass der einzelne Schuldner im Ergebnis nicht mehr zahlen muss, als er fehlender Beteiligung des anderen Schädigers zahlen müsste.

hemmer-Methode: Die Lösung des BGH überzeugt.[250] **Kein Schädiger braucht dem Geschädigten mehr zu zahlen als die aus der Einzelabwägung folgende Quote (3.000 €), insgesamt erhält der Geschädigte aber den der Gesamtschau entsprechenden Anteil (4.000 €). Vor allem führt (nur) dieser Lösungsweg bei bloßer Nebentäterschaft zu einer gerechten Verteilung des Liquiditätsrisikos.**[251]

246 BGHZ 30, 203, 206 = jurisbyhemmer; MüKo, § 254 BGB, Rn. 72.

247 Reinicke/Tiedtke, Gesamtschuld, S. 70.

248 Vgl. BGH, NJW 1964, 2011.

249 MüKo, § 254 BGB, Rn. 70.

250 Vgl. zuletzt BGH NJW 2006, 896 ff. = Life&Law 2006, 309 ff. = jurisbyhemmer; für das Verständnis der Problematik ist die Lektüre der Originalentscheidung nicht ergiebig. Orientieren Sie sich daher an der Aufbereitung in der Life&Law.

251 MüKo, § 426 BGB, Rn. 14.

Lernen Sie solche Probleme nicht auswendig, sondern versuchen Sie, die Wertungen der einzelnen Lösungsansätze zu verstehen. Bei einem solch schwierigen Problem, wird eine eigene Argumentation vom Korrektor regelmäßig auch dann mit Pluspunkten belohnt, wenn sie zu einem anderen Ergebnis als die h.M. gelangen.

Mitverschulden und Haftungseinheit

Bilden zwei der Gesamtschuldner eine **Haftungseinheit**, darf ihr Verursacherbeitrag im Verhältnis zum Mitverschulden des Geschädigten nur einheitlich berücksichtigt werden. *302*

Von einer Haftungseinheit spricht man, wenn das Verhalten mehrerer Beteiligter zu einem einheitlichen unfallursächlichen Umstand geführt hat.

***Bsp.**: Halter und Fahrer bei KfZ*

Der häufigste Fall der Haftungseinheit ist die zwischen Fahrer und Halter eines KfZ. Sie werden bei der Quotenbildung wie eine Person behandelt. Zwar besagt § 18 III StVG, dass auch der Fahrer an der Quotelung gem. § 17 StVG zu beteiligen ist, aber nicht gegenüber dem Halter des von ihm gelenkten KfZ. („...der anderen....“). Bei der internen Quotenbildung werden beide als eine Einheit behandelt.

> ***Bsp.**: F fährt mit dem Wagen des H zu schnell in die Kreuzung ein. Es kommt zum Zusammenstoß mit dem Radfahrer R, der seinerseits die Vorfahrt missachtete. Der Verschuldensanteil von F und R ist gleich hoch.*
>
> F und H bilden eine Haftungseinheit.[252] Ihr Verursacherbeitrag darf deshalb bei Abwägung mit dem Mitverschulden des R nur einmal berücksichtigt werden. R kann also insgesamt nur die Hälfte seines Schadens ersetzt verlangen, da sein Verursacherbeitrag und der der Haftungseinheit gleich hoch sind. Insoweit haften ihm F und H als Gesamtschuldner.[253]

3. Entsprechende Anwendung des § 254 BGB

§ 254 BGB analog

Aus der Regelung des § 17 StVG ist von der Rechtsprechung der Schluss gezogen worden, auch in anderen Fällen der gesamtschuldnerischen Haftung für Schadensersatz auf den Verursachungsbeitrag der jeweiligen Schuldner abzustellen. *303*

Der BGH zieht hierbei den Rechtsgedanken des § 254 BGB heran. Unmittelbar passt die Vorschrift nicht, da sie an sich auf den Verursachungsbeitrag des Verletzten abstellt, also auf das Verhältnis Geschädigter und Schädiger. Die Analogie rechtfertigt sich jedoch, da hier wie im unmittelbaren Anwendungsfall des § 254 BGB mehrere Personen für einen Schaden verantwortlich sind und es darum geht, die Schadensquoten nach dem Ausmaß der Mitverantwortlichkeit zu bestimmen.[254]

causa unerheblich

Ob die Haftung der Einzelnen am Ausgleich Beteiligten für den Schadensersatz auf Delikt, Vertrag oder der Zurechnung des Verhaltens Dritter (§ 278 BGB) beruht, ist unerheblich. *304*

4. Auf Grund einer Vereinbarung

schuldrechtliche Vereinbarung

Die Schuldner können natürlich das zwischen Ihnen bestehende Schuldverhältnis vertraglich regeln. Schon das Reichsgericht hat hierfür keine ausdrückliche Vereinbarung verlangt, der BGH hielt daran fest.[255] *305*

252 Vgl. oben Rn. 300.

253 Weitere Fälle der Haftungseinheit sind die zwischen Geschäftsherrn und Verrichtungsgehilfe sowie Vertragspartner und Erfüllungsgehilfe, vgl. Palandt, § 254 BGB, Rn. 72 m.w.N.

254 Larenz, SchRAT, § 37 III.

255 RGZ 75, 251, 256; BGH, WM 1986, 208 = **juris**byhemmer.

Die Ausgestaltung des Innenverhältnisses kann sich auch aus dem Sinn und Zweck der Vereinbarung, aus der besonderen Gestaltung des tatsächlichen Geschehens oder der "Natur der Sache" ergeben.[256]

Bsp.: *A und B haben gemeinsam ein Darlehen aufgenommen, im Innenverhältnis soll nur A die Schuld tragen. Tilgt nun B das Darlehen ganz oder teilweise, entsteht ihm aufgrund der Vereinbarung aus § 426 I 1 BGB ein Ausgleichsanspruch in Höhe seiner Tilgungsleistungen. Hat dagegen der A getilgt, steht im nichts zu.*

Subsidiarität des Gesellschafterausgleichs (§ 128 HGB)

Aus dem Innenverhältnis zwischen Gesellschaftern einer OHG/KG folgt z.B., dass sie erst dann Rückgriff gegen die wegen § 128 HGB gesamtschuldnerisch mithaftenden Mitgesellschafter nehmen dürfen, wenn sie gemäß § 110 HGB aus der Gesellschaftskasse keinen Rückgriff nehmen können, weil dort keine Mittel frei verfügbar sind (gesellschaftsrechtliche Treuepflicht).[257] **306**

Mitbürgen

Bürgt neben einem Dritten auch der Alleingesellschafter der GmbH für das GmbH-Darlehen, so haften die Bürgen zwar schon wegen § 769 BGB als Mitbürgen gesamtschuldnerisch nach außen. Im Innenverhältnis steht aber allein dem Dritten ein Ausgleichanspruch zu, da der GmbH-Gesellschafter die Vorteile der Darlehenshingabe wirtschaftlich alleine genossen hat. **307**

Auftrag, GoA

Ist ein Gesamtschuldner aufgrund eines Auftrages oder als Geschäftsführer ohne Auftrag tätig geworden, kann er aus § 670 BGB vollen Ausgleich im Innenverhältnis verlangen. **308**

hemmer-Methode: Wie Sie sehen, kann sich aus dem Innenverhältnis sogar eine doppelte Regressmöglichkeit ergeben. Zum einen kann die schuldrechtliche Beziehung zwischen den Gesamtschuldnern eine Anspruchsgrundlage zur Verfügung stellen (z.B. § 670 BGB), zum anderen stellt sie zugleich eine andere Bestimmung i.S.d. § 426 I BGB dar. Zusammen mit der cessio legis des § 426 II BGB stehen mitunter drei Anspruchsgrundlagen für einen Regress nebeneinander zur Verfügung.

5. Unter Ehegatten

ehem. "Schlüsselgewalt"

Ehegatten sind besonders häufig Gesamtschuldner. Dies ist Folge des § 1357 I 2 BGB. **309**

hemmer-Methode: § 1357 BGB ist eine außerordentlich prüfungsrelevante Vorschrift, die im 1. wie im 2. Staatsexamen immer wieder gerne abgeprüft wird. Eine Zusammenstellung der Problemkreise finden Sie bei Hemmer/Wüst/Gold, Familienrecht, Rn. 95 ff.

§ 426 I 1 BGB greift meist nicht ein

Der Halbteilungsgrundsatz des § 426 I 1 BGB kommt unter Ehegatten aber nicht ohne weiteres zur Anwendung. **310**

Auch unter Ehegatten ist grundsätzlich an eine Ausgleichspflicht zu denken.[258] Meist wird sich dabei eine vom Halbteilungsgrundsatz abweichende Bestimmung aus dem Gesetz selbst, einer Vereinbarung, dem Inhalt und Zweck des Rechtsverhältnisses oder aus der Natur der Sache ergeben.[259] **311**

256 Reinicke/Tiedtke, Gesamtschuld, S. 62.

257 Rn. 608; Baumbach/Hopt, § 128 HGB, Rn. 27.

258 BGH, NJW 1988, 134 = **juris**byhemmer.

259 Von Heintschel-Heinegg/Gerhardt, § 3, Rn. 118.

Alleinverdienerehe

In einer Alleinverdienerehe ist ein Gesamtschuldnerausgleich ausgeschlossen, denn die durch die Haushaltsführung erbrachten Unterhaltsleistungen sieht das Gesetz gegenüber den finanziellen Leistungen des verdienenden Ehegatten als gleichwertig an (§§ 1360 S. 2, 1606 III 2 BGB). Erst nach der Trennung kommt ein Ausgleich in Frage. Mit der Trennung fällt das Gegenseitigkeitsverhältnis der Unterhaltsleistungen weg.[260] 312

Bsp.: *Von den Ehegatten A und B bringt A das Geld heim, während sich B um dasselbe kümmert. Beide lieben den feudalen Lebensstil und finanzieren diesen durch ständig anwachsende Bankkredite, die beide gemeinsam aufnehmen. Zins- und Tilgungsleistungen werden ausschließlich von A's Konto abgebucht. Nachdem sich A von B getrennt hat, verlangt A Ausgleich für die bisher geleisteten und zukünftig zu leistenden Zahlungen.*

Wegen der bisherigen eheinternen Aufgabenverteilung kann A rückwirkend keinen Ausgleich verlangen. Die erbrachten Unterhaltsleistungen der Eheleute sind als gleichwertig anzusehen. In dieser gesetzlichen Wertung ist eine andere Bestimmung i.S.d. § 426 I 1 BGB zu sehen.[261] Der Gesamtschuldnerausgleich wird durch die ehelichen Lebensverhältnisse also überlagert.[262]

Mit der endgültigen Trennung fällt diese Gegenseitigkeit weg. Jetzt besteht kein Grund mehr, dem einen Ehegatten auf Kosten des anderen eine zukünftige Vermögensmehrung zukommen zu lassen. 313

Beide Ehegatten haben an den Vorteilen der Darlehensaufnahme in gleicher Weise partizipiert. Der Ausgleichsanspruch entsteht nun von selbst, ohne dass es einer besonderen Erklärung dahingehend bedarf, die Last nicht mehr alleine tragen zu wollen,[263] denn § 745 II BGB gilt nur für die Gemeinschaft.[264]

Unterhaltsregelungen „andere Bestimmung“

Allerdings ist in den meisten Fällen Folgendes zu beachten: Der nichtverdienende Ehegatte B wird in der Regel einen Anspruch auf Trennungsunterhalt (§ 1361 BGB) bzw. auf nachehelichen Unterhalt haben. Bei der Unterhaltsberechnung kann A die Kreditraten von den Einkünften absetzen, da sie die ehelichen Lebensverhältnisse geprägt haben. Diese Berücksichtigung beim Unterhalt stellt eine andere Bestimmung i.S.d. § 426 I 1 BGB dar, so dass der Ausgleichsanspruch wiederum scheitert. 314

Bsp.: *A hat in obigem Beispiel ein frei verfügbares Nettoeinkommen von 3.000 €, während B sich allein um den Haushalt kümmert. Für ein gemeinsames Darlehen bringt A monatlich 500 € auf. Ohne das Darlehen müsste F dem M 1.500 € Trennungsunterhalt zahlen, sog. Halbteilungsgrundsatz. Durch die Ratenzahlung gegenüber der Bank reduziert sich das Nettoeinkommen auf 2.500 €, so dass sich der Trennungsunterhalt auf 1.250 € reduziert. Das Ergebnis ist also dasselbe, als wenn 1.500 € Unterhalt bezahlt und davon i.R.d. § 426 I S. 1 BGB 250 € zurückfließen würden.*

Doppelverdienerehe

Tilgen die Ehegatten dagegen schon vor dem Zeitpunkt des Getrenntlebens mit eigenen Einkünften ein Darlehen anteilig, so kann dies auf eine Ausgleichspflicht schon während der intakten Ehe hindeuten.[265] 315

---

260 Von Heintschel-Heinegg/Gerhardt, § 3, Rn. 117 ff.

261 BGH, NJW 1983, 1845 = **juris**byhemmer.

262 BGH Life&Law 2005, 676 ff.

263 Palandt, § 426 BGB, Rn. 12.

264 Von Heintschel-Heinegg/Gerhardt, § 3, Rn. 119.

265 Vertiefende praxisrelevante Beispiele zu diesem Themenkreis finden sie bei von Heintschel-Heinegg/Gerhardt, § 3, Rn. 120 - 129.; der BGH hat auch zuletzt darauf hingewiesen, dass sich durch Auslegung eine andere Vereinbarung i.S.d. § 426 I S. 1 BGB ergeben kann; wichtig ist in der Klausur, dass Sie diese Auslegung nach dem geschilderten Sachverhalt vornehmen, BGH Life&Law 2005, 676 ff.

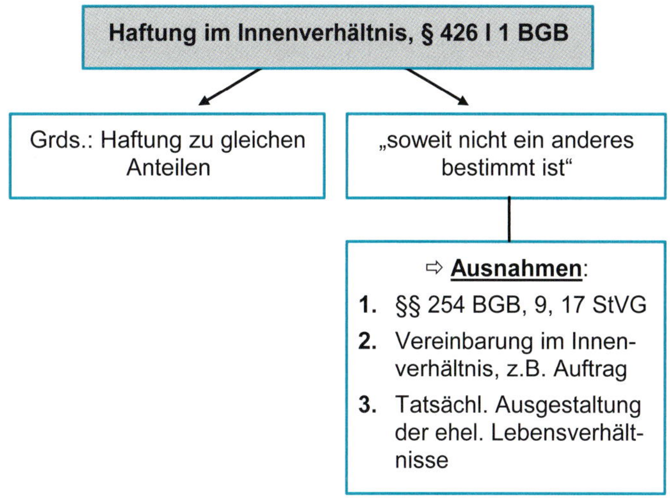

⇨ **Beachte**: nur soweit Ausgleichsanspruch im Innenverhältnis besteht, geht Außenforderung gem. § 426 II BGB über.

hemmer-Methode heißt auch assoziatives Lernen. Ein wichtiges Problemfeld des § 426 BGB ist die Frage der analogen Anwendbarkeit auf den Ausgleich zwischen mehreren Sicherungsgebern einer Kreditverbindlichkeit. Dieser Punkt wird unter § 7 ausführlich behandelt werden.

V. Ausfall eines Gesamtschuldners, § 426 I 2 BGB.

Ausgleich nach Haftungsquoten

Kann von einem Gesamtschuldner der auf ihn entfallende Betrag 316
nicht erlangt werden, so sieht das Gesetz vor, dass *"der Ausfall von den übrigen zur Ausgleichung verpflichteten Schuldnern zu tragen"* ist (§ 426 I 2 BGB).

Nimmt man das Gesetz hier beim Wort, könnte der Eindruck entstehen, dass der den Regress betreibende Schuldner sich nicht mit seiner Quote am Ausfall beteiligen muss. Das wäre aber eine nicht zu rechtfertigende Besserstellung. Das Bonitätsrisiko der Mitschuldner müssen alle Gesamtschuldner mit ihrer jeweiligen Haftungsquote mittragen.

> ***Bsp.:*** *A und B haften zu je 1/4, C zu 1/2. Gläubiger G wurde von A voll befriedigt. Im Normalfall kann nun A gegen B zu 1/4 und gegen C zu 1/2 Rückgriff nehmen. Wenn B insolvent ist, müssen A und C diesen Ausfall gemeinsam tragen. Die Quote des B ist daher unter ihnen aufzuteilen. Im Verhältnis zu A muss C doppelt soviel vom Ausfall übernehmen, da seine Quote doppelt so hoch ist. Mehrere Ausgleichspflichtige haften dem Ausgleichsberechtigten nämlich nicht gesamtschuldnerisch, sondern entsprechend ihren Anteilen.*[266] *Folglich trägt C 2/3 und A 1/3 des Ausfalls. A kann von C 1/2 + 2/12, insgesamt 2/3 verlangen.*

D. Forderungsübergang nach § 426 II BGB

Übergang kraft Gesetzes

Soweit ein Gesamtschuldner den Gläubiger befriedigt, geht die For- 317
derung des Gläubigers nicht notwendig unter. Sie bleibt vielmehr für Rückgriffszwecke des Leistenden in dem Umfang erhalten, in dem er "von den übrigen Schuldnern Ausgleichung verlangen kann" (§ 426 II 1 BGB).

Sicherungszweck

Dieser zusätzliche Anspruch dient vornehmlich Sicherungszwecken. 318
Da der Anspruch aus § 426 I BGB wie der aus § 426 II BGB auf das gleiche Ziel des Innenausgleichs der Gesamtschuldner gerichtet sind, erlischt der eine mit der Erfüllung des anderen.

266 Palandt, § 426 BGB, Rn. 6.

Sie können nicht gesondert abgetreten und nur einmal gerichtlich geltend gemacht werden.[267]

I. Vorteil für den Gesamtschuldner: Übergang der Sicherungsrechte nach §§ 412, 401 BGB.

Übergang der Nebenrechte

Der wichtigste Vorteil der cessio legis steht im unmittelbaren Zusammenhang mit dem genannten Zweck, der Sicherung des leistenden Gesamtschuldners: Nach §§ 412, 401 BGB gehen mit der Forderung des Gläubigers gegen die übrigen Schuldner auch die bestehenden Nebenrechte über. Dabei ist der Regress nicht auf diejenigen Sicherheiten beschränkt, die von den Regressschuldnern selbst stammen.[268] *319*

Bsp.: *Die Forderung des Gläubigers war durch eine Hypothek des Gesamtschuldners A und eine Bürgschaft des Bürgen B gesichert. Gesamtschuldner C hat an Gl. geleistet. Damit ist auch die Bürgschaft des B auf C übergegangen, obwohl der B gar nicht Gesamtschuldner ist.*

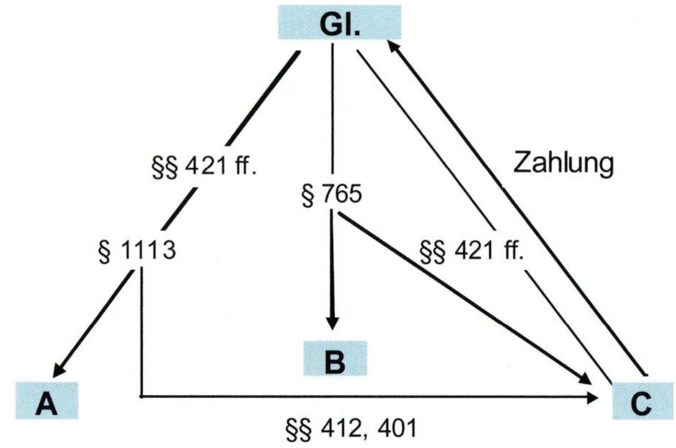

Abtretung selbständiger Sicherungsrechte

Zwar sind selbständige Sicherungsrechte wie das Sicherungseigentum, die Sicherungsgrundschuld und die Sicherungszession keine Nebenrechte i.S.d. § 401 BGB. Nach dessen Rechtsgedanken ist der Gläubiger aber verpflichtet, diese Rechte auf den Regressberechtigten zu übertragen.[269] Im Falle der Sicherungsgrundschuld hat das der BGH für §§ 426 II, 412, 401 BGB ausdrücklich entschieden.[270] *320*

zusätzliche Vorteile

Die cessio legis bietet darüber hinaus im Einzelfall noch weitere Vorteile für den Regressgläubiger. So kann die übergeleitete Forderung eine bessere Verzinsung bieten (§ 352 HGB statt § 246 BGB) oder einen anderen Gerichtsstand eröffnen (§ 35 ZPO). *321*

Schuldnerschutz

Allerdings wird der Regressschuldner über §§ 412, 404 ff. BGB ebenfalls geschützt, da gegenüber dem Altgläubiger bestehende Einreden erhalten bleiben. *322*

hemmer-Methode: Der Schuldnerschutz durch §§ 404 ff. BGB wurde bereits unter Rn. 34 erörtert.

267 Larenz, SchRAT, § 37 III; Palandt, § 426 BGB, Rn. 14.

268 MüKo, § 426 BGB, Rn. 16.

269 MüKo, a.a.O.; Palandt, § 401 BGB, Rn. 5.

270 BGHZ 80, 232 = NJW 1981, 1554 = **juris**byhemmer.

II. Maßgeblichkeit des Innenverhältnisses

Innenverhältnis bestimmt Umfang der cessio legis

Der Wortlaut des § 426 II 1 BGB stellt unmissverständlich klar, dass sich der gesetzliche Forderungsübergang von vornherein auf den Umfang des im Innenverhältnis bestehenden Ausgleichsanspruchs beschränkt. Die Forderung des Gläubigers geht auf den Gesamtschuldner über, soweit er mehr gezahlt hat, als er aufgrund des Innenverhältnisses zu den anderen Gesamtschuldnern zu zahlen verpflichtet war. 323

Grund: kein Wettlauf der Gesamtschuldner gewollt

Hinter dieser Regelung steht die folgende Wertung: Der vom Gläubiger in Anspruch genommene Gesamtschuldner soll einerseits gegenüber den anderen Gesamtschuldnern nicht deshalb schlechter gestellt sein, weil ausgerechnet er vom Gläubiger ausgewählt worden ist. Andererseits muss sein Haftungsanteil im Innenverhältnis berücksichtigt werden, weil anderenfalls derjenige unter den Gesamtschuldnern nach § 426 II BGB vollen Regress nehmen könnte, der sich am schnellsten um die Befriedigung des Gläubigers bemüht hat. Ein solcher "Wettlauf der Gesamtschuldner" wäre aber unsinnig. Schutzwürdig ist der Regressberechtigte nur in Höhe seines im Innenverhältnis bestehenden Rückgriffsanspruchs. 324

hemmer-Methode: Hinter dem bekannten Stichwort "Wettlauf der Sicherungsgeber" verbirgt sich eine ähnliche Problematik. Treffen mehrere Sicherungsgeber aufeinander, stellt sich auch unter ihnen die Frage nach dem Innenausgleich, wenn einer vom Kreditgeber in Anspruch genommen worden ist.
Die h.M. wendet hier § 426 BGB analog an. Nach a.A. soll dagegen der Bürge als Sicherungsgeber gegenüber anderen privilegiert sein. Zu dieser Frage siehe ausführlich Rn. 519 ff..

III. Rolle des § 325 ZPO[271]

Wirkung der Rechtskraft

Der Regressberechtigte wird über die cessio legis Rechtsnachfolger des Altgläubigers. War die übergegangene Forderung bereits Gegenstand eines Rechtsstreits mit einem anderen Gesamtschuldner, so kann sich der Regressberechtigte einerseits auf das rechtskräftige Urteil berufen, soweit es vorteilhaft für ihn ausgefallen ist. 325

Andererseits kann ihm dadurch auch der Weg über § 426 II BGB verstellt sein:

Bsp.:[272] G ist von A und B durch unerlaubte Handlung geschädigt worden. G hat zunächst erfolglos den A verklagt; er ist rechtskräftig abgewiesen worden, weil das Gericht bereits einen Haftungstatbestand verneinte. Dann hat er B verklagt und ist in diesem Prozess vollständig erfolgreich gewesen. Wenn nun B gegen A Rückgriff nehmen will, ist ihm der Weg über §§ 823 I, 840, 426 II BGB verstellt, weil er das Urteil G-A über § 325 I ZPO gegen sich gelten lassen muss. Den Rückgriff über § 426 I BGB betrifft das Urteil dagegen nicht, weil sich dieser ausschließlich nach dem Innenverhältnis der Gesamtschuldner richtet. Dies ergibt sich auch aus § 425 II BGB, wonach die Rechtskraft eines Urteils grundsätzlich nur Einzelwirkung hat, also nur gegenüber dem verklagten Gesamtschuldner wirkt.

hemmer-Methode: A hätte jedoch verhindern können, von B im Innenverhältnis aus § 426 I BGB in Anspruch genommen zu werden, wenn er B bereits im Prozess mit G den Streit verkündet hätte. Mangels Haftungstatbestand zwischen A und G ist keine Gesamtschuld entstanden. B müsste sich dies wegen §§ 74, 68 ZPO entgegenhalten lassen.

271 Ausführlich dazu Hemmer/Wüst/Gold, ZPO I, Rn. 552 ff.

272 Vgl. Medicus, BR, Rn. 909.

IV. Verjährte Außenforderung

Anrechnung bisheriger Verjährungsfrist

Der Ausgleichsanspruch aus § 426 II BGB entsteht zwar erst im Zeitpunkt der Befriedigung des Gläubigers durch den Gesamtschuldner. Da der übergeleitete Anspruch aber identisch bleibt, muss sich der Regressberechtigte den bisher verstrichenen Teil der Verjährungsfrist entgegenhalten lassen, §§ 412, 404 BGB. Es beginnt keine neue Verjährungsfrist in der Person des Regressberechtigten zu laufen.[273] 326

V. § 426 II S. 2 BGB: Übergang nicht zum Nachteil des Gläubigers

Grundsatz der c. l.

Der Forderungsübergang kann nicht zum Nachteil des Gläubigers geltend gemacht werden. Der gleiche Rechtssatz findet sich im Gesetz des Öfteren bei Legalzessionen: §§ 268 III 2, 774 I 2, 1143 I 2, 1150, 1225 S. 2, 1249 S. 2 BGB. Der Altgläubiger genießt weiterhin eine privilegierte Stellung gegenüber dem regressberechtigten Gesamtschuldner. 327

> **Bsp.:** *Gesamtschuldner A hat den Gläubiger G lediglich teilweise befriedigt. Daher sind etwaige Nebenrechte an der Forderung (z.B. eine Bürgschaft des D) nur anteilig auf A übergegangen. Im Übrigen sind sie beim Gläubiger verblieben. Auf diese Nebenrechte darf der G gegenüber A vorrangig zugreifen. Hat sich A bereits aus ihnen befriedigt und fällt der G mit seinem Anteil aus, so muss A das Erlangte an G auskehren.*[274]

E. Gestörte Gesamtschuld

I. Problemkonstellation

klassisches Klausurproblem

Ein klassisches Regressproblem kann am Ende einer Klausur auftauchen, wenn eine oder mehrere der haftenden Personen dem Gläubiger gegenüber in der Haftung beschränkt sind und deshalb nicht oder nicht voll haften. Man spricht in einer solchen Situation von einer gestörten Gesamtschuld oder auch von einer Regressbehinderung. 328

diligentia quam in suis

Dieses Problem kann sich daraus ergeben, dass vertraglich ein abgemilderter Verschuldensmaßstab vereinbart oder gar ganz auf Schadensersatz verzichtet wird. Daneben wird der Schuldner in einigen Fällen von Gesetzes wegen privilegiert, indem er nur für diejenige Sorgfalt einzustehen hat, die er auch in eigenen Angelegenheiten anzuwenden pflegt (diligentia quam in suis, z.B. §§ 690, 708, 1359, 1664, 2131 BGB), oder der Schuldner nur für Vorsatz und grobes Verschulden, nicht aber für einfache Fahrlässigkeit einstehen muss (z.B. §§ 300 I, 521, 599, 680, 968 BGB). 329

hemmer-Methode: Beachten Sie: Die Unentgeltlichkeit eines Geschäfts *kann* der Grund für die Haftungsbeschränkung sein, er muss es aber nicht. Der Auftragnehmer oder der Geschäftsführer ohne Auftrag handeln auch unentgeltlich, haften grundsätzlich aber für jede Fahrlässigkeit.[275]

> **Bsp.:** *S nimmt aus Gefälligkeit die Katze seines Freundes G für die Zeit dessen Urlaubs in Verwahrung. Als er Besuch von seinem Bekannten D mit dessen Dobermann bekommt, vergisst S die Katze. Da auch D seinen Hund unbeaufsichtigt lässt, beschäftigt sich der Hund so intensiv mit der Katze, dass für diese jede Hilfe zu spät kommt.*

273 Medicus, BR, Rn. 906.

274 Vgl. Palandt, § 268 BGB, Rn. 7.

275 Einzige Ausnahme in diesem Zusammenhang ist das Haftungsprivileg des § 680 BGB bei der Abwehr dringend drohender Gefahren.

G hat gegen D einen Anspruch aus Tierhalterhaftung nach § 833 S. 1 BGB. Sein Anspruch gegen S aber scheitert an § 690 BGB, der auch bei Verwahrung aus Gefälligkeit Anwendung findet.[276]

Ohne diese Freistellung wären D und S Gesamtschuldner analog § 840 BGB.[277] Fraglich ist deshalb, ob sich die Freistellung des S im Verhältnis zu G auf die Verbindlichkeit des D gegenüber G oder zumindest auf den (potentiellen) Ausgleichsanspruch des D gegen S nach § 426 I BGB auswirkt.

Im Wesentlichen sind hier drei Lösungswege denkbar:

1. Lösung zu Lasten des Dritten:

zu Lasten des Dritten

Der Geschädigte kann den Dritten in vollem Umfang in Anspruch nehmen, ohne dass diesem ein Regressanspruch gegen den privilegierten Mitschädiger zusteht. 330

G könnte nach diesem Lösungsansatz den D voll in Anspruch nehmen, ohne dass diesem Ausgleichsansprüche gegen S zustünden.

2. Lösung über eine fingierte Gesamtschuld

fingierte Gesamtschuld

Die Privilegierung wird nur im Verhältnis Geschädigter zu privilegiertem Schädiger, nicht aber im Verhältnis zwischen den Schädigern berücksichtigt. 331

Damit kann der Geschädigte zwar den Dritten in vollem Umfang in Anspruch nehmen, diesem steht aber im Innenverhältnis zum privilegierten Gesamtschuldner ein Ausgleichsanspruch nach dem Modell des § 426 I BGB zu.

Nach diesem Lösungsweg könnte der G den D voll in Anspruch nehmen. Diesem stünden dann allerdings Ausgleichsansprüche gegen S nach § 426 I BGB zu.

hemmer-Methode: Diese Lösung wird zumeist als "fingierte Gesamtschuld" bezeichnet.[278] Der Sache nach könnte man diese Konstellation wohl auch als „relative Gesamtschuld“ bezeichnen. Der Gläubiger hat aufgrund der Privilegierung nur einen Schuldner, so dass ihm gegenüber keine Gesamtschuld vorliegt. Da die Haftungsfreistellung im Verhältnis zwischen den Schädigern aber absolut unberücksichtigt bleibt, werden sie wie tatsächliche Gesamtschuldner behandelt.

3. Lösung zu Lasten des Berechtigten

zu Lasten des Geschädigten

Man belastet den Berechtigten, indem man seinen Ersatzanspruch von vornherein um die Quote kürzt, die im Innenverhältnis zwischen den Gesamtschuldnern auf den privilegierten Gesamtschuldner entfallen würde. 332

G könnte nach diesem Lösungsansatz den D nur auf die Hälfte des angefallenen Schadens in Anspruch nehmen, da der Verursacherbeitrag von D und S gleich hoch sind und S damit im Innenverhältnis die Hälfte des Schadens tragen müsste.

hemmer-Methode: Diese Lösung zu Lasten des Geschädigten korrigiert die ohne Haftungsbeschränkung gegebene Gesamtschuld zu einer Teilschuld des Drittschädigers.[279]

276 Hemmer/Wüst, Schadensersatzrecht II, Rn. 300.

277 Dazu oben Rn. 230 ff.

278 Medicus BR, Rn. 929.

279 Medicus, BR, Rn. 934.

Welches Lösungsmodell vorzugswürdig ist, wird unterschiedlich beantwortet. Oft wird differenziert zwischen gesetzlichen und vertraglichen Haftungsprivilegierungen.

II. Vertragliche Haftungsfreistellung

hemmer-Methode: Lernen Sie nach der Assoziationsmethode! Bei den Stichwörtern vertragliche Haftungsbegrenzung bzw. Freizeichnungsklausel sollten Sie immer auch an §§ 305 ff BGB denken. § 309 Nr. 7 BGB beschränkt die Begrenzungsmöglichkeiten für den Verwender.[280] Daneben sollte man auch §§ 276 III, 278 S. 2 BGB nicht übersehen. In einer Regressklausur lässt sich dieses zusätzliche Problem ohne weiteres unterbringen. Die Problematik der Regressbehinderung kann dann nur befriedigend erschlossen werden, wenn man als Vorprüfung die Grundsätze der §§ 305 ff BGB beherrscht.
Neben §§ 305 ff BGB und § 276 III BGB werden Haftungsmilderungen außerdem in anderen Vorschriften beschränkt bzw. verboten: § 651 h BGB, § 8 a II StVG, § 7 HPflG, § 14 ProdHaftG,

kein Vertrag zu Lasten Dritter

Entsteht die Regressbehinderung durch eine vertragliche Haftungsfreistellung, verbietet sich eine Lösung zu Lasten des Dritten. Der Geschädigte könnte den Dritten in vollem Umfang in Anspruch nehmen, ohne dass dieser die Möglichkeit des Regresses bei dem privilegierten Mitschädiger hätte. 333

Die Haftungsfreistellung hätte damit die Wirkung eines Vertrages zu Lasten Dritter. Sie schneidet dem Drittschädiger den gesetzlichen Rückgriffsanspruch nach § 426 I BGB ab. Verträge zu Lasten Dritter sind dem deutschen Recht aber fremd.[281]

Es verbleibt damit die Lösung über eine fingierte Gesamtschuld oder zu Lasten des Geschädigten über eine Kürzung seines Anspruchs um die Quote des privilegierten Gesamtschuldners. 334

hemmer-Methode: Das Problem der Regressbehinderung stellt sich hier nur bei einer Privilegierung vor Schadenseintritt. Soll einer der Gesamtschuldner durch ein nach der Entstehung des Anspruchs vorgenommenes Rechtsgeschäft privilegiert werden, so ist dieses Rechtsgeschäft nach § 423 BGB zu beurteilen.[282] Der Gläubiger kann die Regressansprüche gegen den von ihm nachträglich privilegierten Gesamtschuldner nicht verhindern, ohne selbst auf einen Teil seiner Forderungen zu verzichten.

1. Lösung des BGH

grds. fingierte Gesamtschuld

Grundsätzlich wirken Verträge nur „inter partes“. Die vertragliche Haftungsfreistellung regelt demnach nur das Verhältnis zwischen geschädigtem Gläubiger und privilegiertem Gesamtschuldner. Sie berührt aber weder das Innenverhältnis zu den übrigen Gesamtschuldnern noch deren Verpflichtung gegenüber dem Gläubiger. Dieser kann demnach die nicht privilegierten Gesamtschuldner in voller Höhe in Anspruch nehmen, die dann allerdings im Innenverhältnis von dem privilegierten Schuldner Regress fordern können. Grundsätzlich wählt der BGH damit den Weg über eine fingierte Gesamtschuld.[283] 335

280 Siehe dazu Palandt, § 11 AGBG, Rn. 34 ff.

281 BGHZ 58, 216, 220 = jurisbyhemmer.

282 Dazu Rn. 274.

283 BGHZ 58, 216, 220 = jurisbyhemmer.

Vertrag zu Gunsten Dritter

Zu einem anderen Ergebnis, also zur Kürzung des Anspruchs des Gläubigers, gelangt der BGH nur dann, wenn sich die Haftungsfreistellung im Einzelfall als Vertrag zu Gunsten Dritter in Gestalt eines pactum de non petendo auslegen lässt.[284] Dafür müssen aber im Einzelfall besondere Umstände vorliegen. Generell lässt sich die Freistellungsabrede nicht in diesem Sinne auslegen.[285] 336

2. Lösung der h.L.

völlige Freistellung beabsichtigt

Mit der Privilegierungsabrede wollte sich der Begünstigte von jeder Haftung freizeichnen. Wird er nun im Rahmen eines fingierten Gesamtschuldnerausgleichs in Anspruch genommen, so steht ihm seinerseits auf Grund der vertraglichen Haftungsfreizeichnung ein Rückgriffsanspruch gegen den Gläubiger zu. Dieser hat ihn mit der Privilegierung von jeder Haftung freigestellt.[286] 337

Haftungskreisel

Damit führt der fingierte Gesamtschuldnerausgleich des BGH zu einem „Haftungskreisel“. Der Geschädigte nimmt den nicht privilegierten Gesamtschuldner voll in Anspruch. Dieser nimmt über § 426 I BGB Regress beim privilegierten Gesamtschuldner, dem dann aber seinerseits in dieser Höhe ein Rückgriffsanspruch gegen den Geschädigten zusteht. Der Geschädigte darf damit letztlich nur den Betrag endgültig behalten, der der Quote des nicht privilegierten Gesamtschuldners entspricht. 338

Diesen umständlichen Weg des Haftungskreisels vermeidet die wohl herrschende Ansicht im Schrifttum, die dem Gläubiger von vornherein nur den um die Quote des privilegierten Gesamtschuldners gekürzten Anspruch zugesteht.[287] 339

grds. Lösung zu Lasten des Gläubigers

Der Gläubiger hat kein berechtigtes Interesse an der Lösung über eine fingierte Gesamtschuld, wenn er den vollen Betrag ohnehin nicht behalten darf. Dem stehen berechtigte Interessen des Privilegierten gegenüber, überhaupt nicht in Anspruch genommen zu werden. 340

So kann der Weg über eine fingierte Gesamtschuld für den privilegierten Schädiger riskant sein, da er nun das Liquiditätsrisiko des Geschädigten trägt. Die Haftungsfreistellung ist deshalb nach der h.L. stets oder jedenfalls in aller Regel nach § 133, 157 BGB so auszulegen, dass der Privilegierte weder von dem Geschädigten noch von einem Zweitschädiger in Anspruch genommen werden kann.[288] Dem Geschädigten steht deshalb von vornherein gegen den Zweitschädiger nur der um die Quote des Privilegierten gekürzte Anspruch zu.

hemmer-Methode: Die Lösung der h.L. entspringt Praktikabilitätserwägungen. Ein Regresskreisel soll vermieden werden. Die sofortige Kürzung des Anspruchs des Gläubigers ist der einfachere Weg. Ist dieser aber nicht gangbar, so greift auch die h.L. auf die Lösung des BGH über die fingierte Gesamtschuld und damit auf den Regresskreisel zurück.
Hat also beispielsweise der Geschädigte gegen den Zweitschädiger ein rechtskräftiges Urteil auf Zahlung der vollen Summe erwirkt, weil der Haftungsverzicht in dem Prozess von keiner Partei vorgetragen wurde, dann kann der Zweitschädiger von dem Privilegierten auch nach Ansicht der h.L. über § 426 I BGB Regress verlangen. Dem Privilegierten steht dann wiederum ein Ausgleichsanspruch gegen den Geschädigten zu.

284 BGHZ 58, 216, 220 = **juris**byhemmer; BGH NJW 1989, 2386, 2387 = **juris**byhemmer.

285 MüKo, § 426 BGB, Rn. 21.

286 Reinicke/Tiedtke, Gesamtschuld, S. 77.

287 Vgl. m.w.N. Reinicke/Tiedtke, Gesamtschuld, S. 78; Medicus, BR, Rn. 933.

288 Reinicke/Tiedtke, Gesamtschuld, S. 78, 79.

Die gestörte Gesamtschuld ist ein Problemfeld, bei dem Sie mit guter Argumentation jedes Ergebnis vertreten können. Teile des Schrifttums äußern z.B. grundsätzliche Bedenken gegen die Lösung der h.L. über eine Kürzung des Anspruchs des Geschädigten. Begründet wird dies damit, dass nach der Lösung der h.L. nun in einem Prozess zwischen Geschädigtem und Zweitschädiger die Quote des Privilegierten festgestellt werden muss. Dies sei aber eigentlich in einem Rechtsstreit zwischen den Schädigern zu klären.[289]

Bsp.: *F sieht am Straßenrand die Tramperin G stehen. Bevor er sie in seinem Wagen mitnimmt, lässt er sich allerdings einen Haftungsverzicht für jegliche Fahrlässigkeit unterschreiben. Kurze Zeit später kommt es tatsächlich aufgrund einer Unachtsamkeit des F zu einem Zusammenstoß mit dem S, der mit seinem Wagen mit überhöhter Geschwindigkeit in eine Kreuzung eingefahren ist. G wird bei dem Unfall verletzt. Sie verlangt den entstandenen Schaden in voller Höhe von 10.000,- € von S ersetzt.*[290]

Nach Ansicht des BGH steht ihr dieser Anspruch aus § 7 StVG, § 823 I, II BGB in vollem Umfang zu. Da keine besonderen Umstände vorliegen, ist nicht anzunehmen, dass der Haftungsverzicht ein pactum de non petendo zugunsten des S darstellt. Allerdings ist die G dem F ausgleichspflichtig, wenn dieser von S im Wege eines fingierten Gesamtschuldnerausgleichs in Regress genommen wird.

Nach Ansicht der h.L. steht G gegen S von vornherein nur ein um die Quote des F gekürzter Anspruch zu. Diese Quote bestimmt sich hier nach §§ 426 I, 254 BGB bzw. nach § 17 I S. 1 StVG. Geht man davon aus, dass der Verursacherbeitrag von F und S gleich hoch sind, steht F damit nur ein Anspruch in Höhe von 5.000,- € gegen S zu.

hemmer-Methode: Einer vertraglichen Haftungsfreistellung stellt der BGH die vertragliche Verkürzung der Verjährungsfrist gleich.[291] **Die Verkürzung wirkt also nur inter partes und ist ohne Einfluss auf den Ausgleichsanspruch des nicht privilegierten Gesamtschuldners. Dieser kann auch dann von dem Privilegierten Regress verlangen, wenn jener von dem Gläubiger aufgrund der Verjährung nicht mehr in Anspruch genommen werden kann. Nach wohl richtiger Ansicht bedarf es aber nicht der Begründung über die Grundsätze der gestörten Gesamtschuld, um zu diesem Ergebnis zu gelangen.**
Vielmehr ist die vertragliche Verkürzung der Frist dem Fall gleichzustellen, in dem bereits kraft Gesetzes für einen der Gesamtschuldner eine kürzere Verjährungsfrist gilt.[292] **Hier ist anerkannt, dass diese kurze Verjährung im Außenverhältnis zum Gläubiger das Innenverhältnis der Gesamtschuldner unberührt lässt.**[293]

III. Gesetzliche Haftungsfreistellung

zunächst zu Lasten des Dritten

Gesetzliche Haftungsprivilegierungen können anders als vertragliche auch zu Lasten eines Dritten Wirkung entfalten und diesem an sich gegebene Ausgleichsansprüche gegen den Freigestellten versagen.[294] Eine solche Lösung zu Lasten des nicht privilegierten Dritten, wurde auch vom BGH zunächst vertreten. Der Geschädigte konnte den Dritten in vollem Umfang in Anspruch nehmen, ohne dass diesem Ausgleichsansprüche gegenüber dem Privilegierten zustanden.[295] 341

289 MüKo, § 426 BGB, Rn. 21.

290 BGHZ 12, 213 ff. = jurisbyhemmer; Medicus, BR, Rn. 928.

291 BGHZ 58, 216 = jurisbyhemmer.

292 Reinick/Tiedtke, Gesamtschuld, S. 91, 92.

293 Siehe oben 290 ff.

294 MüKo, § 426 BGB, Rn. 23.

295 BGHZ 19, 114, 120 = jurisbyhemmer; BGH, NJW 1967, 982.

Diese Lösung wurde jedoch vom BGH selbst als unbillig empfunden.[296] In der Folgezeit löste er das Problem der gestörten Gesamtschuld im Rahmen gesetzlicher Haftungsprivilegierungen zum Teil über eine fingierte Gesamtschuld,[297] zum Teil über eine Kürzung des Anspruchs des Gläubigers um die Quote, die im Innenverhältnis auf den privilegierten Gesamtschuldner entfällt.[298] Letzteren Lösungsweg wählte der BGH vor allem bei Haftungsprivilegierungen i.R.d. Arbeitsrechts.[299] *342*

h.L.: Kürzung des Anspruchs

Die h.L. bevorzugt hier wie auch i.R.d. vertraglichen Haftungsprivilegierungen eine Kürzung des Anspruchs des Berechtigten. *343*

Neu aufgeflammt ist die Diskussion um die gestörte Gesamtschuld aufgrund der Entscheidung des BGH zu folgendem Fall:[300] *344*

Der dreijährige G erlitt beim Rutschen auf einem städtischen Spielplatz schwere Körperverletzungen. Zurückzuführen war dieser Unfall sowohl auf eine Unaufmerksamkeit des Vaters (V) des G, als auch darauf, dass die Sicherheitsvorkehrungen an der Rutschbahn nicht den allgemeinen Anforderungen entsprachen. G verlangt von der Stadt Schadensersatz in voller Höhe.

Ein vertragliches Benutzungsverhältnis oder ein sonstiges vertragliches Schuldverhältnis ist zwischen G und der Stadt nicht begründet worden.

Voraussetzung dafür wäre ein besonderes Näheverhältnis zwischen Bürger und Stadt, das Anlass zu einer gesteigerten Rechts- und Pflichtenstellung gibt, die über die allgemeinen deliktischen Pflichten hinausgeht.[301] Durch die Benutzung eines allgemein zugänglichen Spielplatzes entsteht aber genauso wenig ein solches enges Verhältnis des Benutzers zur Stadt, wie durch die Benutzung städtischer Straßen. Allerdings haftet die Stadt wegen Verletzung der ihr obliegenden Verkehrssicherungspflichten nach § 823 I BGB.[302]

Fraglich ist damit allein der Umfang der Schadensersatzverpflichtung der Stadt. Der Anspruch des G könnte nämlich aufgrund des Mitverschuldens seines Vaters zu kürzen sein. Eine Mitverschuldenszurechnung nach §§ 254 II S. 2, 278 BGB scheidet freilich aus. Voraussetzung dafür wäre nämlich, dass schon im Augenblick des Unfalls eine schuldrechtliche Sonderbeziehung zwischen G und S bestanden hätte.[303]

Allerdings ist an eine Kürzung des Anspruchs des G nach den Grundsätzen der gestörten Gesamtschuld zu denken. V kann sich nämlich gegenüber G auf die Haftungsprivilegierung der §§ 1664, 277 BGB berufen und ist diesem deshalb nicht schadensersatzpflichtig.

hemmer-Methode: Die Anwendbarkeit des § 1664 BGB auf deliktische Ansprüche des Kindes gegen seine Eltern wegen Verletzung der Aufsichtspflicht wird zum Teil bestritten. Begründet wird diese damit, dass § 1664 BGB eine Sonderbestimmung ist, die die besondere Abhängigkeit des Kindes gegenüber den Eltern außer Acht lässt, so dass eine restriktive Auslegung und Beschränkung auf die Anspruchsgrundlage des § 1664 BGB geboten ist.[304] Schon aus klausurtaktischen Gründen empfiehlt es sich hier aber, das Haftungsprivileg des § 1664 BGB auch auf deliktische Ansprüche zu erstrecken, da andernfalls das Problem der gestörten Gesamtschuld entfällt. Ihre Lösung wäre dann zwar juristisch vertretbar, Sie hätten aber dennoch leichtfertig die Möglichkeit verspielt, weitere „Punkte zu sammeln"!

---

296 BGH NJW 1967, 982, 983.

297 BGHZ 35, 317, 325 = **juris**byhemmer.

298 BGHZ 51, 37 ff. = NJW 1969, 236; BGH, NJW 1973, 1648 = **juris**byhemmer; BGH, NJW 1987, 2669 = **juris**byhemmer.

299 Ausführlich dazu unten Rn. 346 ff.

300 Nach BGH, NJW 1988, 2267 = BGHZ 103, 338; JuS 1991, 18.

301 BGH, NJW 1988, 2267, 2268.

302 BGH, NJW 1988, 2267, 2268.

303 Palandt, § 254 BGB, Rn. 48.

304 MüKo, § 1664 BGB, Rn. 2, 6; Palandt, § 1664 BGB, Rn. 2.

Beachten Sie aber, dass §§ 1664, 277 BGB keinesfalls eine grundsätzliche Beschränkung der Haftung auf grobe Fahrlässigkeit darstellen. § 277 BGB stellt vielmehr in Abweichung von § 276 BGB einen subjektiven Verschuldensmaßstab auf. Verschuldensmaßstab ist das gewohnheitsmäßige Verhalten und die Veranlagung des Handelnden. Verfährt der Handelnde in eigenen Angelegenheiten besonders sorgfältig, so haftet er auch i.R.d. § 277 für die erforderliche Sorgfalt i.S.d. § 276 I S. 2 BGB.

Nach Ansicht des BGH ist eine solche Anspruchskürzung im Falle des § 1664 BGB aber nicht vorzunehmen. In den Fällen des § 1664 BGB hat der Mitschädiger einen Schaden schon gar nicht zurechenbar gesetzt. An der Zurechenbarkeit fehlt es, wenn und solange die Pflichtverletzung nicht über die eigenübliche Sorgfalt hinausgeht bzw. sich nicht als grobfahrlässig darstellt, § 277 BGB. Unterhalb dieser Schwelle besteht keine Verantwortung des Elternteils für die Setzung eines Schadensbeitrags. Damit wächst der privilegierte Mitschädiger schon gar nicht in die Regelung des § 840 I BGB hinein. Es fehlt schon an den Grundlagen für ein Gesamtschuldverhältnis. Scheitert ein Ausgleich zwischen Mitschädigern bereits am Fehlen einer zurechenbaren Mitbeteiligung des Ausgleichsschuldners, so ist das die Folge des Ausgleichssystems, die i.R.d. Deliktshaftung grundsätzlich allen Schädigern zugemutet wird. Dieses Ergebnis stellt auch keine unbillige Sonderbelastung des Schädigers dar, da auch bei vergleichbaren Fällen, wie z.B. der Deliktsunfähigkeit des Mitschädigers, ein Ausgleich ausscheidet.

hemmer-Methode: Diese BGH-Begrifflichkeit verwirrt: Wegen des Haftungsausschlusses entsteht keine Gesamtschuld! Dies ist aber ja gerade Voraussetzung für die Konstellation der gestörten Gesamtschuld. Gegen die Lösung des BGH spricht zudem, dass kein Grund besteht zwischen den verschiedenen Arten der Haftungsprivilegierung zu differenzieren.[305] Für die Ansicht des BGH sprechen vor allem Wertungsgesichtspunkte. Nach der Lösung der h.M. würde das geschädigte Kind bei einem Verhalten seiner Eltern, das als leicht fahrlässig die Schwelle des § 277 BGB noch nicht erreicht hat, eine Kürzung seines Ersatzanspruchs hinnehmen müssen, bei groben Verschulden seiner Eltern dagegen nicht. Ein nach Ansicht des BGH schwerlich einleuchtendes Ergebnis.[306] Allerdings entspricht dieses Ergebnis gerade der typischen Risikoverteilung der Haftungsprivilegierung. Wäre der Vater Alleinschädiger, hätte das Kind bei leichter Fahrlässigkeit überhaupt keinen Anspruch, während ihm bei grober Fahrlässigkeit ein voller Anspruch zustünde.

Nach dem BGH scheidet auch eine Fiktion eines gesamtschuldnerischen Innenausgleichs aus: Der Schädiger darf nicht von einem Teil seiner Haftungslast befreit werden, nur weil der Mitschädiger an dieser Schädigung beteiligt war, aber keinen zurechenbaren Beitrag geleistet hat. Zudem würde eine solche Lösung in der Mehrzahl der Fälle letztlich auf Kosten des geschädigten Kindes gehen.

Der BGH bejaht also letztlich eine volle Inanspruchnahme der S, ohne dass dieser Rückgriffsansprüche gegen den V zustünden.

hemmer-Methode: Letztlich steht hinter der Entscheidung des BGH für die volle Inanspruchnahme des Zweitschädigers ohne Regressmöglichkeit eine Privilegierung der Familienmitglieder und die Absicht der Erhaltung des Familienfriedens. Dieser wäre bei einer Kürzung des Anspruchs gleichermaßen gefährdet wie bei einer Lösung über eine fingierte Gesamtschuld. Der BGH versteht damit § 1664 auch als Schutznorm für die gesamte Familie gegen Ansprüche Dritter.[307] Hinzu kommt wohl auch, dass Anspruchsgegner eine Körperschaft des öffentlichen Rechts ist, die die volle Inanspruchnahme eher „verschmerzen“ kann als eine Privatperson, zumal sie i.d.R. auch noch bei ihrer Haftpflichtversicherung Rückgriff nehmen kann.

305 Hager, NJW 1989, 1640, 1644.

306 BGH, NJW 1988, 2267, 2269.

307 Hager. NJW 1989, 1640, 1647.

BGH i.R.d. § 1664 zu Lasten des Zweitschädigers

Der BGH vertritt nun also i.R.d. § 1664 BGB (wieder) eine Lösung zu Lasten des Zweitschädigers. 345

Es ist anzunehmen, dass er im Bereich des § 1359 BGB ebenso entscheiden würde.[308] Die h.L. billigt zwar zum Teil den vom BGH beabsichtigten Schutz der Familie, lehnt die Entscheidung aber aufgrund ihrer dogmatischen Ungereimtheiten weitgehend ab und tendiert weiter zu einer Kürzung des Anspruchs des Berechtigten.[309]

hemmer-Methode: Die Unterschiede zwischen BGH und h.L. sind dennoch nicht so groß, wie sie auf den ersten Blick erscheinen. Zum einen sind die Haftungsbeschränkungen der §§ 1359, 1664 BGB nicht im Straßenverkehr anwendbar, da dort kein Raum für individuelle Sorgfalt ist.[310] Wer unter Verstoß gegen die Verkehrsvorschriften bei der Teilnahme am allgemeinen Straßenverkehr seinen Ehegatten an der Gesundheit oder im Eigentum schädigt, kann sich nicht auf den Sorgfaltsmaßstab des § 1359 BGB berufen, also nicht geltend machen, dass er gewöhnlich in dieser Weise zu fahren und Verkehrsvorschriften zu missachten pflege.

Diese Erwägungen gelten auch bei einem Unfall mit einem motorgetriebenen Wasserfahrzeug von vergleichbarer Gefährlichkeit, dessen Betrieb eine Lizenz erfordert. Auch wenn es sich um die gemeinsame Ausübung von Freizeitsport i.R.d. ehelichen Lebensgestaltung handelt, kommt mithin auch bei einem solchen Unfall eine Haftungsmilderung nach § 1359 BGB nicht in Betracht. Demgemäß ist die Verantwortlichkeit eines Ehegatten nach dem strengeren Haftungsmaßstab des § 276 BGB zu beurteilen.[311]

In einer Vielzahl von Fällen kommt es somit gar nicht erst zur Situation der gestörten Gesamtschuld.

Zum anderen rechnet der BGH das Mitverschulden eines gesetzlichen Vertreters bzw. eines Erfüllungsgehilfen nach §§ 254 II S. 2, 278 BGB auch im Rahmen eines deliktischen Anspruchs zu, wenn zugleich eine schuldrechtliche Sonderverbindung besteht. Damit ist der Anspruch des Geschädigten ohnehin zu kürzen, so dass kein unbilliges Ergebnis entsteht, das über die Grundsätze der gestörten Gesamtschuld zu lösen wäre. Als solche schuldrechtliche Sonderverbindung lässt der BGH auch einen Vertrag mit Schutzwirkung genügen. Wer die Vorteile einer solchen Schutzwirkung beansprucht, muss sich auch an deren Nachteilen festhalten lassen.[312]

In der Literatur wird dieses Ergebnis zumeist abgelehnt. Der Dritte stünde damit aufgrund des Vertrages mit Schutzwirkung schlechter als ohne.[313]

Im Examen ist es nicht erforderlich, dass Sie alle Einzelheiten zur gestörten Gesamtschuld im Kopf haben. Es genügt, wenn Sie die drei verschiedenen Lösungsmöglichkeiten und ihre jeweiligen Probleme aufzeigen können. Wichtiger als das „richtige" Ergebnis – das es in dieser Absolutheit meist ohnehin nicht gibt – ist der Weg und die Begründung, wie sie zu diesem Ergebnis gelangen.

---

308 Medicus, BR, Rn. 932.

309 M.w.N. Medicus, BR, Rn. 933; Hager, NJW 1989, 1640, 1646, 1647.

310 BGHZ 46, 313 ff. = **juris**byhemmer; vgl. Palandt, § 1359 BGB, Rn. 2; kritisch Medicus, BR, Rn. 930. Das OLG Bamberg verlangt dafür allerdings, dass sich der Unfall bei Teilnahme am motorisierten Straßenverkehr ereignet hat; demgegenüber soll § 1664 BGB doch wiederum gelten, wenn eine Mutter mit ihrem Kind eigenüblich sorglos die Straße überquert und das Kind dabei einen Schaden erleidet, Life&Law 2012, 642 ff.; ein wenig überzeugendes Urteil, weil man gerade als Fußgänger in besonderem Maße auf das Wohl des Kindes zu achten hat.

311 BGH, Life&LAW 2009, Heft 7, 498 = NJW 2009, 1875 f. = **juris**byhemmer = LNR 2009, 13252.

312 BGH, NJW 1968, 1323.

313 Medicus, BR, Rn. 871.

Wegen der großen Examensrelevanz noch ein aktuelles Beispiel aus der Rechtsprechung des BGH[314].

Leitsatz:

„Die von der unterhaltspflichtigen Mutter erbrachten Pflegeleistungen für ein durch einen Unfall geschädigtes Kind lassen auch dann dessen Anspruch gegen den Schädiger wegen vermehrter Bedürfnisse gem. § 843 BGB unberührt, wenn bei dem Unfall eine Verletzung der Obhutspflicht durch die Mutter mitgewirkt hat."

Grds.: keine Vorteilsanrechnung

Vorliegend geht es um die ganz typische Konstellation der Erbringung von Pflegeleistungen durch die Eltern gegenüber dem verunfallten Kind und die Konsequenzen für die Ersatzpflicht des Schädigers. Entsprechend dem Gedanken des § 843 IV BGB wird eine Kürzung nicht vorgenommen (Sound: „Keine Vorteilsanrechnung, da unbillige Entlastung des Schädigers"). Dies ist unstreitig.

Problem: Gesamtschuld wegen echten Mitverschuldens?

Wenn indes die Mutter selbst durch eine Verletzung ihrer Obhutspflicht mit zur Schädigung beigetragen hat, erscheint die Thematik in einem anderen Licht: damit beschäftigt sich der BGH in der vorliegenden Entscheidung.

Entscheidungsgründe: Der Unfallverursacher steht auf dem Standpunkt, er und die Mutter seien Gesamtschuldner. Die Mutter habe durch ihre Pflegeleistungen zur Erfüllung des Schadensersatzanspruchs des Kindes beigetragen, § 362 I BGB, was aufgrund der gegenseitigen Tilgungswirkung gem. § 422 BGB auch dem Unfallverursacher zugute komme.

Dem tritt der BGH mit dem Argument entgegen, die Pflegeleistungen beruhten nicht auf einer etwaigen Verantwortlichkeit der Mutter hinsichtlich des Unfalls, sondern resultierten einzig und allein aus der – unabhängig davon – bestehenden Unterhaltspflicht gegenüber dem Kind. Die Erfüllungswirkung bei Leistung auf eine Gesamtschuld komme daher nicht in Betracht.

(-) bzgl. Unterhaltspflicht, da keine Gleichartigkeit

Es fehle im Übrigen für die Annahme einer Gesamtschuld schon an der Gleichheit der schuldeten Leistungen. Unterhalt könne auf Naturalleistung gehen, während der Anspruch aus § 843 I BGB auf eine Geldrente gerichtet sei.

Ebenso fehle es an der Gleichstufigkeit, der Unterhaltsanspruch sei subsidiär. § 843 IV BGB wolle verhindern, dass Unterhaltsleistungen dem Schädiger zugute kommen. Eine Gesamtschuld liege daher nicht vor (wird ausgeführt....).

hemmer-Methode: Dies ist völlig überzeugend. Beachten Sie, dass die obige Argumentation nur für das Vehältnis „deliktische Haftung / Unterhaltspflicht" gilt, also letztlich für alle Fälle, in denen unabhängig von einer Mitverursachung des Unfalls durch die Eltern Pflegeleistungen erbracht werden. Die nun folgende Argumentation betrifft die deliktische Verantwortlichkeit der Mutter und die Diskussion, ob nicht insoweit eine gesamtschuldnerische Verantwortlichkeit besteht.

Darüber hinaus kann nach Ansicht des BGH die Frage nach einer delitkischen Verantwortlichkeit offen bleiben, da ein solcher Anspruch des Kindes gegen die Mutter nicht durchsetzbar wäre. Nach höchstrichterlicher Rechtsprechung kann es treuwidrig sein, gegen einen familienangehörigen Schädiger deliktische Ansprüche durchzusetzen.

314 BGH NJW 2004, 2892 ff. = jurisbyhemmer.

Leben Angehörige in häuslicher Gemeinschaft, so entspricht es deren ideeller und wirtschaftlicher Verbundenheit, dass eine Inanspruchnahme für fahrlässiges Verhalten insoweit zu unterbleiben hat, als öffentliche Versicherungsleistungen den Schaden auffangen.

hemmer-Methode: Reine Wertungsebene. Wie so oft bewegt sich der BGH zur Erreichung seines Zieles jenseits dogmatischer Hürden. Hier arbeitet er mit der „Keule" der Treuwidrigkeit.

Hilfsweise rettet sich der BGH mit dem hier relevanten Examensklassiker aus der Affäre. Für die Mutter könnte nämlich selbst bei angenommener deliktischer Verantwortlichkeit die Privilegierung des § 1664 BGB in Betracht kommen. BGH: „Lägen die Voraussetzungen dieser Vorschrift vor, fehlte schon die Mithaftung i.S.d. § 840 I BGB und damit die erforderliche Grundlage für ein Gesamtschuldverhältnis, das gestört werden könnte. Von dieser Rechtsprechung abzugehen, sieht der erkennende Senat vor dem Hintergrund der hiergegen in der Literatur geäußerten Bedenken...keinen Anlass."

hemmer-Methode: Das ist es wieder, das in der Literatur so stark kritisierte Argument des BGH: „wegen der Haftungsprivilegierung wachse die Mutter schon gar nicht in die gestörte Gesamtschuld hinein". Dabei ist ja gerade Voraussetzung für die Störung der Gesamtschuld das Bestehen eine Haftungsprivilegs. Ohne dieses läge ja eine „normale" Gesamtschuld vor. Der BGH beschäftigt sich hier mit keinem Satz mit der Literaturkritik, was es erlaubt, diese Rechtsprechung als sehr „gefestigt" zu bezeichnen.

IV. Gestörte Gesamtschuld im Arbeitsrecht[315]

Das Arbeitsrecht bietet gerade im Bereich der gestörten Gesamtschuld etliche relevante Fallkonstellationen für anspruchsvolle Regressklausuren. 346

hemmer-Methode: Arbeitsrecht ist in vielen Bundesländern Prüfungsstoff beider Staatsexamina. Durch die eigene Gerichtsbarkeit und die Vielzahl spezialgesetzlicher Regelungen außerhalb des BGB hat sich das Arbeitsrecht stark verselbständigt und ist einem ständigen Wandel unterworfen. Vor allem im 2. Staatsexamen werden mitunter sehr tiefgehende Detailkenntnisse erwartet.
Als Student bzw. Referendar laufen Sie Gefahr, dass Sie sich durch Ihr (hart erarbeitetes) Einzelfallwissen den Blick auf die grundlegenden Probleme des Falles verstellen. Auch in der arbeitsrechtlichen Klausur werden nämlich immer wieder allgemeine zivilrechtliche Probleme abgefragt. Wenn Sie Arbeitsrecht lernen, sollten Sie dies immer mit Bezug auf die allgemeinen Zivilrechtskenntnisse tun.

1. Ausgleich mit dem nach §§ 104, 105 SGB VII privilegierten Schädiger

geschützter Personenkreis der gesetzl. Unfallversicherung

In der gesetzlichen Unfallversicherung (SGB VII[316]) sind u.a. Personen, die aufgrund eines Arbeits-, Dienst- oder Lehrverhältnisses beschäftigt sind, gegen die Folgen von Arbeitsunfall und Berufsunfähigkeit versichert. Im Unterschied zu den anderen Zweigen der Sozialversicherung (Kranken-, Pflege-, Arbeitslosen- und Rentenversicherung) trägt der Arbeitgeber in der Unfallversicherung die Beitragslast allein. 347

315 Vgl. zu aktuellen Tendenzen in der Rechtsprechung die im Folgenden geschilderten Fallgestaltungen sowie bei Interesse Wlatermann, NJW 2004, 901 ff.

316 In den wesentlichen Bestimmungen abgedruckt in dtv-Beck Arbeitsgesetze.

Haftungsprivileg des Arbeitgebers

Vor diesem Hintergrund ist die Haftungsprivilegierung des Arbeitgebers gegenüber seinem Arbeitnehmer durch § 104 SGB VII zu sehen. Wenn der Arbeitgeber schon die Vorsorgelast gegen Arbeitsunfälle alleine tragen muss, so soll er auch davon profitieren, wenn er selbst einmal den Arbeitsunfall verschuldet hat.[317] Für nicht vorsätzlich herbeigeführte Personenschäden aufgrund eines Arbeitsunfalls haftet der Arbeitgeber dem Arbeitnehmer nicht. 348

auch indirekt über § 105 SGB VII

§ 105 SGB VII dehnt die Privilegierung des § 104 SGB VII auf die im selben Betrieb tätigen Personen aus. Damit knüpft § 105 SGB VII nicht an den Begriff der „Betriebsangehörigen" an. Es genügt nunmehr auch für den Unfallverursacher, dass er im Zeitpunkt des Unfallgeschehens „wie" ein Beschäftigter (§ 2 II i.V.m. § 2 I Nr. 1 SGB VII) für das Unfallunternehmen tätig geworden ist. Damit soll der innerbetriebliche Frieden gesichert werden. 349

Außerdem wird indirekt wiederum der Arbeitgeber vor Zahlungsansprüchen geschützt. Über die Grundsätze des innerbetrieblichen Schadensausgleichs[318] könnte nämlich der schädigende Arbeitnehmer möglicherweise einen Freistellungsanspruch gegen den Arbeitgeber geltend machen.

„Versicherungsfall" als Oberbegriff

Der Kreis der versicherten Personen wird in §§ 2 ff. SGB VII erfasst. Das SGB VII spricht vom „Versicherungsfall", der Oberbegriff des Arbeitsunfalls und der Berufskrankheit ist (§§ 7 ff. SGB VII). Geblieben ist es auch beim Ausschluss des Schmerzensgeldanspruchs unter Arbeitgeber und Arbeitnehmer, der seit jeher kritisiert wird.[319]

§ 104 SGB VII für Unternehmer

Der Haftungsausschluss zu Gunsten des Unternehmers gem. § 104 SGB VII greift weiterhin nicht im Falle der vorsätzlichen Herbeiführung des Versicherungsfalles. Der zweite Ausnahmetatbestand, die „Teilnahme am allgemeinen Verkehr", wurde allerdings wesentlich geändert. Statt an dieses seit jeher nicht griffige Tatbestandsmerkmal knüpft das Gesetz nun an den in § 8 II Nrn. 1 bis 4 SGB VII definierten Wegeunfall an.

Regress der Berufsgenossenschaft

Regressprobleme zwischen dem Sozialversicherungsträger (i.d.R. die Berufsgenossenschaft) und dem Arbeitgeber bzw. schädigenden Arbeitskollegen gibt es meist nicht. Denn § 110 SGB VII eröffnet den Rückgriff nur bei vorsätzlicher und grob fahrlässiger Herbeiführung des Arbeitsunfalls. 350

beim Drittschädiger

Interessante Rechtsprobleme werfen aber diejenigen Fälle auf, in denen neben dem privilegierten Schädiger noch eine dritte Person für den Schaden haftet. 351

Dazu der folgende Fall:[320]

> **Fall:** *Friseurmeister S fährt mit seiner Auszubildenden G im Auto zu einer seiner Filialen. Infolge leichter Fahrlässigkeit seinerseits stößt er mit der Straßenbahn der Stadt D zusammen. G wird schwer verletzt. Die Berufsgenossenschaft B hatte anfänglich die Leistung verweigert, weil sie der Ansicht war, der Unfall ereignete sich bei der Teilnahme am allgemeinen Verkehr. Das zuständige Sozialgericht hat auf Klage der G aber rechtskräftig entschieden, dass ein Arbeitsunfall vorlag und B daher leisten musste. Nachdem B gezahlt hat, möchte sie nun bei S oder D Regress nehmen. Mit welchen Erfolgsaussichten?*

Arbeitgeber S hat den Unfall verschuldet. Somit stellt sich zunächst die Frage nach einem Rückgriff bei diesem. Ansprüche der G gegen S gehen grundsätzlich gemäß § 116 SGB X auf die Berufsgenossenschaft B über.

317 BGH, NJW 1973, 1648 = **juris**byhemmer; BGH, NJW 1987, 2669 = **juris**byhemmer.

318 Siehe dazu Hemmer/Wüst/Krick, Arbeitsrecht, Rn. 634, 641.

319 Zur verfassungsrechtlichen Rechtfertigung: BVerfGE 31, 212, 218 ff. = **juris**byhemmer; E 85, 176, 184 ff. = **juris**byhemmer.

320 Nach BGHZ 51, 37 ff. = NJW 1969, 236.; siehe auch Medicus, BR, Rn. 934.

Eine solche cessio legis bzgl. des Personenschadens der G scheidet jedoch aus, wenn die Haftungsprivilegierung des § 104 SGB VII zugunsten des S greift (vgl. § 104 I S. 2 SGB VII).

Bei dem Unfall auf dem Weg zwischen den Filialen handelt es sich nicht um einen Wegeunfall i.S.d. § 8 II Nr. 1 bis 4 SGB VII, sondern um einen Arbeitsunfall i.S.d. § 8 I 1 SGB VII (sog. Betriebs- oder Arbeitsweg), da G im tätigkeitsbezogenen Gefahrenbereich ihres Arbeitsverhältnisses geschädigt wurde. Folglich kommt S in den Genuss der Haftungsprivilegierung.

Zwischenergebnis: Gegenüber S scheiden Rückgriffsansprüche aus.

Zu klären bleibt, ob gegen die Stadt D ein Regressanspruch besteht. Die Stadt D haftet aufgrund des § 1 I HPflG[321] für Schäden, die beim Betrieb einer Schienenbahn entstehen unter dem Gesichtspunkt der Gefährdungshaftung. Im Innenverhältnis der Schädiger würde D an sich durch § 17 IV StVG als eine anderweitige Bestimmung i.S.d. § 426 I 1 BGB völlig freigestellt werden. S müsste aufgrund seines überwiegenden Verschuldens alleine haften. Wegen seiner Haftungsprivilegierung (§ 104 SGB VII) haftet S aber überhaupt nicht, es fehlt also am Gesamtschuldverhältnis, das § 840 BGB sonst anordnen würde, und damit am regressbegründenden Innenverhältnis zwischen D und S.

Im nächsten Prüfungsschritt ist zu untersuchen, ob sich der B aus übergeleitetem Recht (§ 116 SGB X) Regressmöglichkeiten gegen D eröffnen. Der G standen dem Grunde nach Schadensersatzansprüche gegen D aus § 1 I HPflG zu, die nach Leistung der B gemäß § 116 SGB X auf die B übergegangen wären. Die Frage ist, in welcher Höhe sie der G zustanden.

Hier sind wir wieder beim Kernproblem des gestörten Gesamtschuldnerausgleichs angelangt: Wen soll die Haftungsprivilegierung des einen Schädigers im Dreiecksverhältnis G-S-D endgültig belasten, wem zugute kommen?

Die Lösung zu Lasten des privilegierten Schädigers S durch die Fiktion eines Gesamtschuldverhältnisses zwischen S und D hat der BGH in der zitierten Entscheidung abgelehnt. Sie wäre mit dem Sinn des § 104 SGB VII nicht zu vereinbaren. Der Arbeitgeber hat für den Fall der Schädigung Vorsorge durch die Beitragszahlung zur Sozialversicherung geleistet und darf nun nicht nochmals belastet werden.

Ohne die Haftungsfreistellung durch § 104 SGB VII hätte S im Verhältnis zu D den Schaden andererseits alleine tragen müssen. Ein Regress der B zu Lasten der D muss daher im Ergebnis ebenfalls ausscheiden.

Der BGH entscheidet sich mittlerweile für die folgende Lösung: Ist ein Arbeitsunfall durch den Arbeitgeber oder einen Arbeitskollegen und einen nicht durch §§ 104, 105 SGB VII haftungsbegünstigten Zweitschädiger verursacht worden, beschränkt sich der Ersatzanspruch des Geschädigten auf den Verantwortungsteil des Zweitschädigers.[322]

Da die D im Innenverhältnis zu S völlig freigestellt ist, steht der G überhaupt kein Anspruch gegen die D zu. Damit kann auch auf die B von vornherein kein Anspruch gegen den Zweitschädiger übergehen. Sie rückt über § 116 SGB X in die Rechtsposition der G nach und muss daher die Folge der Haftungsprivilegierung des S tragen. Die Lösung des gestörten Gesamtschuldnerausgleichs zu Lasten des Geschädigten ist im Bereich des § 104 SGB VII konsequent durchgeführt worden.[323]

Diese „konsequente Durchführung“ der Lastenverteilung erscheint auf den ersten Blick als unbillig. Trotzdem ist diese Rspr. nachvollziehbar, da sie im Ergebnis nicht zu Lasten der Geschädigten G, sondern zu Lasten des Sozialversicherungsträgers B geht. Die B hat damit im Ergebnis auch keine Regressmöglichkeit gegen die D.

321 Abgedruckt im Schönfelder unter Nr. 33.

322 Palandt, § 426 BGB, Rn. 23.

323 Medicus, BR, Rn. 934; BGHZ 110, 114 (117) = **juris**byhemmer.

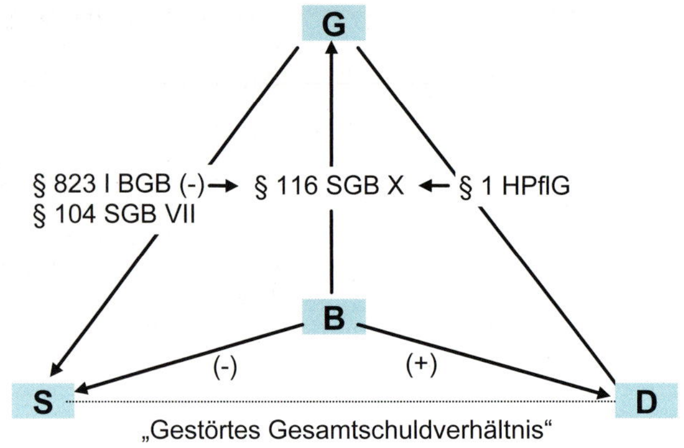

Abwandlung: *Holt der S dagegen die Auszubildende G morgens auf dem Weg zur Arbeit von zu Hause ab und nimmt sie mit ins Geschäft, ist das ein Wegeunfall nach § 8 II Nr. 2 b) SGB VII, für den der Haftungsausschluss wegen § 104 I 1 SGB VII nicht gilt.*

Die G genießt hier Versicherungsschutz, da es sich um einen Versicherungsfall handelt. Ansprüche nach anderen gesetzlichen Vorschriften zum Ersatz des Personenschadens stehen ihr dem Grunde nach weiterhin zu. Da S den Unfall schuldhaft verursacht hat, haftet er der G also selbst nach §§ 823 I, 253 II BGB bzw. §§ 7, 11 StVG.

Die G muss sich allerdings die Leistungen der Berufsgenossenschaft auf ihre Ansprüche anrechnen lassen (§ 104 III SGB VII, früher: § 636 I 2 RVO). Solange sie diese Leistungen nicht erhalten hat, verbleibt der Anspruch aber bei ihr. § 116 SGB X, der den Anspruch bereits im Entstehungszeitpunkt überleiten würde,[324] findet gemäß der neuen Regelung des § 104 I 2 SGB VII keine Anwendung.

S schuldet der G im Wesentlichen also nur Schmerzensgeld, das wegen der Nichtanwendbarkeit des § 104 I 1 SGB VII nicht ausgeschlossen ist.

2. Vertiefungsfall aus der Rechtsprechung

Aufgrund der großen Examensrelevanz soll an dieser Stelle eine weitere, ebenfalls nicht einfache Konstellation aufgezeigt werden, die seitens des BGH[325] Ende 2003 entschieden wurde.

Sachverhalt (verknappt): *S arbeitet bei der W-GmbH, einem Tochterunternehmen der B. Die B betreibt mehrere Kliniken. Die W-GmbH führt dort die Müllentsorgung durch.*

S wollte einen in einer Klinik stehenden Müllsack wegräumen. Dabei verletzte er sich an einer ungeschützten Spritze, die von V, einem Klinikmitarbeiter, in den Müllsack gesteckt wurde, und infizierte sich mit Hepatitis C. S verlangt von B Schadensersatz. Zu Recht?

S gegen V aus § 823 I BGB (-) wegen §§ 106 III 3. Alt, 105 SGB VII

Problemaufriss: S könnte zunächst versuchen, gegen den unmittelbaren Schadensverursacher V vorzugehen. Als Anspruchsgrundlage käme hier § 823 I BGB in Betracht. Allerdings entfällt die Haftung des V wegen § 106 III 3.Alt., 105 SGB VII. Denn V und S sind Mitarbeiter verschiedener Unternehmen, die an einer gemeinsamen Betriebsstätte tätig sind (Klinik). Daher ist die Haftung des V genauso ausgeschlossen als wäre er ebenfalls bei der W-GmbH beschäftigt (direkte Anwendung des § 105 SGB VII).

324 Siehe oben Rn. 137 f.

325 BGH NJW 2004, 1590 ff.

S gegen B aus § 831 BGB ?

Lösung: Ein Anspruch gegen B könnte sich aus § 831 BGB ergeben. V ist Verrichtungsgehilfe des B. B haftet daher für das Fehlverhalten des V aufgrund eines vermuteten Auswahlverschuldens. Für eine Exkulpation gem. § 831 I S. 2 BGB lassen sich im Sachverhalt keine Anhaltspunkte finden.

Haftungsausschluss gem. § 104 SGB VII (-)

Der Anspruch könnte indes ausgeschlossen sein, wenn zugunsten des B eine Haftungsprivilegierung eingreift. In Betracht käme § 104 SGB VII. Diese Vorschrift scheitert allerdings. Nach Ansicht des BGH ist B trotz wirtschaftlicher Verflechtungen nicht mit der W-GmbH gleichzusetzen. Es handelt sich juristisch betrachtet um verschiedene Unternehmen. Daher ist S bei der W-GmbH, nicht aber bei B beschäftigt. S wird also nicht im Unternehmen des B tätig, was aber Voraussetzung für die Einschlägigkeit des § 104 SGB VII wäre.

§ 106 III 3. Alt SGB VII ebenfalls (-)

Auch § 106 III 3. Alt SGB VII hilft hier nicht weiter. Die Vorschrift gilt nach Ansicht des BGH nicht für den B, der selbst nicht auf der Betriebsstätte tätig war, sondern nur für die Mitarbeiter der B (wie hier den V).

hemmer-Methode: Anders ist dies allerdings dann, wenn der Unternehmer selbst an einer gemeinsamen Betriebsstätte tätig wird und dabei Versicherte anderer Unternehmen schädigt.[326] Lesen Sie dazu auch BGH NJW 2003, 2984 = Life&Law 2003, 817 ff. nach! Hier betrifft die Privilegierung den Gesellschafter einer GbR, woraufhin sich die Frage stellt, ob die Privilegierung auch für die (in Anspruch genommene) GbR gilt, der das Fehlverhalten ihrer Gesellschafter ja grundsätzlich nach § 31 BGB analog zugerechnet wird. Falls nein, könnte der privilegierte Gesellschafter ja wegen § 128 HGB analog wiederum in Anspruch genommen werden.
Der BGH klärt die Frage nicht abschließend, sondern lässt auch hier eine Lösung über die gestörte Gesamtschuld zu. Wenn die Haftung des Gesellschafters ausgeschlossen sei, verbieten die Grundsätze der gestörten Gesamtschuld eine Inanspruchnahme der GbR. Denn diese könnte dann im Innenverhältnis Regress nehmen. Daher ist der Anspruch gegen die GbR um den Verschuldensanteil des Gesellschafters (Erstschädiger) zu kürzen. Da dieser Anteil im besagten Fall 100 % betrug, war die Haftung gegenüber der GbR komplett ausgeschlossen.

Aber: Gestörte Gesamtschuld

Allerdings kommt eine Kürzung des Anspruchs über die Grundsätze der gestörten Gesamtschuld in Betracht.

Könnte B hier von S in Anspruch genommen werden, so stünde ihm seinerseits wegen § 840 II BGB i.V.m. § 426 I BGB ein Ausgleichsanspruch in Höhe von 100 % zu. Dann wäre der eigentlich privilegierte V durch die Inanspruchnahme des B doch wieder in der Haftung. Nach Ansicht des BGH müssen bei *dieser* Betrachtung die Grundsätze des innerbetrieblichen Schadensausgleichs außer Betracht bleiben.[327]

hemmer-Methode: Diese Grundsätze betreffen die Frage, ob der AG von seinen AN überhaupt Schadensersatz verlangen kann, was davon abhängt, welcher Verschuldensvorwurf dem AN gemacht werden kann. Diese Betrachtung betrifft aber nur das Innenverhältnis zwischen AG (B) und AN (V). Sie darf keine Konsequenzen für die Frage haben, ob ein Dritter (S) Ansprüche zustehen oder nicht. Das Eingreifen der Grundsätze der gestörten Gesamtschuld darf nicht von dieser arbeitsrechtlichen Besonderheit im Verhältnis der Schädiger zueinander abhängen.

326 BGH NJW 2001, 3127 = jurisbyhemmer.

327 Bestätigt durch BGH NJW 2005, 3144 ff.

Konkret: V kann von B im Innenverhältnis zur dann in Anspruch genommen werden, wenn er grob fahrlässig gehandelt hat. Hat V leicht fahrlässig gehandelt, kann B gar keinen Regress nehmen. Dann würde auch die Haftungsprivilegierung aus § 104 SGB VII zugunsten des V nicht unterlaufen werden. Aber noch einmal: diese Betrachtung kann nicht maßgeblich sein, denn andernfalls würde die gestörte Gesamtschuld nur dann einschlägig sein, wenn V grob fahrlässig gehandelt hätte. Denn nur dann müsste man schauen, wie man die Privilegierung des § 104 SGB VII zugunsten des V „retten" könnte. Es wäre aber nicht gerechtfertigt, einen Dritten (den Geschädigten S) nur abhängig davon zu schützen, welcher Verschuldensvorwurf dem Erstschädiger (V) zu machen wäre.

Eine Umgehung der Privilegierung des Erstschädigers kann nur durch die Anwendung der Grundsätze der gestörten Gesamtschuld verhindert werden. Daher ist der Anspruch des S zu kürzen um den Anteil, zu welchem die Haftung bei einem gedachten Ausgleich im Verhältnis B zu V bei V hängen bliebe.

Kürzung des Anspruchs des Geschädigten

„Sound": Der Anspruch des Geschädigten wird gekürzt um den Mitverschuldensanteil des privilegiert Haftenden.

Geht man von einer Haftung des V in Höhe von 100 % aus, ist daher der Anspruch S gegen B zu 100 % ausgeschlossen.

hemmer-Methode: Eine Haftung des Arbeitgebers wird daher wegen § 840 II BGB und der daraus folgenden Anwendung des gestörten Gesamtschuldnerausgleichs in der Regel zu 100 % ausgeschlossen sein. Das mag hart klingen, ist vor dem Hintergrund der Existenz der gesetzlichen Unfallversicherung wiederum aber gerechtfertigt. Achten Sie aber auf folgende Besonderheit: wenn der AG nicht nur aus § 831 BGB wegen vermuteten Verschuldens haftet, sondern ihn darüber hinaus eine eigene Verantwortlichkeit wegen eines Organisationsverschuldens trifft, greift § 840 II BGB als Maßstab für die Kürzung des Anspruchs des Geschädigten nicht ein. Hier muss dann eine Verschuldensquote gebildet werden.
Die Kürzung des Anspruchs des Geschädigten gegen den AG beschränkt sich dann auf den Verschuldensanteil des privilegierten Arbeitnehmers.[328]
Lernen Sie daher nicht zu pauschal: Nicht immer löst der BGH Fälle gesetzlicher Haftungsprivilegierungen zu Lasten des Nichtprivilegierten Zweitschädigers. Dies macht der BGH nur im Falle des § 1664 BGB (bzw. § 1359 BGB), und begründet dies mit der „Wahrung des Familienfriedens". Es verbietet sich also eine pauschale Lösung. Die Lösung eines jeden Falles muss immer berücksichtigen, welchen Sinn und Zweck die jeweilige Haftungsprivilegierung verfolgt.

3. Regressanspruch als Argumentationstypus im Arbeitsrecht

hemmer-Methode: Die im Folgenden dargestellten Probleme sind keine Fallgruppen der gestörten Gesamtschuld im eigentlichen Sinne. Es handelt sich aber um ähnliche Konstellationen, die auf Grundlage der gleichen Wertungen gelöst werden.

Entlastung des AN bezweckt Entlastung des AG

Bereits oben wurde erwähnt, dass die Haftungsfreistellung der Arbeitskollegen des geschädigten Unfallversicherten letztlich auch dem Arbeitgeber dient. § 105 SGB VII soll verhindern, dass über die Grundsätze des innerbetrieblichen Schadensausgleichs der Arbeitgeber über den „Umweg" des haftenden Arbeitnehmers doch in Anspruch genommen werden kann. 357

328 Dies stellt der BGH immer wieder klar, vgl. BGH NJW 2005, 3144 ff.; achten Sie also darauf, die Besonderheiten des Einzelfalls genau auszuschlachten! § 840 II BGB muss also tatsächlich gegeben sein, damit die Kürzung um 100 % in Betracht kommt. Dies ist auch dann nicht der Fall, wenn den Verrichtungsgehilfen kein nachweisbares Verschulden trifft, weil dann der Grundgedanke des § 840 II BGB nicht greift (und damit auch nicht der Ausgangspunkt für die Anwendung der Grundsätze über den gestörten Gesamtschuldnerausgleich), nach dem bei Aufeinandertreffen von Gefährdungshaftung bzw. Haftung für vermutetes Verschulden auf der einen Seite und nachgewiesener Verschuldenshaftung auf der anderen Seite, derjenige den Schaden allein tragen soll, der den Schaden allein verursacht hat, vgl. BGH NJW 2005, 2309 bzw. 3134 = jurisbyhemmer.

Die Rechtsprechung hat diesen Gedanken darüber hinaus in einigen ähnlichen Fällen zur Problemlösung herangezogen.

a) Haftungsfreizeichnung zu Gunsten des Arbeitnehmers

Bsp.:[329] *Der Bewachungsunternehmer W hat von Bauherrn D den Auftrag erhalten, den Bauplatz zu bewachen. W hat sich vertraglich ausbedungen, dass er für Schäden nicht haften muss, die durch die Benutzung der in den Bauwagen befindlichen Heizöfen entstehen können. Der Arbeitnehmer A des W wurde auf der Baustelle eingesetzt und verursachte durch unvorsichtigen Umgang mit einem Heizofen einen Brand. D verlangt von A Schadensersatz.* 358

Regress beim AN höhlt Freistellung des AG aus

Vertragliche Ansprüche scheiden aus, da der Arbeitsvertrag zwischen W und A kein Vertrag mit Schutzwirkung zugunsten Dritter ist. Denkbar ist aber ein Anspruch aus § 823 I BGB. Der BGH hat dennoch die Klage abgewiesen. Grund war die folgende Überlegung: Haftet der A, so steht ihm nach den Grundsätzen des innerbetrieblichen Schadensausgleichs ein Freistellungsanspruch gegenüber W zu, da die Schadensverursachung im Betriebsrisiko des Unternehmers W wurzelt, das er nicht auf seine Arbeitnehmer abwälzen kann. Die Haftungsfreistellung, die sich W im Vertrag mit D ausbedungen hat, würde mithin leer laufen. Die Klausel ist unter diesen Umständen daher als eine Klausel zugunsten der bei W beschäftigten Arbeitnehmer auszulegen. Die Entscheidung wird deutlicher durch einen Vergleich zu §§ 104, 105 SGB VII. Auch hier würde die gesetzlich angeordnete Haftungsfreistellung leer laufen, würde man sie nicht auch auf den Arbeitnehmer des zu begünstigenden Arbeitgebers ausweiten.

hemmer-Methode: Der drohende Regressanspruch für die vertraglich begünstigte Partei wird hier zum schlagenden Argument für die Auslegung der Freistellungsklausel. Insofern kann man vom Regressanspruch als Argumentationstypus sprechen. Letztlich liegt der Entscheidung des BGH hier die gleiche Argumentation zugrunde, die von der h.L. grundsätzlich für vertragliche Haftungsfreizeichnungen vertreten wird.[330] Der Privilegierte der Haftungsbeschränkung soll von jeder Inanspruchnahme sowohl durch den Geschädigten als auch durch den Zweitschädiger freigestellt werden.
Erreicht wird dies dadurch, dass man den Anspruch des Geschädigten um die Quote kürzt, die im Innenverhältnis zwischen den Schädigern auf den Privilegierten entfällt. Überträgt man diese Grundsätze auf den vorliegenden Fall, dann führt dies dazu, dass dem Geschädigten überhaupt kein Anspruch gegen den Zweitschädiger zusteht, da dieser im Innenverhältnis nach den Grundsätzen des innerbetrieblichen Schadensausgleichs in voller Höhe Regress nehmen könnte.

b) Anwendung des § 548 BGB auf Arbeitnehmer

Bsp.: Bauunternehmer V hat Straßenbauunternehmer M für zwei Tage einen Schaufellader gegen Entgelt überlassen. Der bei M arbeitende A holt diesen bei V ab. Auf der Fahrt zu M unterschätzt A in einer Unterführung die Breite des Baggers, obwohl er mit 15 km/h sehr langsam fährt und noch 5 km/h unter der Höchstgeschwindigkeit des Kfz bleibt. Er stößt mit einem LKW zusammen. Der Bagger wird beschädigt. V muss für die Reparatur 18.000,-- € aufwenden. Erst nach einem Jahr verklagt er M und A auf Schadensersatz. 359

Anspruch gegen M verjährt

Zwischen M und V bestand ein Mietvertrag. A war Erfüllungsgehilfe des M. M muss sich daher dessen Verschulden i.R.d. § 280 BGB zurechnen lassen (§ 278 BGB). Allerdings sind Ansprüche gegen M wegen § 548 I BGB bereits verjährt. Das gilt auch für den Anspruch aus § 831 BGB.[331]

329 Nach BGH JZ 1962, 570.

330 Vgl. oben Rn. 337 f.

331 Ständige BGH-Rspr.; Nachweise bei Palandt, § 548 BGB, Rn. 7.

gegen A noch nicht verjährt

Gegenüber A bestehen keine vertraglichen Ansprüche. Ansprüche gemäß § 18 StVG scheiden wegen §§ 7 I, 8 Nr.1 StVG aus. Somit bleibt nur § 823 I BGB als tatbestandlich eingreifende Anspruchsgrundlage. Dieser verjährt gemäß § 195 BGB in drei Jahren ab Kenntnis bzw. grob fahrlässiger Unkenntnis des Geschädigten von dem Schaden und der Person des Schädigers. Die kürzere Verjährung der Ansprüche gegen M ist dabei unbeachtlich, vgl. § 425 II BGB. Der Anspruch wäre also noch nicht verjährt.

Regress gegen A höhlt § 548 BGB aus

Hier entsteht ein Wertungswiderspruch: Die kurze Verjährung des § 548 BGB soll zwischen M und V Rechtssicherheit herstellen. Über die Grundsätze des innerbetrieblichen Schadensausgleichs droht aber de facto doch die Inanspruchnahme des M. Der Vorteil der kurzen Verjährung würde dem M auf diese Weise entzogen.

also kommt auch A in dessen Genuss

Die interessengerechte Lösung, auch den A in den Genuss der kurzen Verjährung kommen zu lassen, lässt sich durch die Figur des Vertrages mit Schutzwirkung zugunsten Dritter herbeiführen. Dessen Voraussetzungen[332] liegen vor: (1) Der A kam bestimmungsgemäß mit der Leistung des V in Berührung, (2) das Arbeitsverhältnis zwischen A und M begründet eine Schutzpflicht des M ("personenrechtlicher Einschlag") und (3) für V war es erkennbar, dass die beiden vorgenannten Tatbestandsmerkmale erfüllt waren. (4) Schließlich ist A auch schutzbedürftig, denn der Schadensfall ist dem Betriebsrisiko des M zuzuordnen.

arg.: Vertrag mit Schutzwirkung z.G. Dritter

Die Bedeutung des Vertrages mit Schutzwirkung zu Gunsten Dritter besteht an sich primär darin, dass einem nicht am Vertrag beteiligten Dritten ein vertraglicher Schadensersatzanspruch gewährt wird, wenn der Dritte durch eine Schlechtleistung des Schuldners zu Schaden kommt.

Die Schutzwirkung wurde aber unter weitgehender Billigung der Literatur dahingehend erweitert, dass sich der Dritte, wenn er den einen Vertragspartner schädigt, auch auf eine dem anderen Vertragspartner zustehende kurze Verjährung berufen kann.[333]

Im Ergebnis kann A daher die Einrede der Verjährung erheben. V's Klagen haben keine Aussicht auf Erfolg.

332 BGH JuS 1997, 79 = **juris**byhemmer; vgl. Palandt, § 328 BGB, Rn. 13 ff.

333 Palandt, § 328 BGB, Rn. 20; Medicus, BR, Rn. 938.

§ 5 RÜCKGRIFF NACH GESCHÄFTSFÜHRUNG OHNE AUFTRAG

Der Geschäftsführer einer berechtigten GoA kann wie ein Beauftragter Rückgriff bei dem Geschäftsherrn nehmen, wenn er in Besorgung eines fremden Geschäftes an einen Dritten geleistet hat (§§ 683, 670 BGB). Voraussetzung dieses Anspruchs ist also das tatbestandliche Vorliegen einer GoA. 360

A. Überblick über die GoA

I. Begriff und Regelungsgehalt der GoA

GoA = Geschäftsführung ohne Auftrag

Die §§ 677 ff. BGB regeln die Fälle, in denen jemand (der Geschäftsführer: im Folgenden GF) eine Tätigkeit für einen anderen (den Geschäftsherrn: GH) übernimmt und dadurch in dessen Rechts- und Interessenkreis eingreift, *ohne* von dem GH beauftragt oder sonst dazu berechtigt zu sein. 361

Das Gesetz will nun einerseits grundsätzlich verhindern, dass sich jemand ungebeten in fremde Angelegenheiten einmischt (unberechtigte GoA), andererseits soll derjenige, dessen Handeln dem GH erwünscht ist und das diesem zugute kommt (berechtigte GoA), nicht die Nachteile aus der Geschäftsführung tragen.

II. Rechtsnatur

gesetzliches Schuldverhältnis

Sind die Voraussetzungen der berechtigten GoA erfüllt, so entsteht ohne weiteres ein gesetzliches Schuldverhältnis, das einen interessengerechten Ausgleich zwischen GH und GF ermöglichen soll. Dieses ist im wesentlichen dem Auftragsrecht nachgebildet und regelt nur das Innenverhältnis zwischen GH und GF (die Frage, ob durch das Handeln des GF Rechtsbeziehungen zwischen dem GH und einem Dritten im Außenverhältnis entstanden sind, regeln die §§ 164 ff. BGB). 362

Keine WE notwendig

Das Schuldverhältnis der berechtigten GoA entsteht nicht durch rechtsgeschäftliche Willenserklärungen, sondern durch den tatsächlichen Akt der Geschäftsübernahme. Die Geschäftsübernahme ist damit Rechtshandlung. 363

III. Echte GoA und angemaßte Eigengeschäftsführung

echte (-)/ unechte GoA

Zunächst einmal ist zu unterscheiden zwischen der "echten" GoA, die in den §§ 677 - 686 BGB geregelt ist, und der angemaßten Eigengeschäftsführung (missverständlich auch unechte GoA genannt, vgl. Überschrift zu § 687 BGB[334]). 364

Eine „echte GoA" liegt nur vor, wenn der GF den Willen hat, ein Geschäft für einen anderen in dessen Interesse zu führen (sog. Fremdgeschäftsführungswille). Fehlt dieser Wille, so handelt es sich um Eigengeschäftsführung. Eine GoA liegt mangels Fremdgeschäftsführungswillen gerade nicht vor (siehe im Einzelnen unten).[335] 365

334 Allgemeiner Hinweis: Überschriften zu Gesetzen dürfen Sie nicht ohne weiteres zur Auslegung einer Norm heranziehen. Sie müssen zwischen den Überschriften in eckigen Klammern, die nicht amtlich sind und den sonstigen Überschriften unterscheiden. Nur letztere gehören zum Gesetzestext und können daher zur Auslegung der Norm herangezogen werden!

335 Medicus, BR, Rn. 405, 406.

echte GoA, § 677

§ 677 BGB enthält die Tatbestandsvoraussetzungen der (echten) 366
GoA, die berechtigt oder unberechtigt sein kann.

Interesse und Wille des Geschäftsherrn

Berechtigt ist die GoA in erster Linie dann, wenn die Geschäftsüber- 367
nahme dem Interesse und dem Willen des GH entspricht (§ 683 S. 1 BGB), sonst liegt unberechtigte GoA vor (§ 684 S. 1 BGB).

Die unberechtigte GoA stellt einen rechtswidrigen Eingriff in den 369
Rechtskreis des GH dar, der grundsätzlich zu unterlassen ist. Der GF ist hier nicht schützenswert. Der unberechtigte GF haftet daher schärfer als der berechtigte, vgl. z.B. § 678 BGB. Seine Aufwendungen kann er nur nach Bereicherungsrecht gem. §§ 684, 812 ff. BGB (Gefahr der Entreicherung, § 818 III BGB!) ersetzt verlangen.

Auch bei der Eigengeschäftsführung muss weiter differenziert wer- 370
den:

bei Irrtum § 687 BGB

§ 687 I BGB regelt den Fall, dass der GF ein fremdes Geschäft irr- 371
tümlich als sein eigenes behandelt. Die §§ 677 - 686 BGB sind dann überhaupt nicht anwendbar.

Weiß der GF dagegen, dass er ein fremdes Geschäft führt und be- 372
handelt er es dennoch als eigenes, so kann der GH zusätzlich zu den allgemeinen Ansprüchen (§§ 987 ff., §§ 812 ff., §§ 823 ff. BGB) auch noch Ansprüche aus GoA geltend machen, § 687 II 1 BGB.

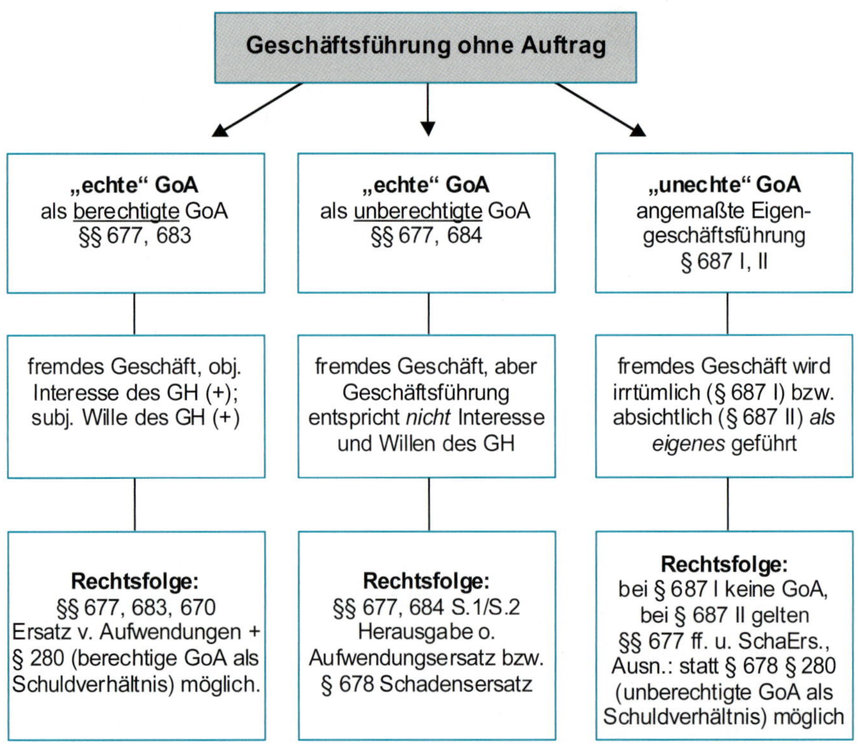

B. Rückgriffsansprüche des berechtigten Geschäftsführers

hemmer-Methode: Die Bedeutung der GoA geht weit über den hier eigentlich interessierenden Anwendungsbereich als Rückgriffstechnik hinaus. Die typischen GoA-Probleme spielen sich im Verhältnis Geschäftsführer (GF) und Geschäftsherr (GH) ab, also im Zwei-Personen-Verhältnis. Aus diesem Grund werden im Folgenden vor allem (bekannte und klausurrelevante) Beispiele aus dem Zwei-Personen-Verhältnis behandelt. An anderer Stelle dieses Skriptums wird die GoA immer wieder als Regressform angesprochen: siehe Stichwortverzeichnis.

Fall 1 (Grundfall): *GF und GH sind Eigentümer zweier benachbarter Ferienhäuser am Chiemsee. Die beiden haben die Hausschlüssel untereinander ausgetauscht, damit im Falle der Abwesenheit des einen der andere im Haus nach dem Rechten sehen kann. Wie GF weiß, sucht GH schon seit langem erfolglos einen Mieter für sein Ferienhaus. Als GH einmal nicht da ist, vermietet GF das Ferienhaus für ein Wochenende an seine Freunde, die er per Telefon von dem zur Vermietung bereit stehenden Objekt unterrichtet hat.*

Ansprüche des berechtigten GF

Bei der berechtigten GoA ist der GF schutzwürdig. Sein Verhalten ist rechtmäßig. Es entsteht ein gesetzliches Schuldverhältnis, kraft dessen er Ersatz seiner Aufwendungen verlangen kann. *373*

Anspruchsgrundlage: §§ 683 S. 1 (evtl. über §§ 683 S. 2, 679 bzw. 684 S. 2), 670 BGB. *374*

Voraussetzungen der berechtigten GoA:

- ⇨ Besorgung eines fremden Geschäfts
- ⇨ Fremdgeschäftsführungswille
- ⇨ Ohne Auftrag oder sonstige Berechtigung
- ⇨ Berechtigung zur Geschäftsführung: Geschäftsführung entspricht dem Interesse und dem Willen des GH, § 683 S. 1 (evtl. entgegenstehender Wille nach § 679 unbeachtlich oder evtl. Genehmigung, § 684 S. 2)

Rechtsfolge ist nach § 670 BGB, dass der GF Ersatz aller erforderlichen Aufwendungen verlangen kann. Im Fall kommen möglicherweise entstandene Telefonkosten als Aufwendungen in Betracht. *375*

Dazu sollte man sich Folgendes merken:

I. Aufwendungen

freiwillige Vermögensopfer

Aufwendungen sind Vermögensopfer, die der GF zum Zwecke der Ausführung des Geschäfts freiwillig macht (Schäden dagegen sind unfreiwillige Vermögensopfer), ferner aber auch solche Vermögensopfer, die sich als notwendige Folge der Ausführung ergeben, z.B. Steuern.[336] *376*

II. Sonderproblem Arbeitskraft

Arbeitskraft nur analog § 1835 III

Die Arbeitskraft stellt nach h.M. grundsätzlich keine Aufwendung i.S.d. § 670 BGB dar. Das folgt aus der Unentgeltlichkeit des Auftrags (§ 662 BGB).[337] *377*

Analog § 1835 III BGB liegt aber dann eine ersatzfähige Aufwendung vor, wenn die Tätigkeit zum Beruf oder Gewerbe des GF gehört.[338] *378*

III. Sonderproblem Schäden

Schäden sind unfreiwillige Vermögensopfer und daher grundsätzlich keine Aufwendungen. *379*

336 Palandt, § 670 BGB, Rn. 2f.

337 Medicus, BR, Rn. 430.

338 In diesen Fällen spricht man auch von „professioneller GoA“; vgl. dazu auch BGHZ 65, 384 [390] = **juris**byhemmer; sowie OLG München, Life&Law 2006, Heft 9, 579 ff. = NJW 2006, 1883 ff. = LNR 2006, 12894 = **juris**byhemmer.

nach h.M. auch Schäden, wenn typ. Risiko verwirklicht

Schäden werden dennoch nach § 670 BGB ersetzt, wenn sich das typische Risiko der übernommenen Tätigkeit verwirklicht hat.[339] Dabei ist ein Mitverschulden des GF analog § 254 BGB zu berücksichtigen.[340] 380

IV. Erforderlichkeit

Ersetzt werden nur die erforderlichen Aufwendungen, d.h. solche, die ein vernünftig Handelnder in der Situation des GF vorgenommen hätte. Bei Notgeschäftsführung wird man allerdings § 680 BGB analog anwenden dürfen.[341] 381

auch nutzlose Aufwendungen, wenn ex ante erforderlich

Waren die Aufwendungen erforderlich, so werden sie auch dann ersetzt, wenn sie nutzlos gewesen sind. Hier liegt ein wichtiger Unterschied zu dem Anspruch des GF aus unberechtigter GoA nach § 684 S. 1 BGB, der auf die §§ 818 ff. BGB verweist: Dort muss der GH nur die Aufwendungen ersetzen, durch die er noch bereichert ist (§ 818 III BGB). 382

Kein Anspruch auf Aufwendungsersatz besteht in den Fällen des § 685 BGB. 383

Nur anteiligen Ersatz kann der GF verlangen, wenn er ein eigenes Interesse an der Geschäftsführung gehabt hat, also bei den auch-fremden Geschäften. 384

Zu Fall 1: Hier hat GF in berechtigter GoA gehandelt, da die Vermietung dem wirklichen Willen des GH entsprach. Daher kann GF nach §§ 683, 670 BGB Ersatz seiner für die Geschäftsführung erforderlichen Aufwendungen verlangen, also z.B. Ersatz von Telefonkosten. Hat er die Aufwendungen, wie z.B. eine Zeitungsanzeige, noch nicht bezahlt, kann der GF gem. § 257 BGB Befreiung von der Verbindlichkeit gegenüber dem Zeitungsverlag verlangen.

C. Voraussetzungen der GoA

I. Besorgung eines fremden Geschäfts

1. Begriff des Geschäfts

Geschäft

Unter Geschäft i.S.d. § 677 BGB ist jedes rechtsgeschäftliche oder tatsächliche Handeln mit wirtschaftlichen Folgen außer bloßem Unterlassen, Dulden oder Geben zu verstehen.[342] Es muss also ein *aktives* Handeln vorliegen. 385

Bsp.: *GF füttert den Hund des GH; GF zahlt Schulden des GH; GF vermietet das Ferienhaus des GH.*

---

339 Vgl. Fälle 5 und 6, Palandt, § 670 BGB, Rn. 8 ff.

340 Rettet der GF den ertrinkenden GH, entstehen ihm daraus i.d.R. keine Aufwendungen. Dagegen erleidet er häufig einen Schaden (z.B. an seinen Kleidern). Dieser risikotypische Schaden muss ersetzt werden. Die dogmatische Herleitung ist aber umstritten. Früher wurde ein stillschweigender Garantievertrag angenommen, der aber häufig an einem entsprechenden Rechtsbindungswillen scheitern dürfte. Nach a.A. ist in der freiwilligen Übernahme des typischen Schadensrisikos auch eine freiwillige Inkaufnahme der Begleitschäden zu sehen. Als Eselsbrücke für die Definition des Aufwendungsbegriffs dient dieser Ansicht § 110 HGB. Diese heute wohl immer noch h.M. dehnt aber den Aufwendungsbegriff gefährlich weit aus. Außerdem gelingt es dieser Ansicht nicht, die Anwendbarkeit des § 254, der auf Schadensersatzansprüche zugeschnitten ist, überzeugend zu erklären, da es sich ja nach dieser Ansicht um einen Aufwendungsersatzanspruch handelt. Deshalb erscheint es am überzeugendsten - wie im Arbeitsrecht beim Grundsatz des innerbetrieblichen Schadensausgleichs - auf die Fremdbestimmtheit der GoA abzustellen. Die berechtigte GoA kommt ausschließlich dem GH zugute. Daher soll er auch für Schäden des GF „verantwortlich" sein, die dem GF aus seiner risikobehafteten Tätigkeit entstanden sind. Bei dieser eigenständigen Risikohaftung kann die Anwendbarkeit des § 254 BGB besser überzeugen!

341 Medicus, BR, Rn. 427.

342 Palandt, § 677 BGB, Rn. 2.

Unter dieses Tatbestandsmerkmal fällt fast jede Tätigkeit und es wird in der Klausur selten problematisch sein. Längere Ausführungen dazu sind daher fehl am Platz. 386

2. Fremdes Geschäft

fremdes Geschäft

Der GF muss ein fremdes Geschäft besorgen, d.h. das Geschäft muss (zumindest auch) dem Rechts- und Interessenkreis eines anderen angehören. Hierbei ist zu unterscheiden: 387

a) Objektiv fremdes Geschäft

objektiv fremd

Das Geschäft gehört schon nach seinem äußeren Erscheinungsbild nicht zum Rechts- und Interessenkreis des GF. 388

Bsp.:

- *Nur der Eigentümer ist (grundsätzlich) berechtigt, über seine Sachen zu verfügen. Verkauft GF das Auto des GH an einen Dritten, so führt er ein objektiv fremdes Geschäft.*
- *Es ist Sache des Schuldners, seine Schulden zu bezahlen. Zahlt GF die Schulden des GH, so führt er ein objektiv fremdes Geschäft, aber nur, wenn die fremde Schuld auch erfüllt wird und der Zahlende hierzu nicht verpflichtet war (§§ 362 I, 267 I BGB).*

Probleme bei der Zahlung fremder Schulden treten auch i.R.d. GoA dann auf, wenn sich der Zahlende gar nicht bewusst ist, dass er auf eine fremde Schuld zahlt. 389

Bsp.:[343] *Die Großeltern G haben Unterhalt für das Enkelkind E gezahlt. Jetzt stellt sich heraus, dass nicht ihr Sohn S, sondern der V der Vater des Kindes ist. Sie waren somit gar nicht unterhaltspflichtig.*

Die Zessionsnorm des § 1607 III S. 2 BGB bezieht die Schein-Großeltern väterlicherseits nicht ein. Die Leistungskondiktion gegen E wird an § 818 III BGB scheitern.

Die Großeltern haben zunächst im Glauben ihrer Unterhaltsverpflichtung gezahlt. Ihre Leistung bewirkte somit nicht die Erfüllung der Unterhaltsschuld des V (§ 267 BGB). Mit der nachträglichen Tilgungsbestimmung können sie die Erfüllung von V's Schuld bewirken. Durch die Tilgungsbestimmung wird die Unterhaltszahlung nachträglich zu einem objektiv fremden Geschäft.[344]

hemmer-Methode: Die Probleme der nachträglichen Tilgungsbestimmung werden im Zusammenhang der Rückgriffskondiktion besprochen.[345]

b) Auch-fremdes Geschäft

auch - fremd

Ein fremdes Geschäft liegt auch dann noch vor, wenn die Geschäftsübernahme zugleich im eigenen und im fremden Interesse liegt (sog. auch-fremdes Geschäft). 390

Bsp.:

- *Der Abschleppunternehmer GF verpflichtet sich gegenüber der Polizei, verbotswidrig abgestellte Fahrzeuge zu entfernen. GF schleppt das im Halteverbot parkende Auto des GH ab.*

343 Vgl. oben Rn. 113 ff.

344 Hemmer/Wüst/Gold, Bereicherungsrecht, Rn. 211.

345 Dazu Rn. 491, 505 ff.

GF führt hier einerseits ein objektiv fremdes Geschäft, indem er ein fremdes Auto aus dem Halteverbot entfernt. Für die Beseitigung des ordnungswidrigen Zustandes ist GH als Halter des Autos zuständig. Andererseits ist GF aufgrund seines Vertrages mit der Polizei dazu verpflichtet, so dass er auch im eigenen Interesse tätig wird. Es liegt daher ein auchfremdes Geschäft vor.

- *GF fährt mit seinem PKW auf einer Landstraße, als der vor ihm radelnde GH plötzlich nach links gerät. Um GH nicht zu überfahren, reißt GF das Steuer herum und fährt gegen einen Baum.*[346]

Hier liegt zunächst ein fremdes Geschäft vor, weil GH selbst darauf achten muss, dass ihm nichts geschieht. Zugleich führt GF durch sein Ausweichmanöver ein eigenes Geschäft: Er hat die gesetzliche Pflicht, andere Verkehrsteilnehmer nicht zu verletzen. Somit hat GF hier ein auchfremdes Geschäft geführt.

hemmer-Methode: Denken Sie daran, dass das "auch-fremde Geschäft" ein Problem mehr darstellt und damit der Notendifferenzierung in der Klausur dient.
Weiteres Beispiel: Arzt wird von Frau gerufen, um Kind zu behandeln; er verlangt vom getrennt lebenden Mann Zahlung. Neben dem Problem des § 1357 BGB (insbesondere des Abs. III) stellt sich die Frage, ob Ansprüche aus GoA gegen den Mann in Betracht kommen, obwohl schon vertragliche Ansprüche gegen die Frau bestehen und der Arzt tätig geworden ist, um seine Verbindlichkeit gegenüber der Frau zu erfüllen. Mit der Begründung "auch fremdes Geschäft" lässt sich hier die GoA bejahen, wenn der Arzt von dem unterhaltspflichtigen Vater Kenntnis hatte. In der Klausur sollten Sie sich aus klausurtaktischen Gründen dieser Meinung anschließen, obwohl es bedenklich erscheint, einen Dritten neben dem eigentlichen Schuldner zum "Quasi-Vertragspartner" zu machen.

c) Subjektiv fremdes Geschäft

subjektiv fremd

Ein vom äußeren Erscheinungsbild her neutrales Geschäft wird dann zu einem fremden Geschäft, wenn die nach außen deutlich werdende Absicht des GF besteht, das Geschäft für einen anderen zu führen.[347] 391

Bsp.: *GF, der selbst keine Briefmarken sammelt, kauft, ohne dazu beauftragt zu sein, eine wertvolle Briefmarke für seinen Freund GH, weil er weiß, dass GH diese für seine Sammlung benötigt.*

Der Erwerb einer Sache ist das Standardbeispiel eines neutralen Geschäfts, da objektiv keine Beziehung zu einem fremden Rechts- oder Interessenkreis besteht. Erst durch den Willen des GF, die Briefmarke für GH zu erwerben, wird das Geschäft zu einem fremden. Dieser Wille ist hier auch nach außen erkennbar, da GF selbst keine Briefmarken sammelt.

Beim subjektiv fremden Geschäft müssen also die Besorgung eines fremden Geschäfts und der Fremdgeschäftsführungswille zusammen geprüft werden. 392

Diese Unterscheidung von objektiv und subjektiv fremdem Geschäft hat Bedeutung für die Prüfung des Fremdgeschäftsführungswillens sowie für § 687 BGB, der ein objektiv fremdes Geschäft voraussetzt. 393

d) Sonderproblem

Verpflichtung mehrerer

Mehrere Personen sind verpflichtet, eine Leistung zu erbringen; einer von ihnen leistet. 394

346 Zu diesem Beispiel siehe auch unter Rn. 410.

347 Palandt, § 677 BGB, Rn. 5.

GoA im Innenverhältnis?

Fraglich ist, ob in diesem Fall im Innenverhältnis für den Schuldner die GoA als Regressform in Betracht kommt.

(-), da kein fremdes Geschäft

aa) Bei Gesamtschuldnern geht bei Zahlung durch einen von ihnen neben dem selbständigen Anspruch aus § 426 I BGB nach § 426 II BGB die Forderung des Gläubigers auf den zahlenden Gesamtschuldner über; die übrigen Gesamtschuldner bleiben also weiterhin zur Leistung verpflichtet. Die GoA ist schon tatbestandlich nicht erfüllt, da der Zahlende kein fremdes Geschäft geführt hat.[348] 395

auch bei unechter Gesamtschuld (-)

bb) Auch bei der sog. "unechten" Gesamtschuld[349] findet die GoA keine Anwendung. Zahlt der nachrangig haftende Schuldner, so erlischt dadurch die Verpflichtung des Schlechtergestellten nicht; er führt daher kein fremdes Geschäft. 396

Zahlt der primär haftende Schuldner, so führt er auch kein Geschäft des Bessergestellten, da er im Ergebnis die Leistung allein zu erbringen hat. 397

Bsp.: *GH verletzt den Sohn D des GF. GF zahlt die Arztkosten, wozu er aufgrund seiner Unterhaltspflicht verpflichtet ist. Kann GF von GH über die GoA Ersatz der Arztkosten verlangen?*

Nein, weil GF kein Geschäft des GH geführt hat: Nach § 843 IV BGB berühren Unterhaltsleistungen den Schadensersatzanspruch des Geschädigten (D) nicht (Vorteilsausgleichung ist ausgeschlossen). D hat also aus § 823 I BGB weiterhin den Anspruch auf Ersatz der Arztkosten gegen GH. Mit seiner Zahlung hat GF kein fremdes Geschäft geführt. Da der GH nicht von seiner Verbindlichkeit befreit wurde, entfällt auch die Rückgriffskondiktion, da der GH schon nichts erlangt hat. Auch § 426 I,II BGB scheidet aus, da es an der wechselseitigen Tilgungswirkung fehlt. In diesen Fällen kann und muss aber zugunsten des GF § 255 BGB analog angewendet werden, so dass GF von D Abtretung seines Schadensersatzanspruches verlangen kann.

hemmer-Methode: Übergreifendes Denken: Gesamtschuld / Vorteilsausgleichung und GoA hängen eng zusammen: Zahlt jemand auf eine (auch-) fremde Schuld, so ist immer genau zu prüfen, ob auch tatsächlich ein fremdes Geschäft geführt wurde. Das ist, wie gesehen, nicht der Fall, wenn der andere Schuldner, z.B. bei der Gesamtschuld (insbesondere wegen der cessio legis) gar nicht von seiner Verpflichtung befreit wird, oder der Anspruch mangels Vorteilsanrechnung nicht erlischt. Nur wer § 843 IV BGB richtig einordnet und damit Anspruch und Schaden beim Geschädigten bestehen lässt (weshalb auch die Drittschadensliquidation nicht benötigt wird), löst die Folgeproblematik richtig.

Eine Befreiung tritt nur ein, wenn jemand als Dritter mit Tilgungswillen auf eine fremde Schuld zahlt, §§ 267 I, 362 I BGB. Nur in diesen Fällen kommt dann ein Anspruch aus GoA in Betracht. 398

II. Fremdgeschäftsführungswille

Fremdgeschäftsführungswille notwendig

Eine (echte) GoA liegt nur dann vor, wenn der GF Fremdgeschäftsführungswillen hat. 399

Erforderlich ist dazu erstens das Bewusstsein, ein fremdes Geschäft zu führen (fehlt dieses, dann liegt irrtümliche Eigengeschäftsführung vor, § 687 I BGB) sowie zweitens der Wille, das Geschäft für einen anderen zu führen (fehlt dieser, so handelt es sich um angemaßte Eigengeschäftsführung, § 687 II BGB). 400

348 Der zuviel leistende Gesamtschuldner kann Regress verlangen. Es kommt zu einer bloßen Gläubigerauswechselung, so dass kein fremdes Geschäft vorliegt.

349 Siehe dazu Medicus, BR, Rn. 916 ff., oben Rn. 206.

Der GF muss die Person des GH nicht kennen (§ 686 BGB); er muss nur wissen, dass das Geschäft für ihn fremd ist. 401

Die Prüfung des Fremdgeschäftsführungswillens hängt davon ab, welche Art von Geschäft vorliegt.[350] 402

1. Objektiv fremdes Geschäft

Vermutung beim objektiv fremden-Geschäft

Beim objektiv fremden Geschäft wird das Bewusstsein und der Wille, ein fremdes Geschäft zu führen, (widerleglich) vermutet. Es müssen also im Sachverhalt besondere Anhaltspunkte vorhanden sein, damit der Fremdgeschäftsführungswille verneint werden kann. 403

> ***Bsp.:*** *Veräußerung einer gestohlenen Sache. Hier führt der GF ein objektiv fremdes Geschäft, bei dem der Fremdgeschäftsführungswille vermutet wird. Hier ist er aber dennoch zu verneinen: GF hatte zwar das Bewusstsein, ein fremdes Geschäft zu führen. Er wollte es aber nicht für GH führen; er hat vielmehr ausschließlich im eigenen Interesse gehandelt. Das ist ein Fall der angemaßten Eigengeschäftsführung (§ 687 II), nicht aber der GoA.*

2. Subjektiv fremdes Geschäft

subjektiv fremdes Geschäft

Der Fremdgeschäftsführungswille ist bereits unter I. zu prüfen: erst durch den (nach außen erkennbaren) Fremdgeschäftsführungswillen wird ein neutrales Geschäft zu einem fremden. 404

3. Auch-fremdes Geschäft

Probleme bereitet die Frage des Fremdgeschäftsführungswillens beim auch-fremden Geschäft. 405

Problem bei auch-fremdem Geschäft

Nach der Rechtsprechung wird beim auch-fremden Geschäft der Fremdgeschäftsführungswille ebenfalls vermutet, was letztlich die Bedeutung dieses Instituts ausmacht.[351] Dieses Ergebnis kann freilich manchmal zweifelhaft sein. Zur Verdeutlichung einige bekannte Beispielsfälle:[352] 406

a) Tätigwerden aufgrund eines Vertrages mit einem Dritten:

Abschleppunternehmer

> ***Fall 2:***[353] *Aufgrund seines Werkvertrages gegenüber der Polizei schleppt GF das Auto des GH ab. Kann GF seine Abschleppkosten von GH ersetzt verlangen?* 407

kein Vetrag mit GH

Vertragliche Ansprüche gegen GH kommen nicht in Betracht.

Anspruch aus berechtigter GoA, §§ 683, 670 BGB?

GF hat hier ein auch-fremdes Geschäft geführt.

Fraglich ist, ob GF mit Fremdgeschäftsführungswillen gehandelt hat. Der Fremdgeschäftsführungswille wird beim auch-fremden Geschäft von der Rechtsprechung vermutet. Entgegenstehende Anhaltspunkte, dass GF ausschließlich im eigenen Interesse gehandelt hat, sind hier nicht ersichtlich.

---

350 Vgl. dazu Rn. 388 ff.

351 Beispiele aus der Rechtsprechung: BGHZ 40, 28 ff. (Waldbrandfall); BGHZ 37, 258 ff. (Wirtschaftsberaterfall); BGHZ 38, 270 ff. (Radfahrerfall) **alle Entscheidungen** = **juris**byhemmer.

352 In den letzten Jahren gab es immer wieder Fälle, in denen der BGH diese Vermutung nicht aufgestellt hat. Häufig kommt der BGH zu dem Ergebnis, dass die GoA schon gar nicht anwendbar sei, um andere, vertragliche, Wertungen nicht zu unterlaufen, vgl. zusammenfassend Tyroller, Life&Law 2013, 214 ff.

353 Vgl. schon oben Rn. 390.

Unbeachtlich ist es für die Annahme des Fremdgeschäftsführungswillen, wenn GF die Person des GH nicht kennt (§ 686 BGB).

GF hat ohne Auftrag oder sonstige Berechtigung gegenüber GH gehandelt.

Die Geschäftsübernahme lag auch im Interesse des GH, da durch das Abschleppen ein ordnungswidriger Zustand beendet worden ist. Der entgegenstehende Wille des GH ist nach §§ 683 S. 2, 679 BGB unbeachtlich. Damit liegt berechtigte GoA vor.

Die Rechtsprechung käme hier konsequenterweise zu einem Anspruch auf Ersatz der Abschleppkosten nach §§ 683, 670 BGB.

GoA str.

Dagegen wendet sich jedoch ein großer Teil der Literatur.[354] Wird der GF aufgrund eines Vertrages mit einem Dritten tätig, so richten sich Inhalt der Geschäftsbesorgung sowie Rechte und Pflichten des GF, insbesondere die Höhe des Entgelts und die Mängelhaftung allein nach diesem Vertrag.

hemmer-Methode: Eine jüngere Entscheidung lässt an dieser Stelle durchaus auf eine Übereinstimmung zwischen Literatur und BGH schließen. Nach Ansicht des BGH geht der Vertrag als abschließende Regelung vor, *wenn* die Entgeltfrage in dem Vertrag umfassend geregelt ist.[355] Ob sich daraus eine Abkehr des BGH von der Figur der GoA in Fällen der Beauftragung durch Dritte ergeben wird, bleibt abzuwarten.[356] Es erscheint hier mit guter Argumentation jedenfalls vieles vertretbar. Entscheiden Sie sich im Zweifel klausurtaktisch!
Tendenzen zur „Rückstufung" der GoA zeigen sich daneben jedenfalls auch in anderen Bereichen (vgl. auch hemmer-Methode zu Rn. 408). So lehnt der BGH einen Aufwendungsersatzanspruch GoA im sog. Erbensucherfall ab[357]: dort hatte der gefundene Erbe einen Vertrag über die Dienste des Erbensuchers abgelehnt, wurde aber gleichwohl auf Aufwendungsersatz in Anspruch genommen. Das Scheitern von Vertragsverhandlungen liege im Risiko des Anbietenden und dürfe nicht durch die Zubilligung von Aufwendungsersatzansprüchen aus GoA umgangen werden.[358]

Würde man daneben das Schuldverhältnis der berechtigten GoA gegenüber GH bejahen, gäbe es erhebliche Abwicklungsschwierigkeiten. So hätte B für seine Werklohnforderung zwei Schuldner, die nicht Gesamtschuldner sind; der GF könnte bei mangelhafter Ausführung u.U. doppelt in Anspruch genommen werden und der GH wäre sowohl dem staatlichen Kostenanspruch als auch dem Anspruch aus GoA ausgesetzt.

Auch das LG München[359] hat in einer Entscheidung den Fremdgeschäftsführungswillen abgelehnt. Es hat aber angedeutet, dass ein Fremdgeschäftsführungswille dann bejaht werden könnte, wenn das Auto eine besondere Verkehrsgefährdung darstellt, etwa weil es in den Verkehrsraum hineinragt. Dann könnte man annehmen, dass der GF auch handelt, um den GH von seinem Haftungsrisiko zu befreien.

nach h.L. kein Fremdgeschäftsführungswille

Nach dieser (wohl richtigen) Ansicht ist der Fremdgeschäftsführungswille zu verneinen und die §§ 677 ff. sind demzufolge nicht anwendbar. GF kann daher von GH nicht Ersatz der Abschleppkosten verlangen, sondern muss sich an seinen Vertragspartner halten.

354 Vgl. Medicus, BR, Rn. 414.

355 BGH Life&Law 2004, 149 ff.

356 Differenzierend je nach Fallgestaltung, Wendlandt, NJW 2004, 985 ff.; eine Bestätigung der angesprochenen Entscheidung erfolgte durch den BGH vom 15.04.2004; AZ VII ZR 212/03 = **juris**byhemmer.

357 BGH NJW 2000, 72 (73) = **juris**byhemmer.

358 Vgl. dazu auch den Aufsatz von Falk, JuS 2003, 833 ff. „Von Titelhändlern und Erbensuchern".

359 NJW 1978, 48 (lesenswert) = **juris**byhemmer.

b) Tätigwerden aufgrund spezieller öffentlich- rechtlicher Vorschriften:

öffentliche-rechtliche Verpflichtung

Fall 3:[360] *Eine Lokomotive der Bundesbahn (im Folgenden GH genannt) verursacht durch Funkenflug einen Waldbrand. Die Feuerwehr der Gemeinde (im Folgenden GF) löscht den Brand. GF verlangt nun die Löschkosten von GH.* 408

In Betracht kommt nur ein Anspruch aus berechtigter GoA, §§ 683, 670 BGB:

Besorgung eines fremden Geschäfts?

Die tatsächliche Tätigkeit des Feuerlöschens stellt eine Geschäftsbesorgung dar. Da die Bundesbahn nach § 1 HPflG zum Ersatz des Brandschadens verpflichtet ist, war die Feuerwehr in ihrem Interessenkreis tätig geworden.

Die Feuerwehr war hier aber auch selbst aufgrund öffentlich-rechtlicher Vorschriften zum Einschreiten verpflichtet, und hat daher auch im eigenen Interesse gehandelt. Es liegt damit ein auch-fremdes Geschäft vor.

Fraglich ist der Fremdgeschäftsführungswille.

Handlung gerade im Hinblick auf GH notwendig

Beim auch-fremden Geschäft muss der GF gerade im Hinblick auf den GH gehandelt haben. Das wird nach der Rechtsprechung vermutet. Daher ist der Fremdgeschäftsführungswille hier zu bejahen.

Die Feuerwehr hat ohne Auftrag oder sonstige Berechtigung gegenüber GH gehandelt.

Da die Geschäftsübernahme dem Interesse und dem (mutmaßlichen) Willen des GH entsprach, war die Geschäftsführung berechtigt.

Der Anspruch der Gemeinde gegen die Bundesbahn aus §§ 683, 670 BGB ist somit gegeben.

Auch gegen diese Entscheidung werden erhebliche Einwände vorgebracht.[361] Über §§ 683, 670 BGB käme es zu einer Ausuferung der Haftung; nach § 670 BGB müssen nämlich auch nutzlose Aufwendungen ersetzt werden, so dass die Bundesbahn auch dann zahlen hätte müssen, wenn der Wald trotz der Löschversuche vollkommen abgebrannt wäre.

Hier besteht zudem die Besonderheit, dass die öffentliche Verwaltung aufgrund öffentlich-rechtlicher Vorschriften tätig geworden ist. Für die Kosten hoheitlicher Maßnahmen hält aber das öffentliche Recht spezielle Regelungen bereit (z.B. Kostengesetz). Lücken dieser Regelungen dürfen nicht ohne weiteres durch die Annahme einer GoA aufgefüllt werden (Vorbehalt des Gesetzes).

Mit dieser Begründung lässt sich daher (der Fremdgeschäftsführungswille und damit) der Anspruch aus berechtigter GoA ablehnen.

hemmer-Methode: Diese Grundsätze gelten allerdings nicht bei jedem öffentlich-rechtlichen Tätigwerden. Denn soweit das öffentliche Recht selbst Vorschriften für die Ersatzfähigkeit bestimmter Aufwendungen bereithält, gehen diese als abschließende Sonderregelungen der GoA vor. So hatte der BGH in einem Fall, in dem die Polizei ein entlaufendes Rind erschoss und ein Beamter dabei einen Schaden erlitt, einen Ersatzanspruch gegen den Eigentümer abgelehnt. Die Regelungen der (Bayerischen) Polizeikostenverordnung enthalten abschließende Regelungen für die Erstattung angefallener Kosten im Bereich der unmittelbaren Ausführung bei der Gefahrenabwehr.[362]

360 Nach BGHZ 40, 28 ff.; (Waldbrandfall) = jurisbyhemmer.

361 Vgl. Medicus, BR, Rn. 411 f.

362 BGH NJW 2004, 513 = Life&Law 2004, 145 ff. = jurisbyhemmer.

Mittlerweile gibt es auch Rechtsprechung, die in Fällen des Tätigwerdens der Feuerwehr einen Anspruch aus GoA verneint, wenn eine gesetzliche Regelung besteht, z.B. Art. 28 BayFwG, BayObLG NJW 2002, 35 f.

c) Tätigwerden aufgrund nichtigen Vertrages[363]

str. bei nichtigem Vertrag

Fall 4:[364] *Wirtschaftsberater GF erreicht für GH Schuldennachlässe bei den Gläubigern des GH. Wie sich später herausstellt, ist der Vertrag zwischen GF und GH wegen Verstoßes gegen das Rechtsberatungsgesetz nichtig. Kann GF dennoch Entgelt für seine Leistung von GH verlangen?* 409

Anspruch aus berechtigter GoA, §§ 683, 670 BGB?

Die Regulierung fremder Schulden stellt für GF ein objektiv fremdes Geschäft dar. Allerdings ist GH aufgrund einer vermeintlichen Vertragsverpflichtung und damit auch im eigenen Interesse tätig geworden. Daher liegt ein auch-fremdes Geschäft vor.

Die Rechtsprechung vermutet den Fremdgeschäftsführungswillen bei auch-fremden Geschäften.

Da der Vertrag mit GH nichtig war, hat GF ohne Auftrag oder sonstige Berechtigung gegenüber GH gehandelt.

Die Geschäftsübernahme entsprach dem Interesse und Willen des GH.

GF kann daher nach §§ 683, 670 BGB Ersatz der erforderlichen Aufwendungen verlangen.

Der BGH war allerdings der Auffassung, dass GF seine Aufwendungen nicht für erforderlich i.S.d. § 670 BGB halten durfte, da sein Tätigwerden durch das Rechtsberatungsgesetz verboten war.

Konkurrenz von §§ 812 ff. zu GoA als Rechtsgrund

Diese Entscheidung spielt eine wichtige Rolle: Wird jemand aufgrund nichtigen Vertrages tätig, so ist neben §§ 812 ff. BGB (die eigentlich von der berechtigten GoA verdrängt werden) immer ein Anspruch aus berechtigter GoA zu prüfen und nach dieser Rechtsprechung i.d.R. zu bejahen.[365]

Wertung der §§ 812 ff.

Dies sieht die wohl h.L.[366] als nicht interessengerecht an. Für die Rückabwicklung unwirksamer Verträge seien allein die §§ 812 ff. BGB mit ihrer differenzierten Regelung einschlägig. Durch die Annahme einer GoA könnten die Einschränkungen der §§ 814, 815, 817 S. 2, 818 III BGB umgangen werden. Außerdem dienen die Bestimmungen über die GoA dazu, den gemeinnützigen ("guten") Geschäftsführer zu schützen, nicht aber der Abwicklung fehlgeschlagener Verträge.

Nach dieser Ansicht ist der Fremdgeschäftsführungswille zu verneinen, da der GF allein seine vermeintliche Verpflichtung aus dem Vertrag erfüllen wollte. Gemäß § 687 I BGB kommt eine GoA nicht in Frage.

In Betracht kommt nur ein Anspruch aus § 812 I S. 1, 1.Alt. BGB.

Erlangt hat GH die Dienstleistung des GF durch Leistung des GF ohne Rechtsgrund. Nach § 818 II BGB hat GH Wertersatz zu leisten. Problematisch ist, ob der Anspruch nach § 817 S. 2 BGB ausgeschlossen ist.[367]

363 Zu diesem Problem ausführlich Gold in JA 1994, 205 ff.; nicht zu verwechseln ist dieser Fall mit dem des Tätigwerdens aufgrund nichtiger Schönheitsreparaturklausel. Hier lehnt der BGH die Anwendbarkeit der GoA ab mit dem Argument, da andernfalls Wertungen aus dem (wirksamen) Vertrag unterlaufen werden könnten, Life&Law 2009, 505 ff. = **juris**byhemmer.

364 Nach BGHZ 37, 258 ff.; Wirtschaftsberaterfall = **juris**byhemmer.

365 Der BGH prüft hier sowohl GoA, die er an der Erforderlichkeit scheitern lässt, als auch § 812 BGB nebeneinander. Dies ist dogmatisch nicht korrekt, da die berechtigte GoA einen Rechtsgrund i.S.d. § 812 BGB darstellt.

366 Vgl. Palandt, § 677 BGB, Rn. 11.

367 In BGHZ 37, 258, 264 offen gelassen = **juris**byhemmer.

hemmer-Methode: Wie gesehen, ist die Frage des Fremdgeschäftsführungswillens bei auch-fremden Geschäften sehr umstritten, und eine einheitliche Lösung dieser Fälle ist nicht möglich. Daher stellt sich die Frage, wie man in der Klausur vorgehen soll:
Ausgegangen werden sollte von dem Grundsatz der Rechtsprechung, dass der Fremdgeschäftsführungswille bei auch-fremden Geschäften vermutet wird.
Problematisiert werden sollte der Fremdgeschäftsführungswille nur in den 3 beispielhaft dargestellten Fällen (Tätigwerden aufgrund Vertrages mit einem Dritten/Tätigwerden aufgrund spezieller öffentlich-rechtlicher Vorschriften/Tätigwerden aufgrund nichtigen Vertrages).
In diesen Fällen lässt sich mit guten Argumenten die GoA ablehnen. Besonders im Fall 4 kann man punkten, wenn der Wertungswiderspruch zu den §§ 812 ff. BGB aufgezeigt und so die GoA abgelehnt wird.
Beachten Sie: Über die Grundsätze der GoA darf keinesfalls der Minderjährigenschutz ausgehebelt werden. Wird z.B. ein Minderjähriger aufgrund unwirksamen Vertrages (§§ 107, 108 BGB) in einer Fahrschule ausgebildet, darf diese nicht ohne weiteres über §§ 683, 670, 1835 III BGB entsprechend Ersatz verlangen. Es ist nicht Aufgabe der GoA, fehlgeschlagene Verträge zu korrigieren. Wollte man trotzdem GoA anwenden, muss man i.R.d. berechtigten GoA auf das Interesse und den wirklichen oder mutmaßlichen Willen der Eltern als gesetzliche Vertreter abstellen (so auch im sog. "Flugreisefall"[368]).

Ausweichfälle

d) Radfahrerfall

Hier soll noch kurz der bekannte, oben bereits angesprochene Radfahrerfall behandelt werden. 410

Fall 5:[369] *GF fährt mit seinem PKW auf einer Landstraße, als der vor ihm radelnde GH plötzlich nach links gerät. Um GH nicht zu überfahren, reißt GF das Steuer herum und fährt gegen einen Baum. Kann GF Ersatz des Schadens verlangen, den er durch sein Ausweichmanöver erlitten hat?*

Anspruch aus §§ 683, 670 BGB? Hier liegt ein auch-fremdes Geschäft vor.

Fremdgeschäftsführungswille?

Früher (+) bei unabwendbarem Ereignis

Die Rechtsprechung bejahte bislang den Fremdgeschäftsführungswillen bei dieser Fallkonstellation, wenn für den Halter des Kfz ein unabwendbares Ereignis i.S.d. § 7 II StVG a.F. vorlag und er daher nicht Schadensersatz nach § 7 I StVG leisten müsste. Dann nämlich handele GF auch für GH.[370] Im Falle der Haftung aus § 7 I StVG liegt dagegen ein eigenes Geschäft vor. Nur wenn er haften würde, besorgt er ein eigenes Geschäft, um der Haftung zu entgehen.

Da der Gesetzgeber i.R.d. Schadensersatzrechtsreform § 7 II StVG geändert hat, dürfte diese Konstellation in Zukunft nicht mehr über die GoA zu lösen sein. Denn das unabwendbare Ereignis wurde ersetzt durch höhere Gewalt. Darauf kann sich der Autofahrer in der oben beschriebenen Konstellation nicht berufen.

Es ist daher davon auszugehen, dass die Rechtsprechung diese Fallgruppe in Zukunft aufgeben wird.

hemmer-Methode: § 7 II StVG lässt die Haftung nur noch bei höherer Gewalt entfallen. Daran sind strengere Voraussetzungen zu knüpfen als an ein unabwendbares Ereignis. Der Begriff des unabwendbaren Ereignisses bleibt aber gem. § 17 III StVG erhalten, soweit es um das Innenverhältnis der Halter zueinander geht.

368 BGHZ 55, 128 ff. = **juris**byhemmer.

369 Nach BGHZ 38, 270 ff. = **juris**byhemmer, Sachverhalt wie oben Rn. 390.

370 Vgl. Medicus, Rn. 411.

e) Der Erbensucherfall

Problematisch ist die Anwendung der GoA auch in den sog. Erbensucherfällen.

Bsp.: *Der Erbe des Erblassers T konnte nicht aufgefunden werden. A, der gewerblich als „Erbensucher" tätig ist, findet nach langwierigen Recherchen den wahren Erben E. Er bietet E an, gegen Zahlung einer Provision, ihn von den Umständen des Erbfalls zu unterrichten. E, der zunächst nicht einordnen kann, wer ihn wohl zum Erben eingesetzt haben könnte, lehnt das Angebot ab und findet schließlich durch eigene Recherchen heraus, dass er Erbe des T geworden ist. A verlangt nun von E über GoA Ersatz seiner Aufwendungen für die Ermittlung des E als Erbe des T. Zu Recht?*

A führt zunächst ein eigenes Geschäft, da es Gegenstand seines Gewerbes ist, Erben zu suchen. Er berührt damit aber auch den Rechtskreis des wahren Erben, dessen Aufgabe es ist, sich selbst um entsprechende Erbfälle zu seinen Gunsten zu kümmern. Es liegt daher ein auch-fremdes Geschäft vor.

Ob in diesen Fällen im Ergebnis ein Anspruch aus §§ 670, 683 BGB zu bejahen ist, ist umstritten.

Das OLG Celle hatte in einem entsprechenden Fall einen Anspruch bejaht.[371] Das Vorliegen eines auch-fremden Geschäfts hatte dem OLG gereicht, den Anspruch zu bejahen. Denn unter Berufung auf die Vermutung des Fremdgeschäftsführungswillens konnte das Fehlen eines Vertrages durch das Vorliegen einer berechtigten GoA „geheilt" werden.

Der BGH selbst hatte eine derartige Konstellation erstmals im Jahre 1999 zu entscheiden.[372] Er hat sich gegen den Erbensucher entschieden. Dies aber nicht etwa mit einer am Tatbestand der GoA angelehnten Argumentation; vielmehr lehnte der BGH die GoA mangels Anwendbarkeit ab: Die GoA sei „nach der Risikozuordnung des Privatrechts auf derartige Fälle von vorneherein unanwendbar". Die Anwendbarkeit würde die „hier verfehlte Frage" nach sich ziehen, ob die Vermutung des Willens zur Fremdgeschäftsführung widerlegt werden könne.

hemmer Methode: Im Anschluss an diese Entscheidung wurde vielerseits diskutiert, ob der BGH nun eine Kehrtwende bei seiner Rechtsprechung zur Vermutung des Fremdgeschäftsführungswillens beim „auch-fremden" Geschäft vollziehe.[373] Das lässt sich dieser Entscheidung aber nicht entnehmen, denn der BGH weist eindeutig darauf hin, dass die Betrachtung etwa bei der Erfüllung unerkannt nichtiger Verträge eine andere sei.[374] Daher sollten Sie in der Klausur vorsichtig sein, wenn Sie eine andere als die vorliegende Konstellation zu beurteilen haben. Die vorliegenden Erwägungen des BGH können nicht generalisiert werden.

Dieses Urteil wurde vom BGH in einer Folgeentscheidung bestätigt.[375]

Das Risiko des Scheiterns von Vertragsverhandlungen trägt jeder potentielle Vertragspartner selbst. Eigene Aufwendungen im Vorfeld eines angestrebten Vertragsschlusses bleiben daher nach den Regeln des Privatrechts unvergütet. Diese Wertung darf durch die Anwendung gesetzlicher Schuldverhältnisse nicht unterlaufen werden.

371 OLG Celle, ZEV 1999, 499 f. = **juris**byhemmer.

372 BGH NJW 2000, 72 ff. = **juris**byhemmer.

373 Falk, „Von Titelhändlern und Erbensuchern, JuS 2003, 833 ff. m.w.N.

374 BGH NJW 2000, 72 ff. = **juris**byhemmer.

375 BGH, NJW-RR 2006, 656 ff. = **juris**byhemmer.

III. Ohne Auftrag oder sonstige Berechtigung

ohne Auftrag ⇨ Ermächtigung durch Rechtsverhältnis

Gegenüber dem Geschäftsherrn darf weder ein Auftragsverhältnis noch ein sonstiges Rechtsverhältnis bestehen, aufgrund dessen der GF zur Führung des Geschäfts berechtigt ist. 411

hemmer-Methode: Beachte die Terminologie: "berechtigt" meint hier nicht die Frage, ob die Geschäftsführung dem Interesse und dem Willen des GH entspricht, sondern die Frage, ob der GF durch irgendein Rechtsverhältnis dazu ermächtigt ist, in einem fremden Rechts- und Interessenkreis tätig zu werden.

Besteht ein solches, so bestimmen sich die Rechte und Pflichten der Beteiligten ausschließlich nach den Bestimmungen dieses Rechtsverhältnisses. Die §§ 677 ff. BGB sind dann nicht anwendbar. 412

Berechtigung gerade gegenüber GH

Es ist darauf zu achten, dass die Berechtigung gerade gegenüber dem GH bestehen muss.

1. Als Auftrag i.S.d. § 677 BGB ist jeder Verpflichtungsvertrag zu verstehen; es muss also nicht notwendig ein Auftrag in dem engen Sinne der §§ 662 ff. BGB vorliegen. 413

2. Sonstige Berechtigung ist jede gesetzliche Befugnis zur Führung eines fremden Geschäfts (z.B. die Befugnis, als Organ einer juristischen Person für diese zu handeln, etwa § 35 I GmbHG; die Vertretungsbefugnis der Eltern für ihre Kinder nach §§ 1626, 1629 BGB). 414

Die allgemeine Hilfeleistungspflicht aus § 323c StGB stellt nach h.M. keine solche Berechtigung dar, da diese Pflicht nur der Allgemeinheit gegenüber besteht. 415

Auch bei nichtigen Verträgen nimmt die Rechtsprechung das Merkmal "ohne Auftrag" an (siehe jedoch oben Fall 4 zur h.L.).

IV. Berechtigung zur Geschäftsführung

3 Fallgruppen

Die Übernahme eines fremden Geschäfts ist nur in folgenden drei Fällen berechtigt: 416

⇨ Die Geschäftsübernahme entspricht dem objektiven Interesse und dem wirklichen oder mutmaßlichen Willen des GH, § 683 S. 1. BGB 417

⇨ Die Geschäftsübernahme widerspricht zwar dem wirklichen oder mutmaßlichen Willen des GH, sie liegt aber in dessen objektivem Interesse und dient der Erfüllung einer im öffentlichen Interesse liegenden Pflicht oder einer gesetzlichen Unterhaltspflicht des GH, §§ 683 S. 2, 679 BGB. 418

⇨ Die zunächst unberechtigte Geschäftsübernahme wird vom GH nachträglich genehmigt, § 684 S. 2. BGB 419

Nur in diesen drei Fällen entsteht das gesetzliche Schuldverhältnis der berechtigten GoA, das sich im wesentlichen an das Auftragsrecht (§§ 662 ff. BGB) anlehnt. 420

1. Objektives Interesse und wirklicher oder mutmaßlicher Wille, § 683 S. 1 BGB

a) Maßgebender Zeitpunkt und Umfang

Zeitpunkt der Übernahme

Die Geschäftsführung muss im Zeitpunkt der Übernahme durch den GF objektiv dem Interesse und subjektiv dem Willen des GH entsprechen. 421

Dabei müssen sich das Interesse und der Wille auf die Übernahme als solche, den Zeitpunkt, den Umfang, die Art und Weise und die Person des Geschäftsführers beziehen.[376] 422

b) Objektives Interesse

objektive Nützlichkeit für GH

Ein objektives Interesse an der Übernahme des Geschäfts liegt vor, wenn sie für den GH objektiv nützlich ist. 423

Dabei sind auch die besonderen Verhältnisse in der Person des GH zu beachten (subjektiver Einschlag[377]).

> ***Bsp.:*** *Die Bezahlung einer Schuld durch einen Dritten ist für den Schuldner grundsätzlich objektiv nützlich, weil er dadurch von seiner Verpflichtung befreit wird (§§ 362 I, 267 BGB); nicht jedoch dann, wenn der Schuldner die Einrede der Verjährung gehabt hätte oder wenn er die Aufrechnung hätte erklären können.*

c) Maßgeblicher Wille

aa) Wirklicher Wille 424

wirklicher Wille

Maßgeblich ist grundsätzlich der wirkliche, ausdrücklich oder konkludent geäußerte Wille des GH. Der GF muss diesen Willen nicht notwendig kennen, und er ist auch dann beachtlich, wenn er unvernünftig und interessenwidrig ist.

bb) Mutmaßlicher Wille 425

mutmaßlicher Wille

Der mutmaßliche Wille des GH darf erst geprüft werden, wenn der wirkliche Wille nicht festgestellt werden kann.

Er ist gegeben, wenn der GH bei objektiver Beurteilung der Umstände im Zeitpunkt der Übernahme der Geschäftsführung zugestimmt hätte.

hemmer-Methode: Merke, dass der mutmaßliche Wille beim Fehlen besonderer Anhaltspunkte aus dem objektiven Interesse geschlossen wird.

cc) Irrtum des GF 426

Irrtum des GF

Hält der GF den Willen des GH irrtümlich für gegeben, so liegt dennoch *unberechtigte* GoA vor.

> ***Bsp.:*** *GF sieht in dem Haus des GH eine Gestalt umherschleichen. Wie GF weiß, ist GH für zwei Wochen in Urlaub. Um den "Einbrecher" zu stellen, bricht GF die Tür auf. Dort stellt sich heraus, dass der "Einbrecher" nur die Mutter des GH war, die die Blumen gegossen hat.*

---

376 Palandt, § 678 BGB, Rn. 2.

377 Palandt, § 683 BGB, Rn. 4.

wenn schuldlos, keine Haftung nach § 678 BGB

Ist der Irrtum aber schuldlos (= kein Übernahmeverschulden), so haftet der GF nicht aus § 678 BGB auf Schadensersatz (vgl. dort: "und musste der GF dies erkennen").

Hier ging der mutmaßliche Wille des GH dahin, die Tür nicht aufzubrechen. Daher liegt unberechtigte GoA vor. Der Irrtum des GF ist unbeachtlich.

d) Verhältnis von Wille und Interesse

Nach dem Wortlaut des § 683 S. 1 BGB müssen sowohl das objektive Interesse als auch der entsprechende Wille des GH vorliegen. 427

Wille geht dem Interesse vor, Ausnahme § 679 BGB

aa) Fallen objektives Interesse und tatsächlicher Wille auseinander, geht grds. der Wille vor. Er ist nur ausnahmsweise nach § 679 BGB unbeachtlich. 428

Bsp.: *GH ist völlig überschuldet. Sein reicher Onkel GF will die Schulden bezahlen. Dies lehnt GF ab, weil er auf niemanden angewiesen sein will.*

Zahlt GF trotzdem, so liegt unberechtigte GoA vor, obwohl die Zahlung für GH objektiv nützlich ist (wegen §§ 362 I, 267 BGB).

Vorrang auch, wenn nicht im objektiven Interesse

bb) Umstritten ist aber der umgekehrte Fall, dass die Geschäftsübernahme zwar dem Willen, nicht aber dem objektiven Interesse des GH entspricht. Soll auch hier unberechtigte GoA angenommen werden oder soll der Wille des GH Vorrang haben? 429

Nach h.M. hat auch in diesem Fall der Wille Vorrang vor dem objektiven Interesse.[378]

Bsp.: *Dem fanatischen Briefmarkensammler GH fehlt eine Briefmarke zur Vervollständigung einer Serie. Dafür würde er "jeden Preis" zahlen. Als sein Freund GF die Marke zum doppelten Marktpreis angeboten bekommt, kauft er sie für GH.*

Der Erwerb der Briefmarke zum doppelten Marktpreis entspricht nicht dem objektiven Interesse des GH. Entscheidend ist aber der von GH geäußerte Wille. Daher war die Geschäftsübernahme hier berechtigt.

Prüfungsreihenfolge

Für die Prüfung in der Klausur bedeutet das eben Gesagte:

<u>Prüfungsreihenfolge:</u>

(1) Zunächst ist der wirkliche Wille des GH festzustellen.

(2a) Entspricht die Übernahme des Geschäfts dem wirklichen Willen des GH, so kommt es nicht darauf an, ob das objektive Interesse davon abweicht; es liegt berechtigte GoA vor.

(2b) Entspricht die Übernahme nicht dem wirklichen Willen, so ist § 679 BGB zu prüfen.

(3) Kann der wirkliche Wille nicht festgestellt werden, dann kommt es auf den mutmaßlichen Willen an. Dieser kann i.d.R. aus dem objektiven Interesse gefolgert werden.

378 Vgl. Medicus, BR, Rn. 422.

2. Unbeachtlichkeit des Willens nach §§ 683 S. 2, 679 BGB

a) Erfüllung einer im öffentlichen Interesse liegenden Pflicht

§ 679 BGB

Es kann sich um eine privatrechtliche (z.B. Verkehrssicherungspflicht) oder eine öffentlich-rechtliche Pflicht handeln.[379] *430*

Ein öffentliches Interesse an der Erfüllung dieser Pflicht besteht, wenn ohne Eingreifen des Geschäftsführers konkrete Belange der Allgemeinheit gefährdet oder beeinträchtigt würden. Meist geht es hier um den Schutz von Leben, Gesundheit und Sachgütern. *431*

Bsp.: *GH will im Winter den Gehweg vor seinem Haus nicht streuen, obwohl er dazu durch Gemeindesatzung verpflichtet ist. Nachbar GF streut den Gehweg vor dem Haus des GH mit.*

Hier kann GF die Kosten für das Streumaterial von GH aus berechtigter GoA nach §§ 683, 679, 670 BGB verlangen. Den Wert der eigenen Arbeitsleistung kann der Nachbar aber nicht verlangen. Nur wenn die Voraussetzungen des § 1835 III BGB analog vorliegen, besteht ein Ersatzanspruch für das Tätigwerden. Grund: Der Geschäftsführer soll nur Ersatz "wie ein Beauftragter" verlangen können. Der Auftrag ist aber unentgeltlich, vgl. § 662 BGB.

Ein der Geschäftsübernahme entgegenstehender Wille des GH ist hier nach § 679 BGB unbeachtlich, da der GH die öffentlich-rechtliche Pflicht hatte, den Gehweg zu streuen. Die Erfüllung dieser Pflicht lag im öffentlichen Interesse, weil eine Gefahr für die Gesundheit der Passanten bestand. *432*

b) Gesetzliche Unterhaltspflicht

Beispiel für gesetzliche Unterhaltspflichten sind die §§ 1360 ff., 1601 ff., 1969 BGB. *433*

hemmer-Methode: Achten Sie dabei darauf, dass die Erfüllung nicht im öffentlichen Interesse liegen muss!

c) Verstoß gegen §§ 134, 138 BGB

Der Wille des GH soll nach h.M analog § 679 BGB[380] auch dann unbeachtlich sein, wenn er gegen ein gesetzliches Verbot oder gegen die guten Sitten verstößt. *434*

"Selbstmörderfall"

Dies kann im Falle der Rettung eines Selbstmörders einschlägig sein:

Fall 6: *GH will sich umbringen und stürzt sich von einer Brücke in den Fluß. Der zufällig vorbeikommende GF springt ins Wasser und rettet den GH, der noch bei vollem Bewusstsein ist. Dabei wird der Anzug des GF so beschädigt, dass er nicht mehr zu gebrauchen ist. GF verlangt Ersatz.*

Anspruch aus §§ 683, 670 BGB?

Hier liegt ein auch-fremdes Geschäft vor. GF ist einerseits aufgrund des § 323 c StGB zur Hilfeleistung verpflichtet (nach der Rechtsprechung ist der Selbstmord als Unglücksfall anzusehen). Andererseits wird er auch im Interessenkreis des GH tätig.

Der Fremdgeschäftsführungswille wird beim auch-fremden Geschäft vermutet.[381]

---

379 Z.B. Beseitigungspflicht des Störers nach Polizei- und Ordnungsrecht; s.o. Fall 3 Rn. 408.

380 Str.; Palandt, § 679 BGB, Rn. 6.

381 Da keiner der drei oben Rn. 407 ff. genannten Fälle vorliegt, muss dieser Punkt hier nicht problematisiert werden.

GF hat ohne Auftrag oder sonstige Berechtigung gegenüber GH gehandelt. Die Pflicht aus § 323 c StGB besteht nur gegenüber der Allgemeinheit.

Die Rettungsaktion lag im objektiven Interesse des GH.

Der wirkliche Wille des GH ging hier aber dahin, dass GF ihm nicht zu Hilfe kommen sollte. Dieser Wille könnte aber nach §§ 683 S. 2, 679 BGB analog unbeachtlich sein.

Nach h.M. ist dieser Wille des Selbstmörders sittenwidrig und verstößt daher gegen § 138 BGB. Analog § 679 BGB wird sein Wille für unbeachtlich erklärt.

Andere Lösungsmöglichkeiten:

Zum Teil werden §§ 134, 138 BGB direkt ohne Analogie zu § 679 BGB angewendet.

Andere erklären den geäußerten Willen entsprechend §§ 104 Nr.2, 105 BGB für unwirksam, da der Selbstmörder sich in einem die freie Willensbildung ausschließenden Zustand befinde.

hemmer-Methode: Ist der Selbstmörder im Zeitpunkt der Rettung bereits bewusstlos, entscheidet nicht mehr der wirkliche Wille, da dieser nicht mehr feststellbar ist (möglicherweise Meinungsumschwung vor dem Bewusstloswerden!). Es kommt dann vielmehr auf den mutmaßlichen Willen an, der aus dem objektiven Interesse gefolgert wird, so dass die Rettung eine berechtigte GoA darstellt.

Unproblematisch ist der Fall, wenn der Selbstmörder die Rettung nachträglich genehmigt, § 684 S. 2 BGB.

Es liegt dann eine berechtigte GoA vor. Der GF kann nach §§ 683, 679, 670 BGB Ersatz seiner Aufwendungen verlangen.[382]

3. GH ist geschäftsunfähig / beschränkt geschäftsfähig[383]

Ein Geschäftsunfähiger / beschränkt Geschäftsfähiger kann ohne weiteres GH sein. 435

geschäftsunfähiger GH: auf Willen des Vertreters abzustellen

Soweit es jedoch für die Frage, ob die GoA berechtigt ist, auf den Willen des GH ankommt, greifen die §§ 104 ff. BGB ein. Maßgebend ist daher der wirkliche bzw. mutmaßliche Wille des gesetzlichen Vertreters.

"Flugreisefall"

In diesem Zusammenhang ist der sog. "Flugreisefall“[384] von Bedeutung: 436

Ein Minderjähriger erschleicht sich die Flugleistung in die USA. Die Lufthansa bringt ihn zu seinen Eltern zurück.

Nur für den Rückflug greift berechtigte GoA ein. Der Minderjährige haftet als Geschäftsherr: Der Rücktransport entspricht dem mutmaßlichen Willen der Eltern. Über §§ 683, 670, 1835 III BGB entsprechend kann Ersatz verlangt werden.

382 Zu der Frage, wann ein Schaden nach § 670 ersatzfähig ist, s.o. Rn. 378.

383 Vgl. dazu auch Tyroller, Probleme des Minderjährigenrechts, Life&Law 2006, Heft 5, 358 ff.

384 BGHZ 55, 128 = **juris**byhemmer.

hemmer-Methode: Ansonsten würde die Wertung der §§ 104 ff. BGB über die GoA umgangen. Falsch wäre es deshalb, den Minderjährigen bei einem unwirksamem Vertrag gem. §§ 683, 677, 670 BGB z.B. für die Kosten einer Fahrschulausbildung haften zu lassen, ohne auf den Willen des gesetzlichen Vertreters (regelmäßig die Eltern, §§ 1626, 1629 BGB) als Korrektiv einzugehen.[385]

Exkurs: GF ist geschäftsunfähig / beschränkt geschäftsfähig[386]

geschäftsunfähiger GF: § 682

Für den Fall eines geschäftsunfähigen GF enthält § 682 BGB eine Regelung. Danach haftet der geschäftsunfähige / beschränkt geschäftsfähige GF nur nach den allgemeinen Vorschriften der §§ 812 ff. und §§ 823 ff. BGB, nicht aber aus GoA (§ 280 I BGB (berechtigte GoA als Schuldverhältnis); 678; 681 S. 2 BGB). 437

str., ob § 682, wenn Genehmigung

Streitig ist, ob § 682 BGB bei Zustimmung des gesetzlichen Vertreters anwendbar bleibt:[387] Die Entscheidung hängt hier davon ab, ob man die Geschäftsübernahme (wenigstens bei nicht nur rein tatsächlichem Tätigwerden für den GH) als rechtsgeschäftsähnliche Handlung betrachtet, auf welche die §§ 106 ff. BGB anwendbar sind. 438

hemmer-Methode: Merke aber, dass der geschäftsunfähige/ beschränkt geschäftsfähige GF gegen den GH in jedem Fall die *Ansprüche* aus berechtigter GoA (v.a. den Aufwendungsersatzanspruch aus §§ 683, 670 BGB) hat.

Exkurs Ende

4. Rückgriffsanspruch nach Genehmigung, § 684 S. 2 BGB

Genehmigungsmöglichkeit (⇨ dann auch § 678 (-))

Ist die Geschäftsübernahme nicht gemäß § 683 BGB berechtigt, so liegt eine unberechtigte GoA vor, die jedoch vom GH genehmigt werden kann, so dass die GoA dann rückwirkend (§§ 182, 184 I BGB) zur berechtigten wird. Es entfällt dann auch der Anspruch aus § 678 BGB. 439

auch konkludent möglich

Die Genehmigung kann ausdrücklich oder konkludent erfolgen, sie liegt z.B. im Herausgabeverlangen gem. §§ 681 S. 2, 667 BGB.[388] 440

Auslegung der Genehmigung

Ob sich die Genehmigung auch auf die Art und Weise der Ausführung des Geschäfts bezieht, muss durch Auslegung gem. §§ 133, 157 BGB ermittelt werden. Bedeutung hat dies für etwaige Schadensersatzansprüche. So bleiben auch nach der Genehmigung vorher durch fehlerhafte Ausführung entstandene Schadensersatzansprüche aus § 280 BGB (nach Genehmigung berechtigte GoA als Schuldverhältnis) bestehen.[389] 441

Durch Auslegung zu ermitteln ist ferner, ob sich die Genehmigung nur auf das Innenverhältnis (also die GoA) oder auch auf das Außenverhältnis gegenüber Dritten bezieht. 442

Bsp.:[390] *Angenommen, der Kauf der Briefmarke zu dem überhöhten Preis entsprach nicht dem Willen des GH.*

385 Vgl. zur Abwicklung nichtiger Verträge über §§ 812 ff. BGB Rn. 491 ff.

386 Vgl. dazu auch Tyroller, Probleme des Minderjährigenrechts, Life&Law 2006, 358 ff.

387 Vgl. Palandt, § 682 BGB, Rn. 1.

388 Vgl. Palandt, § 684 BGB, Rn. 2.

389 Palandt, § 677 BGB, Rn. 15; § 681 Rn. 4.

390 Siehe das Briefmarkenbeispiel oben Rn. 429.

Unterscheide: Innen- und Außenverhältnis

Hat GF den Kaufvertrag im Namen des GH ohne Vertretungsmacht geschlossen, so kann GH diesen Kaufvertrag (Außenverhältnis) nach § 177 I BGB genehmigen (auch gegenüber GF, § 182 I BGB). Diese Genehmigung ist von der Genehmigung nach § 684 S. 2 BGB (Innenverhältnis) zu unterscheiden. Die Auslegung kann aber ergeben, dass sich die Genehmigung sowohl auf das Außen- (= Vertretungsmacht, §§ 177, 182, 184 BGB) als auch das Innenverhältnis (= GoA) beziehen soll.

D. Rückgriffsansprüche des unberechtigten Geschäftsführers

Fall 1: *GH würde sein schönes Ferienhaus niemals an fremde Leute vermieten. GF glaubt aber, dass GH sein Haus gern vermieten würde. Er erkundigt sich allerdings nicht bei ihm. In Abwesenheit des GH vermietet GF das Ferienhaus.*

Voraussetzungen der unberechtigten GoA

Unberechtigt ist die Geschäftsübernahme, wenn sie weder dem Interesse und dem Willen des GH (§ 683 S. 1 BGB) entspricht, noch nach § 679 BGB berechtigt ist, noch durch den GH genehmigt worden ist (§ 684 S. 2 BGB). 443

Bei der unberechtigten GoA handelt der GF rechtswidrig, das gesetzliche Schuldverhältnis der berechtigten GoA entsteht nicht. Die Interessen des GF müssen hier gegenüber denen des GH zurückstehen. 444

Die §§ 677 ff. BGB erweitern die Haftung des unberechtigten GF gegenüber den §§ 812 ff. und 823 ff. BGB 445

§ 684 S. 1 i.V.m. §§ 818 ff.

Der GF hat hier nicht den Aufwendungsersatzanspruch nach §§ 683 S. 1, 670 BGB (Ersatz auch von nutzlosen Aufwendungen), sondern über § 684 S. 1 BGB nur einen Kondiktionsanspruch, dem ggf. der Entreicherungseinwand (§ 818 III BGB) entgegengehalten werden kann (Ersatz nur von werterhöhenden Aufwendungen). 446

Nach h.M.[391] ist § 684 S. 1 BGB Rechtsfolgenverweisung, d.h. es wird nur auf die §§ 818 ff. BGB verwiesen.[392] Der Tatbestand des § 812 BGB ist daher nicht zu prüfen. 447

daneben § 812 BGB

Auch ein unmittelbarer Anspruch aus den §§ 812 ff. BGB kann gegeben sein, da die unberechtigte GoA keinen Rechtsgrund darstellt. 448

E. Gegenansprüche des Geschäftsherrn

I. Bei berechtigter GoA

Der GF hat gewisse Pflichten: 449

Anzeigepflicht des GF

Nach § 681 S. 1 BGB hat er die Geschäftsübernahme sobald wie möglich anzuzeigen. 450

Nach § 677 BGB hat er bei der Ausführung des Geschäfts das Interesse und den Willen des GH zu beachten. Aus dem Wortlaut des § 677 BGB soll sich nach h.M ergeben, dass anders als bei § 683 S. 1 BGB das Interesse des GH Vorrang haben soll.[393] 451

Eine Pflicht zur Fortführung eines einmal übernommenen Geschäfts besteht nach § 677 BGB nicht. Ausnahmsweise kann sich eine solche Pflicht aber aus § 242 BGB ergeben. 452

391 Vgl. Palandt, § 684 BGB, Rn. 1.

392 A.A. Medicus, BR, Rn. 947, (s.o. Rn. 501).

393 A.A. Medicus, BR, Rn. 426.

§ 681 S. 2: §§ 666-668

Über § 681 S. 2 BGB hat der GF die Informations- und Herausgabepflichten eines Beauftragten, §§ 666 - 668 BGB. 453

Wichtig ist hier v.a. der Herausgabeanspruch des GH nach § 667 BGB, der auch einen vom GF erzielten Gewinn umfasst. 454

Zu Fall 1: Hat GF aufgrund seines Verhandlungsgeschicks einen besonders hohen Mietzins vereinbaren können, so hat er den gesamten Mietzins herauszugeben, auch wenn der geschäftsunerfahrene GH das Haus billiger vermietet hätte.

§§ 280 I, II iVm § 286 und v.a. § 280 I iVm § 241 II möglich

Verstößt der GF gegen die vorgenannten Pflichten, so ist er dem GH zum Ersatz des daraus entstehenden Schadens verpflichtet. Anspruchsgrundlage hierfür sind die Vorschriften des allgemeinen Schuldrechts: § 280 I, II i.V.m. § 286; § 280 I i.V.m. § 241 II BGB. 455

⇨ Ist dem GF z.B. die Herausgabe des Erlangten unmöglich geworden, so haftet er bei Verschulden auf Schadensersatz nach §§ 280 I, III, 283 BGB.

⇨ Wichtigste Anspruchsgrundlage für Schadensersatz ist aber § 280 I (berechtigte GoA als Schuldverhältnis i.S.d. § 280 I BGB).

<u>Voraussetzungen des § 280 I BGB:</u>

1. Bestehen des gesetzlichen Schuldverhältnisses der berechtigten GoA
2. **Pflichtverletzung bei der Ausführung** der berechtigten GoA
3. **(Ausführungs-) Verschulden**: §§ 276, 278 BGB; beachte § 680 BGB (Übernahmeverschulden ist nicht denkbar, da dann unberechtigte GoA vorliegt, dann gilt § 678 BGB)
4. Haftungsausfüllung: §§ 249 ff. BGB: Zu ersetzen ist der durch die Pflichtverletzung adäquat kausal verursachte Schaden

Zu Fall 1: *GF teilt dem GH nicht mit, dass er das Haus vermietet hat. Weil GH nichts davon weiß, fährt er noch am Samstag zu seinem Ferienhaus, um dort zu übernachten. Als GH von der Vermietung erfährt, ist er zwar erfreut; er will aber von GF seine Fahrtkosten ersetzt haben, weil er nicht den weiten Weg gemacht hätte, wenn er gewusst hätte, dass sein Haus vermietet ist.*

Schadensersatzanspruch aus § 280 I BGB?

Eine berechtigte GoA liegt vor, da der GH sich mit der Vermietung einverstanden gezeigt hat. Aus diesem gesetzlichen Schuldverhältnis hatte GF die Anzeigepflicht des § 681 S. 1. Diese Pflicht hat er verletzt. GF hat schuldhaft gehandelt, § 276; er hätte den GH telefonisch erreichen können. Daher hat GF den durch die Pflichtverletzung entstandenen Schaden zu ersetzen; das sind hier die Fahrtkosten des GH.

Standardfall: *Zufällig vorbeikommender Arzt behandelt Bewusstlosen nach Verkehrsunfall fehlerhaft. Er haftet aus § 280 I BGB.*

Für professionelle Nothelfer gilt das Haftungsprivileg des § 680 BGB nicht!
Argument: Wer über § 1835 III BGB analog auch Vergütung für seine Arbeitsleistung verlangen kann, soll nicht über § 680 BGB zusätzlich privilegiert werden.

Exkurs: Konkurrenzverhältnis zu §§ 987 ff., 812 ff., 823 ff. BGB

berechtigte GoA gibt Besitzrecht; ⇨ §§ 987 ff. (-)

Die §§ 987 ff. BGB sind nicht anwendbar, wenn die Inbesitznahme der Sache mit der berechtigten Geschäftsübernahme zusammenfällt. Die berechtigte (und nur die berechtigte) GoA stellt ein Besitzrecht i.S.d. § 986 BGB dar. 456

berechtigte GoA = Rechtsgrund ⇨ §§ 812 ff. (-)

Die §§ 812 ff. BGB sind ebenfalls nicht anwendbar, da die berechtigte GoA Rechtsgrund i.S.d. § 812 BGB ist. 457

Bei Rückabwicklung nichtiger Verträge sollen aber offensichtlich nach dem BGH die §§ 812 ff. BGB daneben anwendbar sein.[394] 458

berechtigte GoA als Rechtfertigungsgrund bei §§ 823 ff.

Auch ein Anspruch des GH aus §§ 823 ff. BGB kommt nicht in Betracht, da das Handeln des berechtigten GF nicht rechtswidrig ist. 459

Dies gilt allerdings nur, soweit es um eine durch die Geschäftsübernahme verursachte Rechtsgutverletzung geht. Bei der Ausführung haftet der GF - wie ein Beauftragter - auch nach § 823 I BGB. Allerdings ist beim Verschulden § 680 BGB anwendbar, da diese Haftungsmilderung andernfalls leer laufen würde. 460

> Zu Fall 1: Dadurch, dass GF fremde Leute in das Haus des GH einlässt, erfüllt er zwar den objektiven Tatbestand einer Eigentumsverletzung i.S.d. § 823 I BGB. Diese ist jedoch nicht rechtswidrig, da GF in berechtigter GoA handelt.
>
> Beschädigt er aber das Haus, während er die neuen Mieter durch das Haus führt, so haftet er aus § 823 I BGB, da diese Rechtsgutsverletzung bei Ausführung des Geschäfts eingetreten ist.

hemmer-Methode: Das Konkurrenzverhältnis der GoA zu anderen Haftungsvorschriften ist Grundlage vieler Klausuren. Da die berechtigte GoA ähnlich wie ein Vertrag wirkt, ist sie causa i.S.d. § 812 BGB und kann auch einen Rechtfertigungsgrund i.S.d. § 823 BGB geben. Deswegen ist die berechtigte GoA in der Klausur vor Ansprüchen aus Bereicherungsrecht und Deliktsrecht zu prüfen. Wichtig ist auch die Anwendbarkeit des § 680 BGB auf die §§ 823 ff. BGB. Die Anwendbarkeit von außerhalb des Deliktsrechts stehenden Haftungsmilderungen oder Verjährungsvorschriften auf die §§ 823 ff. BGB ist ein häufiges Problem in Klausuren.

Exkurs Ende

II. Bei unberechtigter GoA

1. Anspruch aus § 678 BGB

§ 678, Schadensersatz bei Übernahmeverschulden

Wichtigster Anspruch des GH bei unberechtigter GoA ist der Schadensersatzanspruch aus § 678 BGB, der an das sog. Übernahmeverschulden anknüpft, d.h. es kommt nur darauf an, ob der GF erkannt hat oder infolge Fahrlässigkeit nicht erkannt hat, dass die Geschäftsübernahme dem maßgebenden Willen des GH widerspricht. 461

Der Widerspruch kann sich auf die Übernahme als solche, Zeitpunkt, Umfang, Art und Weise oder die Person des GF beziehen.[395]

Eine Haftungsmilderung enthält § 680 BGB, der auch bei der unberechtigten GoA anwendbar ist. 462

394 S.o. Fall 4, Rn. 409.

395 Palandt, § 678 BGB, Rn. 2.

Sind die Voraussetzungen des § 678 BGB erfüllt, dann hat der GF dem GH jeden aus der Geschäftsführung adäquat kausal entstandenen Schaden zu ersetzen. Dies sogar dann, wenn ihm bei der Ausführung des Geschäfts kein weiteres Verschulden mehr zur Last fällt (vgl. Wortlaut). 463

Zu Fall 1: *Das Kind des Mieters zündelt trotz ausreichender Beaufsichtigung mit Zündhölzern. Dadurch kommt es zu einem Brand, der das ganze Haus zerstört. GH verlangt von GF Schadensersatz.*

Anspruch aus § 678 BGB?

Die Vermietung entsprach hier nicht dem Willen des GH. Die Geschäftsübernahme war daher unberechtigt. GF hätte den entgegenstehenden Willen des GH erkennen können (§ 276 BGB). Er hätte nur nachfragen müssen. Daher hat GF jeden durch die Vermietung adäquat kausal verursachten Schaden zu ersetzen. Dazu gehört der durch den Brand entstandene Schaden. Unbeachtlich ist, dass den GF am Brand selbst kein Verschulden trifft.[396]

2. Anspruch aus § 280 I BGB (unberechtigte GoA als Schuldverhältnis)

bei fehlendem Übernahmeverschulden: § 280 I BGB

Denkbar ist auch ein Anspruch aus § 280 I BGB. In der Regel wird bei der unberechtigten GoA Schadensersatz zwar bereits über § 678 BGB geschuldet. Dieser setzt jedoch ein Übernahmeverschulden voraus. Lediglich auf das Vorliegen eines Ausführungsverschuldens kommt es nach § 678 BGB nicht an. 465

Daneben kommen Fälle der unberechtigten GoA in Betracht, bei denen den GF kein Übernahme-, aber ein Ausführungsverschulden trifft. § 678 BGB greift hier nicht ein, jedoch kann Schadensersatz über § 280 I BGB verlangt werden.[397] 466

Bsp.: *N hört wie im Hause seines Nachbarn S jemand um Hilfe ruft. Um in das Haus zu gelangen schlägt N das Küchenfenster ein, da er aus grober Fahrlässigkeit nicht bemerkt, dass die Terrassentür weit offen steht. Als N das Wohnzimmer betritt merkt er, dass die Hilferufe von seinem Nachbar stammen, der mit seiner Laienschauspielgruppe gerade ein Theaterstück einübt.*

S verlangt Schadensersatz für die zerschlagene Fensterscheibe.

S könnte einen Schadensersatzanspruch aus § 678 BGB haben.

Die Übernahme der Geschäftsführung entsprach nicht dem Willen des S, da dieser gar nicht in Gefahr war, sondern lediglich für ein Theaterstück probte. Es handelte sich somit um eine unberechtigte GoA.

Fraglich ist jedoch, ob N dies auch erkennen musste, d.h. ob ihn ein Übernahmeverschulden traf. Aus Sicht des N sah es so aus, als wäre sein Nachbar S in Gefahr und bräuchte Hilfe. N konnte von außen nicht erkennen, dass seine Hilfe nicht dem Willen des S entsprach.

Ein Anspruch aus § 678 BGB scheidet somit mangels Übernahmeverschuldens aus.

S könnte jedoch einen Anspruch aus § 280 I BGB haben.

396 Bei einem Brand durch einen Blitzschlag würde dagegen der Anspruch aus § 678 BGB versagen, da der äquivalente Kausalzusammenhang zwischen Brand und Vermietung fehlt („Mieter ziehen den Blitz nicht an“, vgl. Medicus, BR, Rn. 417).

397 Palandt, § 677 BGB, Rn. 15.

N hat in unberechtigter GoA gehandelt, ohne dass ihm ein Übernahmeverschulden trifft. Vorzuwerfen ist ihm jedoch, dass er das Haus nicht durch die weit offene Terrassentür betreten, sondern ein Fenster eingeschlagen hat. Es trifft ihn somit ein Verschulden bei der Ausführung der unberechtigten GoA, vgl. § 680 BGB. S hat daher einen Anspruch auf Ersatz des Küchenfensters aus § 280 I BGB.

hemmer-Methode: Beachten Sie, dass in der Regel bei der unberechtigten GoA auch ein Übernahmeverschulden gegeben sein wird, so dass sich der Schadensersatzanspruch schon aus § 678 BGB ergibt. Auf ein Ausführungsverschulden kommt es dann nicht mehr an. Ist dagegen kein Übernahme-, aber ein Ausführungsverschulden gegeben, ergibt sich ein Schadensersatz-Anspruch aus § 280 I BGB.

3. Anspruch aus § 681 S. 2 BGB

Problem: Herausgabeanspruch

Ob der GH den Herausgabeanspruch aus §§ 681 S. 2, 667 BGB hat, ist umstritten.[398] 467

Nach einer Ansicht besteht der Anspruch, da der unberechtigte GF nicht besser stehen soll als der berechtigte. 468

Die Gegenansicht begründet ihren Standpunkt damit, dass der GH ja die Möglichkeit hat, durch Genehmigung (§ 684 S. 2 BGB) die ihm günstigen Rechtsfolgen des § 681 S. 2 BGB herbeizuführen.[399] 469

Dieser Streit bezieht sich auf alle Pflichten des GF aus § 681 BGB. 470

4. §§ 812, 823 ff. BGB

Im Übrigen sind die §§ 812 ff., 823 ff. BGB anwendbar. 471

§§ 812 ff., 987 ff. neben unberechtigter GoA

Die unberechtigte GoA ist weder Rechtsgrund noch Rechtfertigungsgrund.

Allerdings kann auch hier § 680 BGB als Verschuldensmaßstab bei §§ 823 ff. BGB angewendet werden (strittig).

Sind die Voraussetzungen für die §§ 987 ff. BGB gegeben, so soll nach h.M. daneben ein Anspruch aus unberechtigter GoA nicht gegeben sein;[400] die §§ 987 ff. BGB gehen als leges speciales vor. 472

hemmer-Methode: Wegen dieses Vorrangverhältnisses müssen dann Ansprüche aus §§ 987 ff. BGB vor den Ansprüchen aus unberechtigter GoA geprüft werden!

Zu Fall 1: Ersatz des Brandschadens nach §§ 989, 990 BGB?

Ein EBV liegt hier nicht vor, da GF zum Besitz berechtigt ist (§ 986 BGB). GH hat dem GF ja den (Mit-) Besitz an seinem Haus überlassen, damit GF dort nach dem Rechten sehen kann (Auftrag, § 662 BGB).

Ersatz des Brandschadens nach § 823 I BGB?

In der Vermietung ist eine Eigentumsverletzung durch GF zu sehen. Diese ist auch rechtswidrig. Fraglich ist aber, ob der Brand ein durch die Eigentumsverletzung adäquat verursachter Schaden ist (haftungsausfüllende Kausalität!).

398 Vgl. zu diesem Meinungsstreit m.w.N. Hemmer/Wüst, Herausgabeansprüche, Rn. 41.

399 So Henssler, in JuS 1991, 924, 927 (Fn. 37).

400 Palandt, Einf. v. § 677 BGB, Rn. 12.

Wenn man oben bei § 678 BGB den kausalen Zusammenhang zwischen Geschäftsübernahme und Schaden bejaht hat, wird man diesen Zusammenhang auch zwischen Eigentumsverletzung und Schaden annehmen müssen, da sich hier ja Geschäftsübernahme und Eigentumsverletzung praktisch decken.[401]

F. Eigengeschäftsführung, § 687 BGB

Eigengeschäftsführung, kein Fremdgeschäftsführungswille

Eine Eigengeschäftsführung liegt vor, wenn jemand ein fremdes Geschäft als sein eigenes behandelt, wenn also der Fremdgeschäftsführungswille fehlt. 473

hemmer-Methode: Bei der Eigengeschäftsführung handelt es sich eigentlich nicht um eine Regresssituation. Sie soll jedoch dennoch der Vollständigkeit halber hier dargestellt werden.

Voraussetzung für § 687 BGB ist immer, dass ein objektiv fremdes Geschäft geführt wird. Das neutrale Geschäft wird ja erst durch den (nach außen erkennbaren) Fremdgeschäftsführungswillen zu einem (subjektiv) fremdem Geschäft (z.B. Erwerb einer Sache). Bei § 687 BGB fehlt der Fremdgeschäftsführungswille aber gerade. 474

§ 687 BGB enthält zwei Fälle der Eigengeschäftsführung: Die irrtümliche Eigengeschäftsführung und die Geschäftsanmaßung. 475

I. Irrtümliche Eigengeschäftsführung, § 687 I BGB

irrtüml. Eigengeschäftsführung

§ 687 I BGB behandelt den Fall, dass jemand irrtümlich ein objektiv fremdes Geschäft als eigenes behandelt. Dem Geschäftsführer fehlt das Bewusstsein, ein fremdes Geschäft zu führen. 476

Hier sind die §§ 677 ff. BGB überhaupt nicht anwendbar (auch keine Genehmigung nach § 684 S. 2 BGB!). Dies gilt auch, wenn der Irrtum verschuldet war. 477

Statt dessen gelten sowohl für die Ansprüche des GH wie des GF die §§ 987 ff., 812 ff., 823 ff. BGB

Bsp.: *GF will sein eigenes Ferienhaus vermieten, verwechselt aber die Schlüssel und gibt dem Mieter den Schlüssel zum Haus des GH. Anspruch des GH auf Herausgabe des Mietzinses?*

Ein Anspruch aus berechtigter (§§ 681 S. 2, 667 BGB) oder unberechtigter (§ 684 S. 1 BGB) GoA scheidet aus, da GF ohne Fremdgeschäftsführungswillen gehandelt hat, als er dem Mieter den Schlüssel des GH gab. Auch eine Genehmigung nach § 684 S. 2 BGB ist nicht möglich.

Es bestehen auch keine Ansprüche aus EBV, da GF ein Recht zum Besitz hatte.

Anspruch auf Herausgabe des Mietzinses nach § 816 I S. 1 BGB analog?

Eine analoge Anwendung könnte deshalb in Betracht kommen, weil die Vermietung einer Sache keine Verfügung darstellt. Eine Analogie ist aber mangels Vergleichbarkeit der Interessenlage abzulehnen; bei der Vermietung fehlt es an einem endgültigen Rechtsübergang.[402]

Dagegen sind die Voraussetzungen des § 812 I S. 1, 2.Alt. BGB erfüllt.[403] Danach kann GH aber nicht einen von GF erzielten überdurchschnittlich hohen Gewinn ersetzt verlangen (anders als bei § 816 I S. 1 BGB).

---

401 Zweifelnd Medicus, BR, Rn. 417 ohne Lösung.

402 Str.; vgl. Palandt, § 816 BGB, Rn. 7.

403 Vgl. dazu Hemmer/Wüst/Gold, Bereicherungsrecht, Rn. 318 ff.

II. Geschäftsanmaßung, § 687 II BGB

Fall 2: GF weiß, dass GH sein Ferienhaus nicht vermieten will. Er nützt aber die Abwesenheit des GH aus, um dessen Haus zu vermieten. Den Mietzins will er für sich behalten.

angemaßte Eigengeschäftsführung

In § 687 II BGB ist der Fall geregelt, dass jemand ein objektiv fremdes Geschäft im eigenen Interesse führt, obwohl er positive Kenntnis von der Fremdheit des Geschäfts hat. 478

Der GF ist hier überhaupt nicht schutzwürdig; er haftet nach den allgemeinen Vorschriften (§§ 987 ff., 812 ff., 823 ff. BGB). Darüber hinaus gibt § 687 II BGB dem GH die Möglichkeit, die Ansprüche aus berechtigter und unberechtigter GoA geltend zu machen, die u.U. für ihn günstiger sind (v.a. § 678 BGB und der Anspruch aus §§ 681 S. 2, 667 BGB, der auch auf Herausgabe eines Gewinns des GF geht). 479

hemmer-Methode: § 687 II BGB wird oft übersehen, obwohl er mit dem Verweis auf § 678 BGB (Schadensersatz) und §§ 681 S. 2, 667 BGB (Herausgabe von z.B. Gegenständen, Erlösansprüchen) von den Rechtsfolgen her für den GH äußerst günstig ist. In Konstellationen, in denen man sonst v.a. auf § 816 I BGB oder das EBV abstellt, ist deshalb immer auch an § 687 II BGB zu denken. Oft wird es freilich am subjektiven Tatbestand beim GF (gefordert ist positive Kenntnis von der Nichtberechtigung) fehlen.
Da Ansprüche über § 687 II BGB von der abschließenden Regelung des EBV unberührt bleiben und auch kein Konkurrenzverhältnis zu anderen Bestimmungen besteht, gibt es für die Klausur keine feste Regel, an welcher Stelle man sie zu prüfen hat.

1. Ansprüche des GH

§ 687 II i.V.m. §§ 681 S. 2, 667 BGB

a) Über § 687 II BGB kann der GH vom GF Herausgabe des Erlangten nach §§ 681 S. 2, 667 BGB verlangen. Danach kann der GH auch vom GF erzielten Gewinn herausverlangen, den er selbst nicht gemacht hätte. Der GF haftet hier also schärfer als nach Delikt (nach § 252 BGB ist nur der Gewinn zu ersetzen, den auch der GH gemacht hätte) und Bereicherungsrecht (nur bei § 816 I S. 1 BGB ist auch erzielter Gewinn herauszugeben). 480

GF hat aufgrund seiner Geschäftserfahrenheit einen besonders hohen Mietzins herausschlagen können. In diesem Fall müsste dem GH geraten werden, seine Ansprüche aus § 687 II BGB geltend zu machen, da er nur auf diese Weise über §§ 681 S. 2, 667 BGB den gesamten Mietzins von GF herausverlangen kann.

§ 687 II i.V.m. § 678 BGB

b) Wichtig ist auch der Schadensersatzanspruch nach § 678 BGB, auf den § 687 II BGB verweist. Der GF haftet dann für Folgeschäden auch ohne Verschulden.[404] 482

c) Die §§ 987 ff., 812 ff., 823 ff. BGB sind daneben uneingeschränkt anwendbar. §§ 987 ff. BGB verdrängen § 687 II BGB nicht. 483

hemmer-Methode: Im Übrigen ist immer auf das Vorrangverhältnis der §§ 987 ff. BGB gegenüber §§ 812 ff. und 823 ff. BGB zu achten (vgl. §§ 992, 993 BGB).

404 S.o. Rn. 461.

2. Ansprüche des GF

Ansprüche des GF

Die Ansprüche des GF richten sich danach, ob der GH die Rechte aus § 687 II BGB geltend macht oder nicht. 484

Aufwendungsersatz

a) Macht der GH diese Rechte geltend, so hat der GF den Anspruch aus § 684 S. 1 BGB. Der GF kann dann Aufwendungsersatz nur nach Bereicherungsrecht verlangen (§ 818 III BGB). 485

Die Verweisung in § 687 II S. 2 BGB ist etwas missverständlich formuliert: es ergibt sich ein "juristisches Karussell",[405] da einerseits der GH das durch die Geschäftsführung Erlangte an den GF herausgeben muss, andererseits der GH aber nach §§ 687 II 1, 681, 667 BGB das durch die Geschäftsführung Erlangte vom GF fordern kann. § 687 II 2 BGB ist daher folgendermaßen zu verstehen: Wenn der GH vom GF dessen Gewinn aus der Geschäftsführung herausverlangt, muss er umgekehrt dem Geschäftsführer dessen Aufwendungen nach Bereicherungsrecht ersetzen. 486

> ***Zu Fall 2:*** *GF hat das Haus des GH extra durch eine Putzhilfe reinigen lassen, um einen höheren Mietzins zu erzielen. Hier hat GF einen Anspruch auf Ersatz der Kosten für die Putzhilfe aus § 684 S. 1, 818 I BGB. Dies gilt allerdings nur dann, wenn GF durch diese Kosten auch einen höheren Mietzins erlangt hat oder wenn GH das Haus ohnehin hätte reinigen lassen müssen und sich so eigene Aufwendungen erspart hat. Nur dann ist eine entsprechende Bereicherung bei GH vorhanden.*

notwendige Verwendungen

b) Macht der GH die Rechte aus § 687 II BGB nicht geltend, so hat der GF grundsätzlich überhaupt keinen Aufwendungsersatzanspruch. Ein solcher Anspruch kommt allenfalls aus §§ 994 ff. BGB für notwendige Verwendungen in Betracht. 487

Bei § 994 II BGB handelt es sich um eine gemischte Rechtsgrund-, Rechtsfolgenverweisung, da ja gerade aufgrund des fehlenden Fremdgeschäftsführungswillens keine GoA gegeben ist. 488

Notwendige Verwendungen werden also nach §§ 994 II, 683 BGB nur ersetzt, wenn sie dem wirklichen oder mutmaßlichen Willen des Berechtigten entsprechen. 489

§ 687 II S. 2 i.ü. abschließend

Im Übrigen ist ein Anspruch des GF aus §§ 812 ff. BGB ausgeschlossen (!), da er nach der Wertung des § 687 II S. 2 BGB und des § 996 BGB keinen Ersatz für seine Aufwendungen erhalten soll.[406] 490

> ***Zu Fall 2:*** *Wenn GH die Rechte aus § 687 II nicht geltend macht, kann GF die Kosten für die Putzhilfe auch dann nicht nach § 812 I S. 1, 2.Alt. BGB verlangen, wenn GH sich dadurch eigene Aufwendungen erspart hat. Die Anwendbarkeit des § 812 BGB wird durch § 687 II S. 2 BGB ausgeschlossen.*

405 Zu diesem Problem siehe Medicus, BR, Rn. 419.

406 Henssler, in JuS 1991, 924 ff., 929.

§ 6 RÜCKGRIFFSKONDIKTION

Subsidiarität

In der Einleitung[407] wurde das wichtigste zur Rückgriffskondiktion schon gesagt: Sie ist gegenüber den anderen Regressvarianten subsidiär und daher in der Klausur - wenn überhaupt - oft nur für das Hilfsgutachten interessant. Im wesentlichen beschränkt sich der Bereich, in dem ihre Anwendung diskutiert wird, auf zwei Fallgruppen: 491

⇨ Der Dritte leistet an den Gläubiger im Glauben, er sei der Schuldner. In Wirklichkeit ist es der S.[408] Er möchte jetzt - der Grund sei dahingestellt - bei S statt bei G Regress nehmen.

⇨ Der Dritte bezahlt ganz bewusst die Schulden des S bei G und will jetzt bei S Regress nehmen.

§ 812 I 1 Alt. 2 BGB

Die Rückgriffskondiktion ist eine Nichtleistungskondiktion gemäß § 812 I 1 Alt. 2 BGB. Die Rückabwicklung findet hier nicht zwischen Leistendem und Leistungsempfänger statt. Wegen der Vorrangigkeit der Leistungskondiktion scheint die Rückgriffskondiktion aber von vornherein oftmals ausgeschlossen:[409] 492

Der Hundehalter D, dessen Hund vermeintlich zugebissen hat, hat die Schuld des S nicht getilgt (§ 267 BGB), weil er gar nicht auf sie geleistet hat. Zugleich hat der S auch nichts erlangt. Der gebissene G hat die Leistung von D ohne Rechtsgrund erlangt. D muss demnach von G nach § 812 I 1 Alt. 1 BGB kondizieren.

Leistungskondiktion vorrangig

Leistet der Dritte bewusst auf eine fremde Schuld (vgl. Fallgruppe 2) kann die Dreiecksbeziehung in der Regel nach den allgemeinen Grundsätzen innerhalb der Leistungsbeziehungen rückabgewickelt werden.[410] 493

Bsp.: *D schuldet S 1.000,- €, S schuldet wiederum G 2.000,- €. S weist den D an, auf seine Schuld bei G zu leisten.*

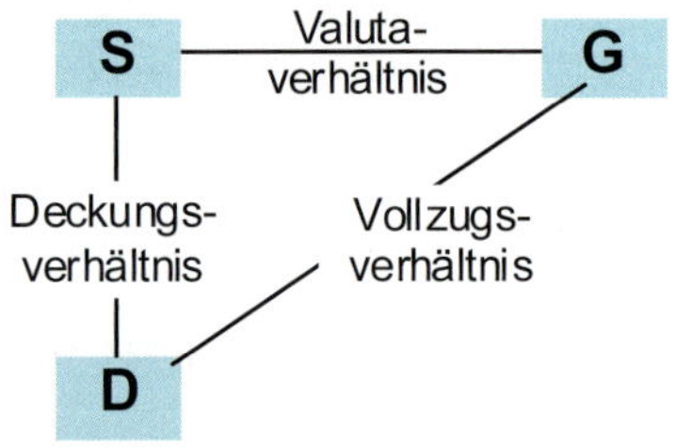

Variante 1: Die Anweisung des S war rechtsunwirksam.

Variante 2: S schuldet dem G tatsächlich gar nichts.

In der 1. Variante ist das Deckungsverhältnis zwischen D und S fehlerhaft. Die Rückabwicklung hat als Leistungskondiktion zwischen D und S zu erfolgen (Abwicklung übers Eck). Grund: Jeder soll sich nur mit demjenigen auseinander setzen müssen, zu dem bereits eine Rechtsbeziehung besteht.[411]

In der 2. Variante ist das Valutaverhältnis mangelhaft. S muss bei G kondizieren.

407 Rn. 26.

408 Vgl. z.B. den Hundebissfall von Rn. 26.

409 Medicus, BR, Rn. 948.

410 Deshalb lehnt Palandt, die Rückgriffskondiktion als bereicherungsrechtlichen Sondertatbestand grundsätzlich ab, vgl. § 812 BGB, Rn. 58.

411 Vgl. ausführlich zu der bereicherungsrechtlichen Abwicklung in den Anweisungsfällen Hemmer/Wüst, Bereicherungsrecht, Rn. 158 ff.

e.A.: nie Fall der Rückgriffskondiktion

Nach einer Ansicht[412] ist die Rückgriffskondiktion in dieser Fallgruppe überhaupt überflüssig, weil der Leistende immer bezweckt, eine berechtigte GoA mit der Rückgriffsmöglichkeit der §§ 683, 670 BGB herbeizuführen. Gelingt ihm dies nicht, sei das ein Fall der Zweckverfehlung (§ 812 I 2 2.Alt. BGB).[413] 494

hemmer-Methode: Die Einzelheiten des bereicherungsrechtlichen Ausgleichs im Dreipersonenverhältnis können hier nicht dargestellt werden. Die Einführung soll nur der Einordnung der Problemstellung dienen. Zur Vertiefung sollten Sie Hemmer/Wüst/Gold Bereicherungsrecht Rn. 158 ff. durcharbeiten.

I. Voraussetzungen der Rückgriffskondiktion

Der Kondiktionsanspruch setzt voraus, dass der Kondiktionsschuldner (S) *etwas ohne Rechtsgrund erlangt* hat. 495

etwas erlangt?

1. Daran fehlt es bereits, wenn 496

nicht bei cessio legis

⇨ der Leistende den Anspruch gegen S auf Grund einer cessio legis erwirbt (z.B. § 268 III BGB). Aus Sicht des S haben nur seine Gläubiger gewechselt. Sein Vermögen ist unverändert geblieben.

nicht bei Anweisung

⇨ der Leistende auf eine Anweisung des S hin an den G geleistet hat (§§ 783 ff. BGB). Dann erlischt sowohl die Schuld des S bei G (§§ 267, 362 BGB) als auch die des D bei S (§ 787 I BGB). Durch die Automatik des § 787 I BGB bedarf es keines gesonderten Rückgriffs.

§§ 255, 285 BGB

⇨ G dem D nach §§ 255, 285 BGB zur Abtretung seines Anspruchs gegen S verpflichtet ist.

hemmer-Methode: Wenn von "Anweisung" die Rede ist, ist dies in der Regel im weiten Sinne zu verstehen (Wichtigstes Bsp.: Der Überweisungsauftrag an die Bank). Das heißt, es müssen nicht immer die Anforderungen vorliegen, die das Gesetz in den §§ 783 ff. BGB an die Anweisung im engeren Sinne stellt. Die schuldbefreiende Wirkung des § 787 I BGB tritt dann aber nicht ein.

ohne Rechtsgrund?

2. Der S hat zwar etwas erlangt, *aber nicht ohne Rechtsgrund*, wenn: 497

nicht bei GoA

⇨ D als berechtigter Geschäftsführer für S als Geschäftsherrn an den G leistete,[414]

nicht bei Auftrag

⇨ D von S dazu beauftragt war.

II. Verhältnis zur unberechtigten GoA

entgegen Willen des Geschäftsherrn

In der oben genannten 2. Fallgruppe[415] will der D ein fremdes Geschäft des S ausführen. Tut er dies gegen den beachtlichen Willen des S (vgl. § 679 BGB), so ist seine Geschäftsführung unberechtigt. 499

412 Siehe dazu Medicus, BR, Rn. 949.

413 Hemmer/Wüst, Bereicherungsrecht, Rn. 271 ff.

414 Auch die berechtigte GoA ist Rechtsgrund i.S.d. § 812 I BGB! Anspruchsgrundlage für den Rückgriff des D bei S ist der Aufwendungsersatzanspruch aus § 670 BGB (i.V.m. § 683 Satz 1 BGB).

415 Rn. 491.

Bsp.: *D ist Gläubiger des S und will bei diesem einen Pkw pfänden lassen, den der S von G unter Eigentumsvorbehalt gekauft hat. Um in den Pkw ohne die Gefahr einer Drittwiderspruchsklage (§ 771 ZPO) vollstrecken zu können, zahlt D an G die noch ausstehenden Raten.*

Es liegt nicht im Interesse des S, dass durch die Zahlung des D die Zwangsvollstreckung in seinen Pkw ungehindert möglich wird. Daher scheidet ein Anspruch aus berechtigter GoA aus.

§ 684 BGB: Rechtsfolgenverweisung

Wenn S die Geschäftsführung nicht genehmigt, verweist § 684 Satz 1 BGB auf die Vorschriften der ungerechtfertigten Bereicherung. Nach wohl h.M. handelt es sich nur um eine Rechtsfolgenverweisung, die Voraussetzungen des Anspruchs enthält Satz 1 selbst.[416] Der Tatbestand des § 812 BGB ist daher nicht zu prüfen. *500*

a.A.: Rechtsgrundverweisung

Der Meinungsstreit zwischen Rechtsgrund- und -folgenverweisung ist für die hier interessierende Frage des Anwendungsbereichs der Rückgriffskondiktion im Ergebnis unergiebig. Die unberechtigte GoA stellt ohnehin keinen Rechtsgrund i.S.d. § 812 BGB dar. Daher kann neben dem Anspruch aus §§ 684 S. 1, 818 BGB auch einer aus §§ 812, 818 BGB in Betracht kommen. *501*

§ 687 II 2 BGB

Zu §§ 684 Satz 1, 818 BGB gelangt man auch über § 687 II 2 BGB. Das setzt voraus, dass der "Geschäftsherr" denjenigen, der sich eine Eigengeschäftsführung angemaßt hat, nach § 687 II 1 BGB wie einen Geschäftsführer behandelt. *502*

In den Fällen der unberechtigten GoA ist die Rückgriffskondiktion somit denkbar, gewinnt wegen der Anspruchsgrundlagenkonkurrenz zu §§ 684 Satz 1, 818 BGB jedoch keine eigenständige Bedeutung. *503*

III. Verbleibender Anwendungsbereich

Betrachtet man die Eingrenzungen unter I. und das Verhältnis zur unberechtigten GoA, setzt die Rückgriffskondiktion Folgendes voraus:[417] *504*

Voraussetzungen der Rückgriffskondiktion:

1. Der Regressberechtigte D hat auf eine fremde Schuld des Schuldners S gegenüber Gläubiger G geleistet.

2. Die Schuld S - G muss wirklich bestanden haben.

3. Der Rückgriff darf nicht schon in anderer Weise geregelt sein:

a) etwa durch § 670 (i.V.m. § 683) BGB oder eine cessio legis,

b) bei fehlerhaftem Deckungs- oder Valutaverhältnis durch eine Leistungskondiktion.

Bsp.:[418] *D will von S, der nicht verkaufswillig ist, dessen Grundstück erwerben. Er bezahlt deshalb die Schulden des S bei G, um mit dem Anspruch aus der Rückgriffskondiktion in das Grundstück die Vollstreckung zu betreiben.*

416 Palandt, § 684 BGB, Rn. 1; a.A. Medicus, BR, Rn. 947: Rechtsgrundverweisung.

417 Vgl. Medicus, BR, Rn. 950.

418 Vgl. Rn. 27.

IV. Erweiterter Anwendungsbereich durch die nachträgliche Tilgungsbestimmung?

Korrektur der Tilgungsbestimmung

Die Fallgruppe 1 (Leistung auf vermeintlich eigene Schuld) wird nach dem bisherigen Ergebnis über die Leistungskondiktion D - G zu lösen sein. Die Rechtsprechung und ein Teil der Literatur möchte dem leistenden Dritten in einigen Fällen aber die Möglichkeit geben, seine mit der Leistungshandlung verbundene Tilgungsbestimmung nachträglich zu korrigieren. 505

Bsp.: *Hundehalter D bestimmt nachträglich, dass seine Leistung auf die Schuld des wirklichen Schuldners S erbracht sein sollte. Denn der gebissene Gläubiger G ist vermögenslos und der Kondiktionsanspruch daher wirtschaftlich wertlos.*

Problem: Interessengegensätze

Das Interesse des D ist nachvollziehbar, in vielen Fällen wird es aber im Gegensatz zu anderen Interessen stehen:[419] 506

Bspe.: *Was soll gelten, wenn der Hundehalter S in Kenntnis seiner Verantwortlichkeit auch an den G gezahlt hatte? Muss er sich dann mit dem vermögenslosen G auseinander setzen, obwohl innerhalb seiner Rechtsbeziehung zu G kein Mangel vorlag?*

Angenommen der verletzte G hat sich an S rächen wollen und dessen Rassehund vergiftet. S hätte gegen den Schadensersatzanspruch des G mit seinem eigenen aufrechnen können. Darf ihm diese Möglichkeit genommen werden?

hemmer-Methode: Haben Sie gerade an das Aufrechnungsverbot des § 393 BGB denken müssen? Wenn ja, spricht das für Ihr gut geschultes Assoziationsvermögen.
Letztlich ist § 393 BGB auf diesen Fall aber nicht anwendbar: Die vorsätzliche unerlaubte Handlung hat der G begangen, S haftet nur aus Gefährdungshaftung. S kann also aufrechnen, G dagegen in umgekehrter Richtung nicht.

G fällt in Konkurs. Der ursprüngliche Kondiktionsanspruch des D gegen G aus § 812 I 1 1.Alt. BGB gehört zur Konkursmasse. Die nachträgliche Tilgungsbestimmung würde die Konkursmasse verkürzen. Dies steht möglicherweise im Konflikt zu § 91 InsO.

e.A.: abzulehnen

Teilweise wird die nachträgliche Tilgungsbestimmung wegen dogmatischer Bedenken abgelehnt. Sie lasse sich nicht durch eine Analogie zu § 144 BGB begründen, der das Vertrauen des Erklärungsgegners, nicht des Erklärenden schützt. Ebenso scheiden die §§ 182 ff. BGB aus. Die Genehmigung diene der Sanktionierung fremder Verfügungen, hier geht es aber um die Berichtigung einer eigenen Leistungsbestimmung.[420] 507

hemmer-Methode: Im konkreten Einzelfall der Klausur haben Sie erheblichen Argumentationsspielraum in beide Richtungen. Fest steht nämlich nur soviel: Die nachträgliche Tilgungsbestimmung kann dem Regressberechtigten nicht als freies Wahlrecht zur Verfügung stehen. Sie ist vielmehr nur innerhalb der Grenzen des § 242 BGB zulässig.

Vergleich mit GoA

Ein brauchbares Argument für die nachträgliche Tilgungsbestimmung liefert die folgende Überlegung: Wenn die Tilgung der fremden Schuld dem wirklichen oder mutmaßlichen Willen des echten Schuldners entsprochen hätte, spricht nichts gegen die nachträgliche Tilgungsbestimmung. Denn dann führt sie nur zum Ergebnis, das das Gesetz in §§ 683, 670 BGB angeordnet hätte. 508

419 Vgl. Medicus, BR, Rn. 951.

420 Hemmer/Wüst, Bereicherungsrecht, Rn. 211.

hemmer-Methode: Konsequenz dieser Argumentation kann sein, dass man über die nachträgliche Tilungsbestimmung nachträglich einen Fremdgeschäftsführungswillen fingiert und somit die subsidiäre Rückgriffskondiktion durch die berechtigte GoA verdrängt.[421] Gegen diese Lösung spricht wiederum § 687 I BGB, weil der D bei Tilgung das Geschäft als eigenes betrachtete. Mindestens ebenso gut vertretbar ist daher die Lösung über die Rückgriffskondiktion, wobei man die obige Argumentation als Wertungskriterium anführt.[422]

Hätte die Tilgung nicht dem beachtlichen Willen des Geschäftsherrn entsprochen, so würde der D über die Rechtsfolgenverweisung des § 684 Satz 1 BGB bei G Regress nehmen können. Gegen Unbilligkeiten schützen G die Grundsätze der aufgedrängten Bereicherung.[423] Gleiches gilt bei der alleinigen Anwendung der Rückgriffskondiktion. 509

Vergleich mit § 2022 BGB

Zur dogmatischen Orientierung bietet Medicus[424] § 2022 II, III BGB als Punkt an: 510

gutgläubiger Erbschaftsbesitzer

Der gutgläubige Erbschaftsbesitzer wird in besonderer Weise geschützt. Hat er Erbschaftsschulden berichtigt, so kann er seine Aufwendungen hierfür vom wirklichen Erben zurückfordern. Denn nur der wahre Erbe war Schuldner dieser Lasten (§ 1967 BGB). 511

kann Schulden des Erben tilgen

§ 2022 II BGB setzt also denknotwendig voraus, dass der Erbschaftsbesitzer als Putativschuldner die fremde Schuld des Erben tilgen kann, obwohl er mit der Bestimmung leistet, eine eigene Schuld zu tilgen. Hier scheint das Gesetz also selbst davon auszugehen, dass der Erbschaftsbesitzer nachträglich die Tilgung der Schulden des wahren Erben bestimmen kann. 512

V. Aufgedrängter Rückgriff: Analoge Anwendung der §§ 404 ff. BGB

Vergleich mit aufgedrängter Bereicherung

Die Problematik des aufgedrängten Rückgriffs erinnert an die der aufgedrängten Bereicherung bei der Verwendungskondiktion. 513

Bsp.:[425] *Winzer W besprüht versehentlich mit dem Hubschrauber den Weinberg seines Nachbarn N. N wehrt sich gegen die geltend gemachte Verwendungskondiktion, weil er Öko-Bauer ist und daher keinerlei Nutzen ziehen kann.*

Dort sieht sich der Kondiktionsschuldner einem unerwünschten Bereicherungsanspruch ausgesetzt, hier einem unerwünschten Gläubiger. 514

aber: kein Recht auf bestimmten Gläubiger

Die Sachverhalte sind qualitativ aber nur bedingt vergleichbar. Ein Schuldner hat grundsätzlich kein Recht auf einen bestimmten Gläubiger. I.R.d. § 399 BGB sind Forderungen abtretbar. Dass der Regressgläubiger durch die Tilgung der fremden Schuld evtl. keine anerkennenswerten Ziele verfolgt, kann über diesen Grundsatz nicht hinwegtäuschen. 515

§§ 404 ff. BGB

Wegen der Ähnlichkeit zur Abtretung, ist zum Schutze des Schuldners die analoge Anwendung der §§ 404 ff. BGB angezeigt. Sonst würden dem Schuldner Einwendungen verloren gehen, die er gegenüber seinem alten Gläubiger G hatte. 516

---

421 Hemmer/Wüst, Bereicherungsrecht, Rn. 361.

422 Ebenso wohl Medicus, BR, Rn. 603j.

423 Rn. 513, Hemmer/Wüst/Gold, Bereicherungsrecht, Rn. 472 ff.

424 Medicus, BR, Rn. 951.

425 Hemmer/Wüst, Bereicherungsrecht, Rn. 472.

hemmer-Methode: Schon unter Wertungsgesichtspunkten darf der Rückgriffsgläubiger der Rückgriffskondiktion nicht besser stehen als der einer Legalzession. § 268 III BGB will letzteren gegenüber dem Rückgriffsgläubiger ohne Ablösungsrecht privilegieren. Wegen §§ 412, 404 ff. BGB muss sich aber auch der Privilegierte die Einwendungen gegen den alten Gläubiger entgegenhalten lassen.

Verjährung

Nach Ansicht des BGH[426] verjährt der Anspruch der Rückgriffskondiktion ebenso wie die getilgte Verbindlichkeit. Auch insoweit wird die Parallele zur Abtretung fortgeführt. *517*

§ 818 III BGB

Bereicherungsrechtlich bietet § 818 III BGB einen gewissen Schuldnerschutz. § 814 BGB ist auf die Rückgriffskondiktion nicht anwendbar. Die Vorschrift ist Ausschlusstatbestand der Leistungskondiktion[427] (Wortlaut). Deren Anwendung würde die Rückgriffskondiktion an sich in Frage stellen und damit über das Ziel eines angemessenen Interessenausgleichs weit hinausschießen. *518*

426 BGHZ 89, 82, 87.

427 Hemmer/Wüst, Bereicherungsrecht, Rn. 430.

§ 7 AUSGLEICH UNTER SICHERUNGSGEBERN

A. Einordnung der Problemstellung

Konzentration auf bestimmte Fallgestaltungen

Für den Einstieg in die Problematik des Regresses unter Sicherungsgebern sollte zunächst ein Blick auf die Praxis der Kreditsicherung geworfen werden. Der Ausgleich zwischen mehreren Sicherungsgebern kommt typischerweise nur in bestimmten Fallgestaltungen vor: 519

Regel-, Ausnahmeverhältnis in der Praxis

Ist der Schuldner (S) des Kredites zugleich einziger Sicherungsgeber (SG), so scheidet der Regress naturgemäß aus. Bei Pfandrechten (z.B. Grundschuld) und anderen dinglichen Sicherheiten (z.B. Sicherungsübereignung) wird das der Regelfall sein. 520

Die Grundschuld hat sich in den letzten Jahrzehnten zu dem wichtigsten Sicherungsmittel für private Baufinanzierungen entwickelt und die Hypothek fast vollständig verdrängt. 521

Zur Besicherung von Fremdschulden - insbesondere aus "altruistischen" Gründen - wird sie dagegen eher selten herangezogen. Die typischen Sicherungsmittel hierfür sind in der Bankenpraxis die selbstschuldnerische Bürgschaft sowie der Schuldbeitritt. 522

Dingliche und persönliche Sicherungsmittel kommen nebeneinander zum Beispiel bei der Finanzierung des Firmenkundengeschäfts zum Einsatz. Darlehen für (meist kapitalschwache) GmbH werden von Banken i.d.R. nur gegen Bürgschaften der Gesellschafter bzw. dingliche Besicherung deren Privatvermögens ausgezahlt. 523

nur ein Sicherungsgeber

Gibt es neben dem Schuldner nur einen weiteren Sicherungsgeber, findet der Rückgriff ohne weitere Besonderheiten in den bisher dargestellten Formen statt. Oft steht dem vom Gläubiger in Anspruch genommenen SG eine Legalzession zur Seite, mit der auch Sicherungsmittel des Schuldners auf ihn übergehen (§§ 774, 1143, 1225, 426 II BGB). Oder der SG leistet aufgrund eines Ablösungsrechts gemäß §§ 1249 Satz 2, 268 III BGB. Wurde eine Grundschuld, eine Sicherungsübereignung oder eine Sicherungszession als Kreditsicherungsmittel zur Verfügung gestellt, so wird dem SG schon aus dem Innenverhältnis zum Schuldner (§ 670, evtl. i.V.m. § 683 BGB) der Rückgriff ermöglicht. 524

hemmer-Methode: Das Hauptproblem im Dreipersonenverhältnis Darlehensgeber - Darlehensschuldner - Sicherungsgeber ist das Auffinden und die Anwendung der richtigen bzw. effizientesten Rückgriffstechnik.
Die Rückgriffsprobleme im Dreipersonenverhältnis sind bei den einzelnen Legalzessionen und im Zusammenhang des § 268 BGB bereits dargestellt worden. Eine weitere zusammenhängende Darstellung finden Sie in Hemmer/Wüst Kreditsicherungsrecht Rn. 270 ff..

bisher: Verhältnis zum Schuldner

Gegenstand der bisherigen Untersuchungen war immer nur das Verhältnis des Sicherungsgebers zum Schuldner. 525

jetzt: Innenverhältnis der Sicherungsgeber

Haben zwei oder mehr Personen die Sicherung einer Fremdschuld übernommen und wird einer der SG vom Gläubiger in Anspruch genommen, tritt ein zusätzliches Regressproblem auf, das Gegenstand dieses Kapitels sein wird: 526

> *Wie findet der Innenausgleich der verschiedenen Sicherungsgeber untereinander statt?*

⇨ Kann ein in Anspruch genommener Hypothekenschuldner etwa über §§ 1143, 774 I 1, 412, 401 I BGB vom Bürgen in vollem Umfang Regress verlangen? 527

⇨ Oder kann der Bürge nach seiner Leistung an den Gläubiger gemäß §§ 774 I 1, 412, 401 I analog BGB Übertragung des Sicherungseigentums vom Gläubiger verlangen?[428] 528

⇨ Oder sollte der persönlich haftende Bürge gegenüber den beschränkt haftenden dinglichen Sicherungsgebern irgendwie privilegiert werden? 529

B. Ausgleich bei gleichartigen Sicherheiten

im Gesetz unvollständig geregelt

Der Ausgleich unter mehreren Sicherungsgebern, die gleichartige Sicherungsmittel zur Verfügung gestellt haben, ist im Gesetz nur unvollständig geregelt. Daher ist z.B. die Frage des Ausgleichs zwischen mehreren Verpfändern oder mehreren Eigentümern von mit Hypotheken belasteten Grundstücken teilweise umstritten. Nur für Mitbürgen gibt es die eindeutige Regelung der §§ 769, 774 II, 426 BGB. 530

I. Besonderheiten beim Ausgleich unter Mitbürgen

Regress unter Gesamtschuldnern

Gesamtschuldner können grds. nur dann untereinander Rückgriff nehmen, wenn sie an den Gläubiger mehr geleistet haben, als sie im Innenverhältnis zu tragen haben, bzw. soweit sie über ihre eigene Haftungsquote hinausgehend freizustellen sind.[429] 531

Ausnahme unter Mitbürgen

Bei Mitbürgen wird hier eine Ausnahme gemacht. Der Mitbürge kann bei teilweiser Befriedigung des Gläubigers unabhängig von seiner internen absoluten Haftungsquote Ausgleich bei seinen Mitbürgen in Höhe der Haftungsquote nehmen. 532

Bsp.: *D und S bürgen selbstschuldnerisch gegenüber G für die Schuld des HS in Höhe von 5.000,- €. Im Innenverhältnis D - S muss der D die Hälfte tragen (§§ 774 II, 426 I 1 BGB). HS kann voraussichtlich nur 3.000,- € aufbringen, deshalb nimmt G den D vorsorglich in Höhe von 2.000,- € in Anspruch. D kann von S 1.000,- € verlangen. Denn es ist dem D nicht zuzumuten, mit dem Rückgriff zu warten, bis geklärt ist, ob der Gläubiger die Bürgen weiter in Anspruch nehmen wird.*

Ausnahme von der Ausnahme

Steht dagegen fest, dass der Hauptschuldner zahlungsunfähig ist, gilt wieder der Normalfall: Der Mitbürge kann nur soweit Rückgriff nehmen, als er über seine interne absolute Haftungsquote hinaus an den Gläubiger geleistet hat.[430] 533

doppelter Forderungsübergang

Auf den leistenden Mitbürgen geht die Hauptforderung des Gläubigers gemäß § 774 I BGB über, soweit er seine Bürgenschuld erfüllt hat. Außerdem leiten §§ 769, 774 II, 426 II 1, 412, 401 I BGB auch die Bürgschaftsansprüche des Gläubigers gegen die anderen Mitbürgen über. Dieser Forderungsübergang wird aber durch das Innenverhältnis der Mitbürgen begrenzt (§ 426 II 1 BGB: "...und von den übrigen Schuldnern Ausgleichung verlangen kann, ..."). 534

Daneben dient § 426 I BGB über § 774 II BGB als eigene Anspruchsgrundlage. Es wird also nicht nur der Umfang des übergegangenen Anspruchs begrenzt.[431]

428 Vgl. oben Rn. 32.

429 Siehe oben Rn. 285 ff.

430 Palandt, § 774 BGB, Rn. 14.

431 BGH, Life&Law 2012, 483 ff.

II. Ausgleich unter mehreren Verpfändern

"Gesamtpfandrecht"

Besteht das Pfandrecht an mehreren Sachen, besagt § 1222 BGB, dass jede Sache dem Pfandgläubiger für die ganze Forderung haftet (Gesamtpfandrecht). Wenn Eigentümer der Sachen verschiedene Personen und nicht Schuldner der besicherten Forderung sind, stellt sich die Frage nach ihrem Innenausgleich. 535

§ 1225 BGB unklar

§ 1225 BGB beantwortet die Frage nicht unmittelbar, da nur der Fall eines einzigen Verpfänders geregelt wird. Andererseits verweist die Vorschrift in Satz 2 auf § 774 BGB - also auch auf § 774 II BGB. 536

h.M.: Ausgleich wie unter Gesamtschuldnern

Der Verweis auf den Ausgleich unter Mitbürgen drängt die Folgerung auf, dass die Verpfänder sich wie Mitbürgen als Gesamtschuldner auszugleichen haben. Für diese Lösung spricht der Vergleich mit § 1143 I 2 BGB bei der Hypothek, der nur auf § 774 I BGB verweist.[432] 537

a.A.: Gesamtpfandrecht ist grds. regresslos

Das Gesetz lässt sich jedoch auch anders auslegen: Man könnte sagen, dass § 774 II BGB keine Gesamtschuld begründet, sondern dieselbe voraussetzt. Denn die Gesamtschuldanordnung trifft das Gesetz in § 769 BGB. § 774 II BGB grenze lediglich den Anwendungsbereich des § 774 I BGB ein. Die Vorschriften des Pfandrechts kennen jedoch keine dem § 769 BGB entsprechende Gesamtschuldanordnung. Mithin fehle es an einer solchen, es sei denn, sie wurde vereinbart. Das Gesamtpfandrecht sei daher von Gesetzes wegen regresslos.[433] 538

Schwachpunkt der Mindermeinung

Folgt man der eben beschriebenen Argumentation, lässt sich wiederum eine Schlussfolgerung ziehen, die das gerade gefundene Ergebnis auf den Kopf stellt. Kann der an den Gläubiger leistende Eigentümer nicht über §§ 1225, 774 II, 426 BGB Rückgriff nehmen, so wird § 774 I BGB auch nicht durch § 774 II BGB eingeschränkt. Damit geht über §§ 1225, 774 I, 412, 401 I BGB auch das Pfandrecht an den Sachen der anderen Eigentümer auf ihn über. Er könnte dann zu 100 % Regress nehmen. Das würde zu einem Wettlauf der Sicherungsgeber führen. 539

hemmer-Methode: Das Stichwort "Wettlauf der Sicherungsgeber" sollte Ihnen unbedingt im Zusammenhang mit dem Übergang der Sicherungsrechte nach § 401 BGB bekannt sein. Da es eine besondere Bedeutung beim Ausgleich von Sicherungsgebern ungleichartiger Sicherheiten hat, wird es dort unter Rn. 534 erläutert.

Lösung über § 426 BGB überzeugt am meisten

Der Ausgleich über die Gesamtschuld, wie ihn die h.M. vertritt, überzeugt am meisten. § 426 BGB bietet eine flexible Handhabung an. Wäre das Gesamtpfandrecht regresslos, wären Unbilligkeiten nicht zu vermeiden. Denn vor allem bei der Verpfändung weniger wertvoller Sachen werden die Sicherungsgeber selten einen Innenausgleich vereinbaren. 540

Folgeproblem: Bemessung der Quote

Strittig ist im Einzelnen, wie die Quote des Innenausgleichs festzustellen ist. Möglich, aber unpraktikabel ist die Haftung in Relation des Wertes der Pfandsachen. Daher erscheint die Verteilung nach Köpfen sinnvoller. Als Obergrenze ist jedoch der Wert der jeweiligen Pfandsache heranzuziehen, da der Verpfänder anderenfalls im Innenverhältnis in größerem Umfang haften müsste als im Außenverhältnis.[434] 541

432 BGHZ 108, 179 = jurisbyhemmer; Palandt, § 1225 BGB, Rn. 4; Baur/Stürner, § 55, B III 4 b.

433 Vgl. Nachweise bei Reinicke/Tiedtke, Kreditsicherung, S. 275.

434 Reinicke/Tiedtke, Kreditsicherung, S. 276 f.

III. Ausgleich bei der Gesamthypothek

1. Begriff der Gesamthypothek

nur eine Hypothek für eine Forderung

In der Regel wird für *eine* Forderung *eine* Hypothek an *einem* Grundstück bestellt. Infolge des engen Zusammenhangs zwischen Forderung und Hypothek ist es nicht möglich, für *eine* Forderung *mehrere* Hypotheken zu bestellen.[435] 542

Gesamthypothek

Für *eine* Forderung kann aber *eine* Hypothek an *mehreren* Grundstücken bestellt werden (Gesamthypothek: § 1132 BGB). 543

"hypothekarischer Pascha"

Der Gläubiger hat dann freie Wahl, in welches Grundstück er in welcher Höhe zwangsvollstrecken lässt. Denn jedes Grundstück haftet für die besicherte Forderung in voller Höhe. 544

Vorteile der Gesamthypothek:

Er steht damit wesentlich besser, als er stünde, wenn er die Forderung aufteilen würde und für die einzelnen Beträge jeweils an einem Grundstück eine Hypothek bestellen würde. 545

Bsp.: *Die zwei belasteten Grundstücke A und B sind je 100.000,- € wert. Die Forderung beträgt 200.000,- €. Grundstück A wird Bauland und steigt im Wert auf 200.000,- €. Dagegen entdeckt man in Grundstück B eine hochgradige Verseuchung. Es ist völlig wertlos.*

Variante 1: *Gläubiger G hat je eine Hypothek in Höhe von 100.000,- € an den Grundstücken. Die Wertsteigerung des Grundstücks A wirkt sich für ihn nicht aus. Seine Sicherheit an B ist dagegen wertlos.*

Variante 2: *Gläubiger G hat eine Gesamthypothek in Höhe von 200.000,- € an beiden Grundstücken. Der Verlust bei B wird durch die Wertsteigerung bei A ausgeglichen. Seine Forderung ist weiterhin zu 100 % besichert.*

2. Ausgleich bei verschiedenen Eigentümern

§§ 1143, 1173 BGB: grds. kein Regress

Die Gesamthypothek ist grundsätzlich regresslos. § 1143 I 2 BGB verweist ausdrücklich nur auf § 774 I BGB. Der Übergang der Nebenrechte gemäß §§ 412, 401 I BGB wird durch die Sonderregel des § 1173 I 1 BGB ausgeschlossen: Der leistende Eigentümer erwirbt nur die Hypothek an *seinem* Grundstück. Diese wird Eigentümerhypothek (§ 1177 II BGB). Die Hypotheken an fremden Grundstücken erlöschen. 546

Ausnahme: § 1173 II BGB

Eine analoge Anwendung des § 426 BGB zur Eröffnung des Regresses kommt bei der Gesamthypothek nicht in Frage. Die Eigentümer müssen untereinander einen Regress ausdrücklich vereinbaren. Das folgt aus der Regelung des § 1173 II BGB. Dieser lässt nämlich - ähnlich den §§ 412, 401 I BGB - die Hypothek am fremden Grundstück nur dann übergehen, wenn der leistende Eigentümer einen *Ersatz verlangen kann*. § 1173 II BGB setzt mithin das Bestehen eines Ersatzanspruches voraus, ohne denselben zu begründen.[436] 547

besonderes Rechtsverhältnis notwendig

Der Rückgriff unter Eigentümern von Grundstücken, die mit einer Gesamthypothek belastet sind, ist also nur dann möglich, wenn zwischen ihnen ein besonderes Rechtsverhältnis besteht. 548

Gesamtgrundschuld

Für die Grundschuld gilt das über § 1192 I BGB entsprechend.[437] 549

435 Baur/Stürner, § 36 VI 1.

436 BGH, NZW-RR 1995, 589; Reinicke/Tiedtke, Kreditsicherung, S. 328 f.

437 Palandt, § 1173 BGB, Rn. 11; Reinicke/Tiedtke, Kreditsicherung, S. 393 f.

IV. Andere gleichartige Sicherheiten

Sicherungsübereignung und -zession

Im Übrigen hat das Gesetz keine Regressregelungen getroffen. Dies gilt selbstredend für die nicht im Gesetz vorgesehenen, aber in der heutigen Kreditsicherung äußerst wichtigen Sicherungsmittel der Sicherungsübereignung und der Sicherungszession. 550

§ 426 BGB entspr.

In diesen Fällen ist § 426 BGB entsprechend anwendbar.[438] Es besteht kein Grund, den Regress zwischen den Sicherungsgebern von vornherein einseitig zu Lasten bzw. zu Gunsten des in Anspruch genommenen Sicherungsgebers auszugestalten. Die Regeln der Gesamtschuld eröffnen einen flexiblen und interessengerechten Ausgleich. 551

C. Ausgleich bei ungleichartigen Sicherheiten

keine gesetzliche Regelung

Die gesetzliche Regelung beim Ausgleich mehrerer Sicherungsgeber *gleichartiger* Sicherheiten ist lückenhaft, beim Ausgleich *ungleichartiger* Sicherheiten sucht man vergeblich nach einer Regelung. Hat der eine Sicherungsgeber z.B. eine Forderung sicherungshalber abgetreten und der andere eine Grundschuld bestellt, lässt uns der Gesetzgeber mit der Frage alleine, wie deren Regressansprüche im Innenverhältnis auszugleichen sind. 552

Stellung des Bürgen streitig

In der Praxis der Kreditsicherung kommt es aber nicht selten vor, dass dieselbe Forderung durch eine Bürgschaft und eine Grundschuld, durch eine Sicherungsübereignung und ein Grundpfandrecht, etc. gesichert wird. Mangels gesetzlicher Vorgaben wird dieser Problemkreis in Rechtsprechung und Literatur teilweise unterschiedlich bewertet. Insbesondere die Stellung von Bürgen ist hier umstritten. Daher soll die Bürgschaft zunächst außen vor bleiben und unter Rn. 560 ff. gesondert behandelt werden. 553

hemmer-Methode: Eine äußerst komplizierte Entscheidung zum Innenausgleich zwischen Mitbürgen und Grundschuldbestellern finden Sie bei BGH, Life&LAW 2009, Heft 4, 236 ff. = NJW 2009, 437 f. = LNR 2008, 27535.
Soweit nichts anderes vereinbart ist, richtet sich die Höhe des Innenausgleichs zwischen Mitbürgen und Grundschuldbestellern nach dem Verhältnis der gegenüber dem Gläubiger übernommenen Haftungsrisiken.

I. Wettlauf der Sicherungsgeber?

Problem des § 401 I BGB

Ohne Rücksicht auf das Innenverhältnis der Sicherungsgeber bietet das Gesetz aber scheinbar doch eine Lösung des Problems an: 554

Bsp.: *G hat S ein Darlehen gewährt, das SG1 durch eine Hypothekenbestellung auf seinem Grundstück besichert hat. SG2 hat als Sicherheit das Familiensilber verpfändet. Als das Darlehen notleidend wird, droht G mit der Verwertung der Sicherheiten. Zur Abwendung der Duldung der Zwangsvollstreckung zahlt SG1 das Darlehen zurück.*

SG1 hat den G befriedigt und gemäß §§ 1142, 1143 BGB die Forderung gegen S erworben. Hat er damit auch das Pfandrecht am Familiensilber des SG2 gemäß §§ 412, 401 I BGB erworben?

Hätte SG2 gemäß § 1225 BGB das Darlehen zurückbezahlt, hätte dann er über §§ 412, 401 BGB die Hypothek erworben?

438 BGHZ 108, 183 = jurisbyhemmer; Palandt, § 426 BGB, Rn. 2.

hemmer-Methode: Der Fall hätte sich ebenso gut mit einer Sicherung mittels Grundschuld, Sicherungszession oder Sicherungsübereignung bilden lassen. Die Sicherungsgeber könnten im Falle ihrer Leistung die Abtretung der Hauptforderung aufgrund der Sicherungsabrede und analog § 401 I BGB die Abtretung etwaiger fiduziarischer Sicherungsrechte[439] verlangen.

Wettlauf der SG?

Die beiden Fragen machen das Problem bereits deutlich. Wendet man den Buchstaben des Gesetzes genau an, so scheint derjenige Sicherungsgeber am besten zu stehen, der den Gläubiger am schnellsten befriedigt. Er kommt in den Genuss des Übergangs der Nebenrechte. Den letzten Sicherungsgeber „beißen die Hunde", weil er nur noch vom mittellosen Hauptschuldner ungesichert Regress nehmen kann. 555

Unsinnige Konsequenzen

Im Normalfall wird jeder Sicherungsgeber dazu neigen, seine Inanspruchnahme tunlichst zu vermeiden. Das Gesetz scheint hingegen die Sicherungsgeber dazu zu zwingen, sich dem Gläubiger geradezu anzubiedern. Die Sicherungsgeber müssten „miteinander um die Wette laufen", am Ende würde nur der letzte für das gesamte Darlehen haften. 556

h.M.:

Dieses Ergebnis kann nicht richtig sein. Nach einhelliger Ansicht wird es daher für unerträglich gehalten.[440] 557

II. Ausgleich nach § 426 BGB analog

Lösung über Regeln der Gesamtschuld

Die Lösung sieht wie folgt aus: Auch der Übergang der die Außenforderung sichernden Rechte wird durch das Innenverhältnis der Sicherungsgeber vorgegeben. Das Gesetz selbst gibt hierfür das Vorbild beim Ausgleich der gleichartigen Sicherungsgeber in § 774 I 1 und 3 BGB sowie in den Verweisungsnormen §§ 1143 und 1225 BGB. Des Öfteren wurde schon auf die Parallele zu § 426 II BGB hingewiesen, der die cessio legis mitsamt des Übergangs der Nebenrechte vom Innenverhältnis der Gesamtschuldner abhängig macht. 558

Vereinbarungen vorrangig

Sofern die Beteiligten keine besonderen Vereinbarungen getroffen haben, ist davon auszugehen, dass die Sicherheiten in gleichem Maße für das Darlehen haften sollen. Ausnahmsweise ist also die kopfteilige Lastentragung im Innenverhältnis (§ 426 I BGB) der Regelfall. Der BGH vertritt in ständiger Rechtsprechung die Ansicht, dass das Gesetz grundsätzlich alle Sicherungsmittel als auf gleicher Stufe stehend betrachtet und demnach ein Ausgleich nach § 426 BGB analog zu erfolgen hat.[441] 559

Lösung des Beispielfalles: Die Außenforderung gegen den S geht in vollem Umfang auf den leistenden SG über. Soweit nichts anderes vereinbart worden ist, geht/gehen die Sicherheit/en des/der anderen SG nur in dem Maß gemäß § 401 BGB über, das deren Haftungsquote im Innenverhältnis der Sicherungsgeber gemäß § 426 I, II BGB entspricht. Im gleichen Maß sind Abtretungsansprüche analog § 401 I BGB begrenzt.

D. Sonderstellung des Bürgen?[442]

nachrangige Haftung des Bürgen?

Einige sehr namhafte Vertreter der Rechtslehre wollen den Bürgen beim Ausgleich mehrerer Sicherungsgeber *ein und derselben* Forderung privilegieren.[443] Er soll nur nachrangig haften müssen. 560

439 Siehe oben Rn. 31.

440 BGHZ 108, 179 ff. = **juris**byhemmer; Medicus, BR, Rn. 939; Reinicke/Tiedtke, Kreditsicherung, S. 396; Baur/Stürner, § 38 IX 3. a).

441 BGH, NJW 1992, 3228 = **juris**byhemmer.

442 Zu diesem Problem und dem Verhältnis zu anderen Sicherungsgebern empfiehlt sich das Durcharbeiten des sehr lehrreichen Falles in JuS 1994, Lernbogen Seite 59-64.

443 Baur/Stürner, § 38 IX 3. a); Reinicke/Tiedtke, Kreditsicherung, 397 ff.; Larenz, SchRBT, 1 § 68 III.

Bsp.: *Das Darlehen des S bei G haben SG1 und SG2 gesichert. SG1 ist Bürge, SG2 hat sein Grundstück mit einer Grundschuld besichert. G nimmt SG1 aus der Bürgschaft in Anspruch. In welchem Umfang kann SG1 bei SG2 Regress nehmen?*

§ 774 I 1 BGB bewirkt den Übergang der Hauptforderung gegen S auf SG1. Wegen §§ 412, 401 I BGB analog kann SG1 auch die Übertragung der Grundschuld von G fordern. Fraglich ist nur, in welchem Umfang.

Nach einem Teil der Rechtslehre soll SG1 die Grundschuld in vollem Umfang zustehen, da er als Bürge nur subsidiär für den Ausfall des Hauptschuldners haftet.

BGH: von Gesetzes wegen sind alle Sicherungsmittel gleichrangig

Der BGH[444] und ein anderer Teil der Literatur[445] sehen dagegen alle Kreditsicherungsmittel grundsätzlich und von Gesetzes wegen als auf gleicher Stufe stehend an, so dass im Innenverhältnis jeder Sicherungsgeber im gleichen Umfang haftet. Die Regelung des Gesetzes für die gesamtschuldnerische Haftung von Mitbürgen gemäß §§ 769, 774 II, 426 BGB soll entsprechend gelten. Es besteht kein Unterschied zu den unter Rn. 552 ff. geschilderten Fällen.

Demnach kann SG 1 im obigen Fall nur Übertragung der Grundschuld zur Hälfte von G fordern. Zur anderen Hälfte kann SG 2 die Rückübertragung von G verlangen.

hemmer-Methode: Vorsicht Falle: Besichert je ein Sicherungsgeber die Forderung des Gläubigers gegen einen Gesamtschuldner, fehlt es an der Doppelbesicherung ein und derselben Schuld. Ein Innenausgleich findet nur unter dem Gesamtschuldner und dessen Sicherungsgeber statt. Die hier diskutierte Problematik ist in diesen Fällen nicht einschlägig.

I. Argumente für die Privilegierung des Bürgen

vier Argumente:

Die Literatur begründet ihre Ansicht im wesentlichen mit vier Argumenten. 561

1. § 776 BGB

Fürsorgepflicht gegenüber Bürgen

Bei Aufgabe einer Sicherheit durch den Gläubiger wird der Bürge unter den Voraussetzungen des § 776 BGB gegenüber diesem frei. 562
Darin bringt das Gesetz eine Besserstellung des Bürgen gegenüber anderen Sicherungsgebern zum Ausdruck. Die Bestimmung zeige, dass der Gläubiger gegenüber dem Bürgen zu einer größeren Fürsorge verpflichtet sei als gegenüber anderen Sicherungsgebern.[446]

2. §§ 768 II, 770, 771 BGB

Gesetz erkennt besondere Schutzwürdigkeit

Der Bürge kann fremde Einreden des Hauptschuldners selbst dann der Bürgenschuld entgegenhalten, wenn der Schuldner auf sie verzichtet. 563
Solange das besicherte Grundgeschäft durch den Hauptschuldner anfechtbar ist und solange der Gläubiger (!) aufrechnen kann, gewährt ihm das Gesetz ein Leistungsverweigerungsrecht, § 770 I, II BGB. Weiterhin steht ihm im gesetzlich vorgesehenen Normalfall die Einrede der Vorausklage zu.

Auch in diesen Vorschriften zeige das Gesetz, dass es den Bürgen als besonders schutzwürdig anerkennt. 564

---

444 BGHZ 108, 179 ff. = **juris**byhemmer; NJW 1992, 3228 = **juris**byhemmer.

445 Palandt, § 774 BGB, Rn. 13; Medicus, BR, Rn. 941 mit weiteren Nachweisen.

446 Reinicke/Tiedtke, Kreditsicherung, S. 400.

3. Persönliche Haftung

unbegrenzte Haftung

Während die Haftung sich bei dinglichen Sicherheiten auf den Wert des Sicherungsgutes beschränkt, haftet der Bürge unbegrenzt mit seinem gesamten Vermögen persönlich. Er verdient daher besonderen Schutz. 565

4. Altruistische Motive

Uneigennützigkeit des Bürgen

Schließlich müsse bedacht werden, dass Bürgen besonders oft in uneigennütziger Weise handeln, ohne sich der Tragweite des Rechtsgeschäfts richtig bewusst zu sein. Die Hemmschwelle, eine Bürgschaftsverpflichtung einzugehen, liege nicht so hoch wie etwa bei der Besicherung durch ein Grundpfandrecht. 566

II. Gegenargumente des BGH

a.A.: BGH und Teile der Lit.

Der BGH lehnt die Argumente der Literatur jedoch aus folgenden Gründen ab:[447] 567

1. § 776 BGB

keine Auswirkung auf das Innenverhältnis

§ 776 BGB regelt ausschließlich das Verhältnis Bürge - Gläubiger. Über das hier interessierende Innenverhältnis der Sicherungsgeber sagt er gar nichts aus. 568

***Beispiel (nach BGH NJW 1992, 2286):** Gläubiger G entlässt den Mitbürgen B1 aus dessen Verpflichtung. Wenig später wird das besicherte Darlehen an S notleidend und G nimmt den B2 in Anspruch. Kann B2 wegen § 776 S. 1 BGB die Leistung ablehnen?*

Nach § 776 BGB wird der Bürge frei, soweit er aus dem aufgegebenen Recht des G gegen B1 nach § 774 BGB Ersatz hätte verlangen können. Er ist also - umgekehrt ausgedrückt - nicht frei, wenn er weiterhin bei B2 Regress nehmen kann gemäß §§ 774 II, 426 BGB.

hemmer-Methode: Dieser Umkehrschluss begründet die Auffassung des BGH: Für den Ausgleich im Innenverhältnis verweist § 776 BGB auf § 774 BGB und belässt es bei der dortigen Regelung. § 776 BGB nimmt also keinerlei Einfluss auf das Innenverhältnis der Sicherungsgeber.

Für die Regressfrage ist die fehlende Haftung des B2 gegenüber G unerheblich. Das Gesamtschuldverhältnis und damit der gesamtschuldnerische Ausgleichsanspruch des § 426 I BGB entsteht bereits mit Übernahme der Bürgschaftsverbindlichkeit. Die spätere Enthaftung berührt diesen Ausgleichsanspruch nicht. Denn im Außenverhältnis zum Gläubiger können sich die Verbindlichkeiten der einzelnen Gesamtschuldner unterschiedlich entwickeln (§§ 423 ff. BGB). Würde die Aufgabe durch G auch gegenüber B2 wirken, käme das einem unzulässigen Vertrag zu Lasten Dritter gleich.

2. §§ 768 II, 770, 771 BGB

gelten auch bei Hypothek

Die §§ 768 II, 770 BGB vermögen eine Vorzugsstellung des Bürgen gegenüber anderen Sicherungsgebern schon deshalb nicht zu begründen, weil sie nicht auf das Bürgschaftsrecht beschränkt sind, sondern auch im Verhältnis des Gläubigers zum Hypothekenschuldner gelten (§ 1137 I, II BGB). 569

447 BGH, NJW 1992, 3228 = **juris**byhemmer.

rglm. selbstschuldnerische Bürgschaft

Die Einrede der Vorausklage ist ein schwaches Argument, weil § 771 BGB in der Praxis keine Rolle spielt. Das Recht wird regelmäßig abbedungen (§ 773 I Nr.1 BGB). 570

3. Persönliche Haftung des Bürgen

wirtschaftl. Risiko nicht notw. höher

Dass der Bürge mit seinem gesamten Vermögen haftet, mag ein Grund sein, den Bürgen im Einzelnen - wie etwa in § 776 BGB gegenüber dem Gläubiger - besonders zu schützen. Für die Frage der Haftung des Bürgen im Vergleich zu anderen Sicherungsgebern ist diesem Umstand eine entscheidende Bedeutung jedoch nicht beizumessen. Das belastete Grundstück kann ebenso gut das gesamte oder wesentliche Vermögen des Sicherungsgebers ausmachen, so dass dieser bei Verwertung ebenso hart getroffen wird wie ein Bürge. 571

4. Altruistische Motive

nicht bürgschaftsspezifisch

Eine generelle Besserstellung des Bürgen lässt sich nicht daraus herleiten, dass die Bürgschaft oft aus altruistischen Motiven übernommen wird. Andere Sicherungsgeber handeln nicht selten aus ähnlichen Gründen. 572

keine besonders niedrige Hemmschwelle

Ein Schuldbeitritt oder eine Gehaltsabtretung werden ebenso schnell unterschrieben wie eine Bürgschaftsurkunde. Auch hier ist die Hemmschwelle nicht höher. 573

III. Kritik an der Rechtsprechung

Kritik an BGH

Reinicke/Tiedtke[448] ist zuzugeben, dass es sich der BGH[449] mit der Art und Weise seiner Ablehnung der Literatur etwas einfach gemacht hat. 574

künftiger Erwerb gefährdet

Wenn er sagt, dass auch dingliche Sicherungsgeber häufig mit ihrem gesamten Vermögen haften, verschweigt er den Umstand, dass diese zumindest in ihrem künftigen Erwerb frei sind. 575

BGH unterlässt eine Gesamtabwägung

Wie unter b) dargestellt hat der 9. Senat ein Argument nach dem anderen "abgeschossen". Er hat jedoch übersehen, dass die Literatur die einzelnen Argumente als Nachweise für die vom Gesetzgeber grundsätzlich anerkannte Schutzbedürftigkeit des Bürgen betrachtet, wie sie bei anderen Kreditsicherungsmitteln in dieser Deutlichkeit nicht hervortritt. Die Privilegierung des Bürgen beruht auf einer Gesamtwürdigung dieser gesetzgeberischen Wertungen. Der BGH hat gerade eine solche Gesamtwürdigung unterlassen. 576

hemmer-Methode: In der Klausur sollten Sie die Gesamtabwägung nicht vergessen. Erst dadurch wird die Darstellung des Streites abgerundet. Eine völlig überzeugende Lösung bietet wohl keine Seite an. Als abschließendes Argument gegen die Literaturansicht können Sie anführen, dass das Gesetz den Bürgen immer nur im Außenverhältnis zum Gläubiger privilegiert. Daher überzeugt es nicht recht, daraus Schlüsse für das Innenverhältnis der Sicherungsgeber ziehen zu wollen.

448 Reinicke/Tiedtke, Kreditsicherung, S. 400 f.

449 In BGH, NJW 1992, 3228 = jurisbyhemmer.

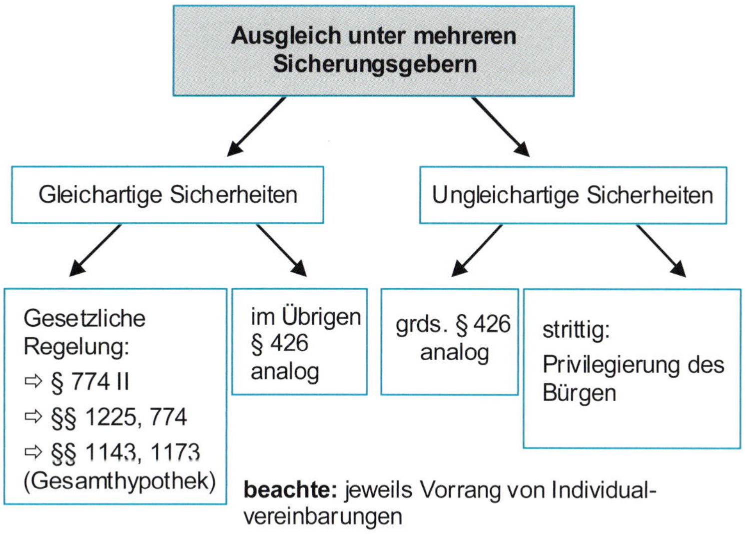

IV. Vorrang von Individualvereinbarungen

häufig anderes vereinbart

Bevor Sie in der Klausur blindlings auf die eben geschilderte Streitfrage zusteuern, muss aber unbedingt untersucht werden, ob zwischen dem Sicherungsgeber und dem Gläubiger nicht eine besondere Vereinbarung über den Rang der jeweiligen Sicherheit getroffen worden ist. Denn die gesetzliche Regelung gilt nur, wenn nichts anderes bestimmt worden ist.[450] 577

Der einzelne Sicherungsgeber hat kein Recht darauf, dass andere Sicherungsgeber gleichrangig neben ihm haften. 578

hemmer-Methode: Verwechseln Sie diesen Gesichtspunkt nicht mit dem oben zu § 776 BGB genannten Argument des unzulässigen Vertrages zu Lasten Dritter bei Aufgabe einer Sicherheit durch den Gläubiger! Dort ist bereits ein Innenverhältnis zwischen den Sicherungsgebern existent geworden, hier geht es darum, in welcher Gestalt es begründet wird.

auch konkludent

Eine solche Vereinbarung kann auch konkludent erfolgen. 579

> ***Bsp.:***[451] *Vater V, Tochter T und Sohn S sind Gesellschafter der Darlehnsnehmerin S-GmbH. Da das haftende Eigenkapital nicht ausreicht, verlangt die Bank G weitere Sicherheiten. V, T und S bürgen, Mutter M belastet ihr Grundstück mit einer Grundschuld. Sie ist als einziges Familienmitglied keine Gesellschafterin.*
>
> Da M nicht unmittelbar von der Darlehenshingabe profitiert, wird man annehmen können, dass sie im Innenverhältnis der Sicherungsgeber freizustellen ist.

E. Sonderproblem: Bürgschaft und Gesamtschuld

I. Bürgschaft für alle Gesamtschuldner

Übergang sämtlicher Forderungen

Hat ein Bürge eine Bürgschaft für eine Gesamtschuld als solche, also für die Verbindlichkeit aller Gesamtschuldner übernommen, so gehen mit der Befriedigung des Gläubigers durch den Bürgen die Forderungen des Gläubigers gegen sämtliche Gesamtschuldner auf ihn über; er tritt in diesem Falle nach § 774 I 1 BGB in vollem Umfang an die Stelle des Gläubigers, den er befriedigt hat. 580

450 Reinicke/Tiedtke, Kreditsicherung, S. 401.

451 Vgl. Reinicke/Tiedtke, Kreditsicherung, S. 401.

II. Bürgschaft für nur einen der Gesamtschuldner

Übergang der Forderung gegen persönlichen Schuldner

Der Bürge kann die Bürgschaft aber auch für nur einen der Gesamtschuldner übernehmen.[452] Befriedigt der Bürge den Gläubiger, so geht die Forderung des Gläubigers gegen den Gesamtschuldner, für den er sich verbürgt hat, nach § 774 I 1 BGB auf ihn über. **581**

Forderungen gegen übrige Gesamtschuldner

Fraglich ist jedoch, was mit der Forderung des Gläubigers gegen den anderen Gesamtschuldner geschieht. **582**

maßgeblich Innenverhältnis der Gesamtschuldner

Nach dem BGH[453] hängt dies davon ab, ob der Gesamtschuldner, für den sich der Bürge verpflichtet hat, im Innenverhältnis zu dem anderen Gesamtschuldner ausgleichspflichtig gewesen wäre. **583**

> **Bsp.:** *S und GS schulden als Gesamtschuldner dem GL 100.000,- €. Für die Forderung GL - S hat sich B verbürgt. Als GL Zahlung verlangt, zahlt B den vollen Betrag an GL.*

Ist der Gesamtschuldner, für den sich der Bürge verbürgt hat, im Innenverhältnis in vollem Umfang ausgleichsberechtigt, so erwirbt der Bürge mit der Befriedigung des Gläubigers neben der Forderung gegen den Schuldner auch die Forderung des Gläubigers gegen den anderen Gesamtschuldner. **584**

> War GS also im Innenverhältnis allein verpflichtet, die Schuld zu tilgen und S daher voll ausgleichsberechtigt, so erwirbt B nach § 774 I 1 BGB die Forderung GL - S und über §§ 774 I 1 i.V.m. §§ 412, 401 BGB analog auch die Forderung GL - GS. Diese Forderung wäre ja auch bei Zahlung des S gemäß § 426 II BGB nicht erloschen, sondern übergegangen[454]

Ist der Gesamtschuldner, für den sich der Bürge verbürgt hat, im Innenverhältnis voll ausgleichspflichtig, so kann er sich nur an den Gesamtschuldner halten, für den er sich auch verbürgt hat.[455] **585**

> War S im Innenverhältnis zu GS voll ausgleichspflichtig, geht bei Zahlung des B nur die Forderung GL - S über. Die Forderung Gl - GS erlischt. Dies wäre auch dann eingetreten, wenn S an GL gezahlt hätte.

hemmer-Methode: Maßgeblich ist also jeweils das Innenverhältnis der Gesamtschuldner. Die Forderungen gegen die übrigen Gesamtschuldner gehen in dem Verhältnis auf den zahlenden Bürgen über, in dem der Gesamtschuldner, für den er sich verbürgt hat, bei eigener Zahlung Regress nehmen könnte.

Sonderfall: Gesamtschuld durch sichernden Schuldbeitritt

Ein Sonderfall liegt jedoch dann vor, wenn die Gesamtschuld dadurch entstanden ist, dass ein Schuldmitübernehmer der Verbindlichkeit des Schuldners zur Sicherheit beigetreten ist, die durch eine Bürgschaft gesichert ist. **586**

> **Bsp.:** *S erhält von der Bank GL ein Darlehen. Dieses ist durch eine Bürgschaft des B gesichert. Später ist auf Wunsch der Bank auch noch GS der Schuld des S beigetreten.*

Schuldbeitretender grundsätzlich voll ausgleichsberechtigt

Der Schuldbeitretende ist im Innenverhältnis grundsätzlich ausgleichsberechtigt. Wendet man daher die oben dargelegten Regeln auf diesen Fall an, so würde der Bürge, der den Gläubiger befriedigt, die Forderung gegen den Altschuldner erhalten, die Forderung gegen den Schuldbeitretenden aber würde erlöschen. **587**

452 So die h.M.; vgl. m.w.N. Medicus, BR, Rn. 943.

453 BGHZ 46, 14 ff. = jurisbyhemmer = NJW 1966, 1912 f.

454 Vgl. dazu ausführlich Reinicke/Tiedtke, Kreditsicherung, S. 94 f.

455 Vgl. dazu ausführlich Reinicke/Tiedtke, Kreditsicherung, S. 95 f.

Würde der Schuldbeitretende den Gläubiger befriedigen, so würde die Forderung des Gläubigers gegen den Schuldner nach § 426 II BGB übergehen. Gleichzeitig würde über §§ 412, 401 BGB die Bürgschaft als Sicherungsmittel mit übergehen. 588

Zahlt im Beispielsfall B an den Gläubiger, so geht gemäß § 774 I 1 BGB die Forderung GL - S auf ihn über. Die Forderung GL - GS würde erlöschen. Zahlt hingegen GS an GL, so geht gemäß § 426 II i.V.m. §§ 412, 401 BGB die Forderung GL - S gesichert mit der Bürgschaft auf ihn über.

unbilliges Ergebnis: Bürge steht schlechter als Schuldbeitretender

Damit stünde der Bürge aber schlechter als der Schuldbeitretende.[456] Während jener ihn in vollem Umfang in Anspruch nehmen könnte, stünden ihm seinerseits gegen den Beitretenden keinerlei Ansprüche zu. Dies widerspricht der gesetzlichen Wertung, nach der die Bürgschaft das weniger einschneidende Sicherungsmittel darstellt. So steht dem Bürge die Einrede der Vorausklage nach § 771 BGB zu. Außerdem ist die Bürgschaft anders als der Schuldbeitritt formbedürftig, § 766 BGB. Es wäre dann auch nicht mehr vertretbar, bei Abgrenzungsschwierigkeiten zwischen Bürgschaft und Schuldbeitritt im Zweifel eine Bürgschaft anzunehmen. 589

Um diese Wertungswidersprüche zu vermeiden, wendet die h.M. zwischen Bürgen und Schuldbeitretenden §§ 774 II, 426 I BGB analog an. Ist aus dem Schuldverhältnis nichts anderes zu entnehmen, so sind also beide im Verhältnis zueinander hälftig ausgleichspflichtig. 590

Zahlt also B auf die Schuld des S, so kann er analog §§ 774 II, 426 I von GS zur Hälfte Ausgleich verlangen. Nur in diesem Umfang geht auch die Forderung des Gläubigers gegen GS auf ihn über.

456 Medicus, BR, Rn. 942.

§ 8 RÜCKGRIFF IM RECHT DER PERSONENGESELLSCHAFT

Regress des Gesellschafters

591 Im Gesellschaftsrecht interessiert vor allem die Fallvariante, in der ein Gläubiger einer Gesellschaftsverbindlichkeit einen Gesellschafter persönlich in Anspruch nimmt. In dieser Fallgestaltung können in der Klausur zwei Fragen auftauchen:

zwei Probleme

⇨ Worauf ist die persönliche Haftung des Gesellschafters begründet?

⇨ In welcher Weise kann der in Anspruch genommene Gesellschafter

- bei der Gesellschaft bzw.
- bei seinen Mitgesellschaftern Rückgriff nehmen?

bei OHG, KG und PartnerG gleich

592 Der Innenausgleich innerhalb der GbR wird im Folgenden gesondert erörtert, weil hier einige Besonderheiten auftreten. Für die Partnerschaftsgesellschaft, die offene Handelsgesellschaft und die Kommanditgesellschaft sieht das Gesetz eine einheitliche Regelung vor.

A. In der Gesellschaft bürgerlichen Rechts

hemmer-Methode: An dieser Stelle kann nicht ausführlich auf diesen schwierigen und strittigen Problemkreis eingegangen werden. Ausführlich zur Teilrechtsfähigkeit der GbR und der Haftung der Gesellschafter siehe m.w.N. Hemmer/Wüst Gesellschaftsrecht Rn. 235 ff. und 319 ff.

I. Haftungsbegründung der BGB-Gesellschafter

§ 128 HGB gilt nicht

593 Das Recht der BGB-Gesellschaft kennt keine dem § 128 HGB entsprechende Norm, die die persönliche Haftung der Gesellschafter für Gesellschaftsschulden begründet.

gemeinschaftl. Schulden der Gesellschafter

594 Nach der kaum mehr vertretenen individualistischen Auffassung besteht mangels einer dem § 124 I HGB entsprechenden Regelung in den §§ 705 ff. BGB keine eigentliche Schuld der BGB-Gesellschaft. Träger von Rechten und Pflichten sind nach der individualistischen Theorie vielmehr die Gesellschafter selbst in ihrer gesamthänderischen Verbundenheit.

595 Nach der individualistischen Theorie ist nicht zwischen Gesellschafts- und Gesellschafterschulden, sondern nur zwischen den zwei Haftungsobjekten zu unterscheiden. Der individualistische Ansatz steht jedoch in Widerspruch zu einer Reihe anerkannter Grundsätze des Gesellschaftsrechts. Kaum lösbare Probleme treten bei einem Wechsel im Mitgliederbestand der GbR auf: Nach der traditionellen individualistischen Auffassung bindet ein (Dauer)Schuldverhältnis nur die aktuellen Gesellschafter. Bei einem Mitgliederwechsel wären demnach grundsätzlich alle Dauerschuldverhältnisse mit den gesamthänderisch gebundenen Gesellschaftern neu abzuschließen bzw. zu bestätigen. Die Handlungsfähigkeit der GbR wäre auf diese Weise aber erheblich beeinträchtigt.

Zudem treten weitreichende Probleme auf, wenn sich die GbR von Gesetzes wegen in eine struktur- und personengleiche OHG umwandelt (nachträglicher Rechtsformzwang) - etwa wenn im Fall nachträglich eine kaufmännische Einrichtung i.S.d. § 1 II HGB erforderlich würde. Nach der individualistischen Theorie müssten hier die zum Gesellschaftsvermögen gehörenden Gegenstände erst von den Gesellschaftern - mit einem entsprechenden Publizitätsakt - auf die OHG übertragen werden.

__BGH__: GbR ist (teil)rechtsfähig ⇨ kollektivistische Betrachtungsweise

Auf Grund der vielfältigen Anwendungsprobleme, die mit der individualistischen Theorie verbunden sind, hat der BGH mittlerweile die (Teil)Rechtsfähigkeit der Gesellschaft bürgerlichen Rechts ausdrücklich anerkannt. Er folgt damit dem kollektivistischen Ansatz der Theorie der Teilrechtsfähigkeit (h.M.).[457] **596**

Nach gefestigter Rechtsprechung des BGH kann die GbR als Gesamthandsgemeinschaft ihrer Gesellschafter im Rechtsverkehr grundsätzlich, d.h. soweit nicht spezielle Gesichtspunkte entgegenstehen, jede Rechtsposition einnehmen. Soweit sie in diesem Rahmen eigene Rechte und Pflichten begründet, ist sie (ohne juristische Person zu sein) rechtsfähig.

Danach ist davon auszugehen, dass eine Schuld der Gesellschaft selbst - eine Gesamthandsschuld - besteht, die von der individuellen Haftung der einzelnen Gesellschafter zu unterscheiden ist.

Hierfür wird zutreffend auch noch ins Spiel gebracht, dass der Gesetzgeber selbst durch § 736 II BGB und durch die Neuregelung in § 191 II Nr. 1 UmwG bzw. in § 11 II Nr. 1 InsO die (Teil)-Rechtsfähigkeit der GbR anerkannt habe. Auch § 14 II BGB kann in diese Richtung gedeutet werden.

hemmer-Methode: Der BGH beschränkt die (Teil-) Rechtsfähigkeit ausdrücklich auf die BGB-Außengesellschaft. Nicht rechtsfähig ist die reine BGB-Innengesellschaft: Dort tritt nur ein Gesellschafter nach außen auf und schließt Geschäfte im eigenen Namen ab.

neben Gesellschaft auch Gesellschafter verpflichtet

Die Begründung einer Verpflichtung der Gesellschafter neben der Gesellschaft bedarf einer besonderen Rechtsgrundlage. Nach der *Theorie der Doppelverpflichtung* verpflichtet der vertretungsberechtigte Gesellschafter sowohl organschaftlich die Gesellschaft/Gesamthand als auch daneben sich selbst und die übrigen Gesellschafter persönlich (§§ 714, 427, 431 BGB).[458] **597**

Nach der Gegenansicht, der **Akzessorietätstheorie**, verpflichten die Geschäftsführer grundsätzlich nur die Gesellschaft selbst, sodass primär nur eine Gesellschaftsschuld entsteht, an die sich aber akzessorische Privatschulden der einzelnen Gesellschafter anlehnen.[459] Als Begründung hierfür wird entweder eine **Analogie zu § 128 S. 1 HGB** oder eine Verweisung auf das "Wesen der Gesamthand" angeführt. **598**

Der BGH vertritt mittlerweile - beginnend mit der sog. „GbR-mbH"-Entscheidung[460] – die sog. **Akzessorietätstheorie.**[461] In Konsequenz der Anerkennung der beschränkten Rechtsfähigkeit der GbR sei nun die Haftungsverfassung im Sinne einer akzessorischen Haftung der Gesellschaft für Gesellschaftsverbindlichkeiten zu entscheiden.

457 Vgl. ausführlich BGH, NJW 2001, 1056 ff. = Life&Law 2001, 216 (218 ff.) = **juris**byhemmer, vgl. auch HEMMER/WÜST, Gesellschaftsrecht, Rn. 250-250e.

458 Genau genommen müsste man daher eigentlich von einer „Dreifachverpflichtung" sprechen.

459 Vgl. etwa Flume, AT I/1, S. 325 ff.

460 BGHZ 142, 315 = Life&Law 1999, 779 = **juris**byhemmer.

461 BGH, NJW 2001, 1056 = Life&Law 2001, 216 (224) = **juris**byhemmer sowie BGH NJW Life&Law 2002, 649 ff.

Die Haftung der Gesellschafter für die Verbindlichkeiten der Gesellschaft entspreche der Rechtslage der akzessorischen Gesellschafterhaftung gem. § 128 f. HGB bei der OHG.

hemmer-Methode: Die Kritik, dass es sich bei § 128 HGB um Sondervorschriften für Kaufleute handelt, ist unzutreffend, da auch für die Partnerschaftsgesellschaft in § 8 I S. 1 PartGG eine dem § 128 HGB nachgebildete Vorschrift existiert. § 8 I S. 2 PartGG verweist außerdem auf die §§ 129, 130 HGB.
Die akzessorische Haftung der Gesellschafter für die Schulden der Gesellschaft ist daher keine Besonderheit des kaufmännischen Geschäftsverkehrs, sondern Ausfluss der Rechtsfähigkeit der Personengesellschaft.
Aus Gründen des Gläubigerschutzes und der Rechtssicherheit ist daher eine generelle Angleichung der unternehmerisch tätigen GbR an die OHG hinsichtlich der Haftungsverfassung geboten.

bei Delikt haftet zumindest auch Gesellschaft

Im deliktischen Bereich haftet der handelnde Gesellschafter unmittelbar nach § 823 BGB. Die Gesellschaft/Gesamthand haftet analog § 31 BGB für den handelnden Gesellschafter. Dafür haften die anderen Gesellschafter wiederum analog § 128 HGB. Nach der Lehre von der Doppelverpflichtung scheidet indes eine Haftung der nicht handelnden Gesellschafter aus. Eine Zurechnung erfolgt über § 31 analog nur an die Gesellschaft. 599

hemmer-Methode: Auch Anhänger der Akzessorietätstheorie vertreten nämlich die Ansicht, dass die Haftung des GbR-Gesellschafters analog § 128 S. 1 HGB nicht auch Verbindlichkeiten aus Delikt mit umfassen soll, da die Haftung für fremde Delikte mit Ausnahme des § 831 BGB dem deutschen Privatrecht fremd sei.[462]
Diese Ansicht bejaht zwar grds. die analoge Anwendung des § 31 BGB und rechnet das Delikt der Gesellschaft zu. Allerdings soll eine persönliche Haftung der Gesellschafter für das „fremde Delikt" nach § 128 HGB ausscheiden.
Beachten Sie, dass diese Ansicht nicht zwischen GbR und OHG bzw. KG differenziert. Die persönliche Haftung nach § 128 HGB erstreckt sich nach dieser Ansicht daher auch bei den OHG-Gesellschaftern und den Komplementären einer KG nicht auf deliktische Ansprüche, für die die Gesellschaft nach § 31 BGB analog einzustehen hat.

II. Ausgleichsansprüche

unterscheide:

Ist ein Gesellschafter von einem Gläubiger der Gesellschaft in Anspruch genommen worden, sind Ausgleichsansprüche einerseits gegen die Gesellschaft selbst, andererseits gegen die Mitgesellschafter denkbar. 600

1. Gegenüber der Gesellschaft

Anspruch gegen die Gesellschaft: nur bei Teilrechtsfähigkeit

Ein Gesamtschuldverhältnis zwischen der Gesellschaft und den Gesellschaftern und damit ein Ausgleichsanspruch nach § 426 I BGB kommt nur in Betracht, wenn man der Lehre der Teilrechtsfähigkeit der GbR folgt. Nach der individualistischen Theorie existiert keine haftungsfähige Gesellschaft, die Schuldner des Gesellschafters sein könnte. 601

als Gesamtschuldner?

Das Gesamtschuldverhältnis bleibt aber auch nach der Lehre von der Teilrechtsfähigkeit eher die Ausnahme. 602

bei Delikt

Bei deliktischen Ansprüchen entsteht nach § 840 BGB ein Gesamtschuldverhältnis zwischen dem handelnden Gesellschafter und der nach § 31 BGB haftenden Gesellschaft. 603

462 so Altmeppen, „Deliktshaftung in der Personengesellschaft", NJW 2003, 1553 ff.

Theorie der Doppelverpflichtung: keine Gesamtschuld

Bei rechtsgeschäftlichen Verpflichtungen lässt die Akzessorietätslehre kein Gesamtschuldverhältnis entstehen. Denn im Innenverhältnis zwischen Gesellschaft und Gesellschafter soll von vornherein nur die Gesellschaft verpflichtet werden, sodass es an der erforderlichen Gleichstufigkeit der Verbindlichkeiten fehlt. Die Mitverpflichtung der Gesellschafter begründet vielmehr eine akzessorische Haftung der Gesellschafter. Zwischen der Gesellschaft und ihren Gesellschaftern besteht nur ein sog. scheinbares Gesamtschuldverhältnis.[463] 604

§§ 670, 713 BGB

Der Ausgleichsanspruch des Gesellschafters gegen die Gesellschaft wegen Inanspruchnahme durch einen Gesellschaftsgläubiger richtet sich daher regelmäßig nach §§ 713, 670 BGB.[464] 605

Problem: Freiwilligkeit

§ 670 BGB setzt eine Aufwendung voraus. *Aufwendung* ist ein freiwilliges und zweckgerichtetes Vermögensopfer. Da der auf eine Gesellschaftsschuld zahlende Gesellschafter auch persönlich verpflichtet ist, ist das Opfer an sich nicht freiwillig. Dennoch wird die Tilgung von Gesellschaftsschulden als Aufwendung eingestuft.[465] 607

Die Freiwilligkeit muss aus dem Blickwinkel des Innenverhältnisses gesehen werden. Da der Gesellschafter genauso wie alle anderen zur Leistung verpflichtet war, erscheint seine Leistung insoweit als freiwillig.

2. Gegenüber den Mitgesellschaftern

Anspruch gegen Mitgesellschafter

Besonderheiten weist auch der Innenausgleich unter den Gesellschaftern auf: 608

Gesamtschuldnerausgleich: subsidiär

Unter Zugrundelegung der individualistischen wie der Theorie der Doppelverpflichtung werden die einzelnen Gesellschafter als Gesamtschuldner verpflichtet. Es entstehen also dem Grunde nach Ausgleichsansprüche gemäß §§ 426 I, II BGB. Der Rückgriffsanspruch gegenüber den Gesellschaftern ist jedoch infolge der gesellschaftsrechtlichen Treuepflicht subsidiär.[466] Der Gesellschafter muss erst versuchen, bei der Gesellschaft Befriedigung zu finden. Die Haftung der Mitgesellschafter greift jedoch nicht erst bei Aussichtslosigkeit der Zwangsvollstreckung in das Gesellschaftsvermögen ein, sondern schon, wenn die Gesellschaft keine frei verfügbaren (liquiden) Mittel hat.[467]

hemmer-Methode: Die Subsidiarität des Innenausgleichs der Gesellschafter folgt aus § 707 BGB. Die Gesellschafter sind von Gesetzes wegen während des Bestehens der Gesellschaft nicht zu Nachschüssen verpflichtet.[468] Erst i.R.d. Auflösung der Gesellschaft sieht § 735 BGB eine Pflicht zur Verlustdeckung vor.

Haftungsquote

Den Haftungsbeitrag der einzelnen Gesellschafter bestimmt der Gesellschaftsvertrag. Der Ausgleich erfolgt meist *pro rata* entsprechend der Verlustbeteiligung der einzelnen Gesellschafter. Ist im Vertrag nichts geregelt, sieht § 722 I BGB eine Beteiligung nach Kopfteilen vor. Ist lediglich die Gewinnverteilung bestimmt, so gilt deren Verteilungsmaßstab im Zweifel auch für den Verlust (§ 722 II BGB). 610

463 Vgl. oben Rn. 206 und MüKo, § 718 BGB, Rn. 34.

464 § 713 BGB gilt nur für den geschäftsführenden Gesellschafter, so dass dogmatisch für Ersatzansprüche des nichtgeschäftsführenden Gesellschafters Ansprüche unmittelbar aus GoA §§ 683 S. 1, 670 BGB in Frage kommen. Hemmer/Wüst, Gesellschaftsrecht, Rn. 324.

465 BGHZ 37, 301= **juris**byhemmer; Baumbach/Hopt, § 110, Rn. 10.

466 Baumbach/Hopt, § 110 HGB, Rn. 5 und § 128 HGB, Rn. 27.

467 BGH, NJW 1980, 340 = **juris**byhemmer.

468 Die Ausgleichspflicht der Gesellschafter untereinander gründet auf der sie treffenden Haftung gemäß § 421 BGB und dient damit nur zur billigen Verteilung von deren Folgen. Wegen ihrer Subsidiarität führt sie also nicht zum grundsätzlich nicht vorgesehenen Nachschusszwang.

Gesellschaftsvertrag maßgeblich

Es ist auch möglich, dass bestimmte Verluste nach dem Verursacherprinzip im Innenverhältnis einem bestimmten Gesellschafter auferlegt werden. 611

Bsp. (zu obigen Fall: *RA Schlau hat aufgrund der interen Referatsaufteilung das Referat Arbeitsrecht übernommen. Der Gesellschaftsvertrag sieht vor, dass jeder Sozius Schadensersatzverpflichtungen wegen Beratungsfehlern selbst zu tragen hat.*

Formulierungsbeispiel

hemmer-Methode: In der Praxis wird oft die folgende Lösung verwandt:[469]
„§ 7 Berufshaftpflicht
(1) Gewährleistung und Haftung für die von der Sozietät übernommenen und durchgeführten Leistungen obliegen den Sozien nach außen gemeinsam; im Innenverhältnis haften die Sozien im Falle leicht fahrlässiger Schädigung im Verhältnis ihrer Beteiligung am Gewinn und Verlust; im Falle vorsätzlicher oder grob fahrlässiger Schädigung haftet der Schadensverursacher allein, soweit der Schaden nicht (Abs. 2) durch den Haftpflichtversicherer gedeckt wird.
(2) ..(Haftpflichtversicherung)...“
Ein wirtschaftlich ähnliches Ergebnis lässt sich dadurch erreichen, dass man bereits im Außenverhältnis die Haftung auf das Gesellschaftsvermögen eingrenzt. Dies ist aber unter Vertrauensschutzaspekten nicht ohne weiteres möglich.[470] Im Anwaltsbereich setzt § 51 a BRAO Grenzen.

B. Personengesellschaften (OHG, KG, Partnerschaft)

Haftungsbegründung unproblematisch

Die Haftungsbegründung des einzelnen Gesellschafters der offenen Handelsgesellschaft (OHG), der Kommanditgesellschaft (KG) und der Partnerschaft gegenüber dem Gesellschaftsgläubiger ist gesetzlich geregelt und daher im Gegensatz zur GbR regelmäßig unproblematisch. 612

Gesellschafter untereinander Gesamtschuldner

Das HGB begründet zwischen den Gesellschaftern der OHG für Gesellschaftsverbindlichkeiten eine Gesamtschuld (§ 128 HGB). Gegen die Gesellschaft selbst schafft § 110 HGB einen Aufwendungsersatzanspruch. 613

OHG, KG

Diese Vorschriften gelten auch für die KG (§ 161 II HGB). Die persönlich haftenden Gesellschafter (Komplementäre) der KG sind Gesamtschuldner (§§ 161 II, 128 HGB). Kommanditisten haften nach den besonderen Regeln der §§ 171 ff. HGB. 614

hemmer-Methode: Prägen Sie sich insbesondere die Haftungserweiterung des § 176 HGB im Zeitraum vor Eintragung der KG ein. Diese Vorschrift ist überaus prüfungsrelevant![471]

§ 110 HGB gilt auch für die Kommanditisten. 615

Partnerschaft

Im Recht der Partnerschaft ordnet § 8 I 1 PartGG die Gesamtschuld an. § 6 III 2 PartGG verweist auf § 110 HGB.

Im Folgenden wird die Problematik am Recht der OHG dargestellt.[472]

469 Nach Beck'sches Formularbuch zum Bürgerlichen, Handels- und Wirtschaftsrecht, 6. Auflage 1995, S. 867.

470 Hemmer/Wüst, Gesellschaftsrecht, Rn. 137 ff.

471 Vgl. dazu Hemmer/Wüst, Gesellschaftsrecht, Rn. 179 ff.

472 Für die KG gilt dies entsprechen, vgl. § 161 II HGB.

I. Ausgleichsanspruch gegenüber der Gesellschaft

Bsp.: *Gesellschafter A ist mit dem Lieferwagen der OHG unterwegs, um eilig Waren zu einem wichtigen Kunden zu bringen. Auf einer Autobahnraststätte werden ihm die Reifen des Wagens mit einem Messer aufgeschlitzt. Um schnell weiterzukommen, lässt er vor Ort auf seine Rechnung neue Reifen aufziehen. Kann A von der OHG Ersatz verlangen?*

§ 110 I 1. Alt. HGB

Nach § 110 I 1. Alt. HGB hat jeder Gesellschafter einen Ersatzanspruch gegen die Gesellschaft für Aufwendungen in Gesellschaftsangelegenheiten, die er den Umständen nach für erforderlich halten durfte.[473] 616

lex specialis zu § 670 BGB

§ 110 I HGB erweitert als lex specialis den Anspruch auf Aufwendungsersatz. Neben Aufwendungen (1. Alt.) erfasst er auch Verluste (2. Alt.). Verluste sind im Unterschied zu Aufwendungen unfreiwillige Vermögensnachteile. Das bekannte Problem der Ersatzfähigkeit von Schäden i.R.d. § 670 BGB, die der Auftragnehmer im Zuge der Auftragsdurchführung erlitten hat, taucht i.R.d. § 110 HGB mithin nicht auf. 617

hemmer-Methode: § 110 HGB ist eine Eselsbrücke für die Definition des Aufwendungsbegriffs in § 670 BGB. Verluste sind immer *unfreiwillig*. Durch die Unterscheidung in § 110 HGB macht das Gesetz deutlich, dass der Aufwendungsbegriff grds. keine Schäden als unfreiwillige Vermögensopfer erfasst.
Erst durch die freiwillige Übernahme des mit dem Auftrag verbundenen Schadensrisikos kann mit der h.M. der Schadensersatz von § 670 BGB erfasst werden.[474]

§§ 105 II HGB, 713, 664 ff. BGB!

Im Übrigen gilt die Verweisung des § 713 BGB in das Auftragsrecht (§§ 664-669 BGB) auch für den Gesellschafter der OHG über § 105 II HGB fort. Der Ersatzberechtigte Gesellschafter ist der Gesellschaft auskunfts- und rechenschaftspflichtig (§ 666 BGB) sowie herausgabepflichtig (§ 667 BGB). 618

hemmer-Methode: Das Recht der OHG, KG und Partnerschaft kann man nicht sinnvoll isoliert von der GbR lernen.
Die Verweisungsnorm des § 105 II HGB ist neben der des § 161 II HGB eine der wichtigsten Vorschriften des HGB-Gesellschaftsrechts und muss Ihnen geläufig sein!

keine Subsidiarität gegenüber verantwortlichen Dritten

Ersatzverpflichtete Dritte brauchen nicht vor der Gesellschaft in Anspruch genommen werden. Auch die gesellschaftliche Treuepflicht begründet keine Subsidiarität des Ersatzanspruchs nach § 110 HGB. Das gilt sogar dann, wenn der anderweitige Regressanspruch leicht realisierbar wäre.[475] 619

Beispiel (von oben): *Der Wagen des A wurde von B auf der Raststätte angefahren. Hinter B steht die liquide und zahlungsbereite Haftpflichtversicherung C. Dennoch kann A bei der OHG Rückgriff nehmen.*

aber: § 255 BGB

Ansprüche gegen Dritte muss der Gesellschafter aber entsprechend § 255 BGB an die Gesellschaft abtreten (nach a.A: folgt dies aus der gesellschafterlichen Treuepflicht, § 242 BGB).[476] 620

Der Gesellschafter muss objektiv in Gesellschaftsangelegenheiten gehandelt haben und dies subjektiv auch gewollt haben. Ähnlich wie bei der GoA ist es unschädlich, wenn der Gesellschafter hierbei auch einer eigenen Pflicht nachgekommen ist (vgl. das "auch-fremde Geschäft"). 621

473 Mitgesellschafter sind aus § 110 HGB nicht mitverpflichtet. Anderenfalls käme es entgegen § 105 II HGB, § 707 BGB zu einer Nachschusspflicht.

474 Palandt, § 670 BGB, Rn. 11.

475 Baumbach/Hopt, § 110 HGB, Rn. 6.

476 Baumbach/Hopt, a.a.O.

***Bsp.:** Der Gesellschafter wird vom Gläubiger G für eine Gesellschaftsschuld in Anspruch genommen.*

Gemäß § 128 HGB haftet der Gesellschafter für Verbindlichkeiten der Gesellschaft. Er leistet also auf eine eigene Schuld. Trotzdem kann er nach § 110 I 1. Alt. HGB bei der OHG Regress nehmen.

objektiver Begriff der Erforderlichkeit

Wie bei § 670 BGB stellt das Gesetz auf die ex-ante Sicht eines sorgfältigen Gesellschafters ab. Entscheidend für die Ersatzfähigkeit ist, dass der Gesellschafter die Aufwendung für erforderlich halten durfte. Daher ist es unerheblich, ob er sich im Moment der Aufwendung darüber tatsächlich Gedanken gemacht hat. 622

Wie bei der GbR ist natürlich auch die Deckung einer Gesellschaftsschuld durch einen Gesellschafter Aufwendung i.S.d. § 110 I 1. Alt. HGB und daher ersatzfähig.[477] 623

hemmer-Methode: Beachten Sie hierbei unbedingt, dass im Verhältnis zur Gesellschaft keine Gesamtschuld besteht. Daher gibt es auch keinen Forderungsübergang und keinen Übergang von Sicherungsrechten auf den leistenden Gesellschafter (§§ 426 II, 412, 401 BGB). Bei drohender Inanspruchnahme hat der Gesellschafter aber analog § 257 BGB einen Freistellungsanspruch gegen die Gesellschaft.

Lösung Reifen-Fall: Nach dem eben Dargestellten kann der A Aufwendungsersatz verlangen. Er hat in Gesellschaftsangelegenheiten Aufwendungen gemacht, die er wegen der Dringlichkeit und Wichtigkeit des Geschäfts machen durfte.

§ 110 I 2. Alt. HGB

Die Voraussetzungen der Ersatzfähigkeit nach der 2. Alt. des § 110 HGB sind Verluste, die unmittelbare Folge der Geschäftsführung oder Folge von Gefahren sind, die untrennbar mit der Geschäftsführung verbunden sind. 624

Geschäftsführung nicht i.S.d. § 114 HGB

Der Begriff der Geschäftsführung ist nicht organschaftlich i.S.d. § 114 HGB gemeint. Auch nicht geschäftsführende Gesellschafter, insbesondere Kommanditisten (§ 164 HGB), können ersatzberechtigt sein. Geschäftsführung ist hier i.S. einer Geschäftsbesorgung (§ 675 BGB) zu verstehen.[478] 625

mehr als bloße Kausalität

Untrennbar mit der Geschäftsführung verbunden ist eine Gefahr nur dann, wenn sie gerade mit der Tätigkeit der Geschäftsführung zusammenhängt. Hier sollen Schäden ausgegrenzt werden, die dem allgemeinen Lebensrisiko entstammen. Bloße Kausalität genügt daher nicht. 626

hemmer-Methode: § 110 I HGB setzt voraus, dass der Zahlende noch Gesellschafter ist.[479] Wird ein ausgeschiedener Gesellschafter im Rahmen seiner Nachhaftung (§§ 159 f. HGB, evtl. i.V.m. § 161 II HGB, § 10 II PartGG) von einem Gesellschaftsgläubiger in Anspruch genommen, so findet der Rückgriff nach den Grundsätzen der GoA statt.[480]

II. Ausgleichsanspruch gegenüber den Mitgesellschaftern

Haftung der Mitgesellschafter i.E. unstr.

Wie bei der GbR ist auch im Recht der OHG/KG unbestritten, dass der in Anspruch genommene Gesellschafter, welcher von der Gesellschaft nach § 110 I HGB Ersatz zu erlangen vermag, subsidiär seine Mitgesellschafter in Anspruch nehmen kann. 627

477 Baumbach/Hopt, § 110 HGB, Rn. 10.

478 Baumbach/Hopt, § 110 HGB, Rn. 12.

479 Baumbach/Hopt, § 110 HGB, Rn. 2.

480 Zu anderen Lösungsmöglichkeiten vgl. Preißer, JuS 1987, 291.

§ 128 HGB gilt nicht für Sozialverbindlichkeiten

§ 128 HGB ordnet für die Gesellschafter die persönliche Haftung für Gesellschaftsverbindlichkeiten an. Damit erscheint der Regress möglich. Für Sozialverbindlichkeiten der Gesellschaft gegenüber einem Gesellschafter gilt § 128 HGB aber grundsätzlich nicht. Denn anderenfalls würde entgegen §§ 105 II HGB, 707 BGB eine Nachschussverpflichtung eingeführt werden. 628

hemmer-Methode: Die Sozialverbindlichkeit ist von der sog. Drittgläubigerforderung zu unterscheiden. Bei ersterer wurzelt der Anspruch des Gesellschafters gegen die Gesellschaft im Gesellschaftsverhältnis. Bei letzterem tritt der Gesellschafter der Gesellschaft wie ein Dritter gegenüber (z.B. Darlehensvertrag). Die Drittgläubigeransprüche werden von § 128 HGB erfasst. Allerdings wird der Verlustanteil berücksichtigt, und es muss zuerst die Gesellschaft selbst in Anspruch genommen werden.[481]

Ausnahme

Für die hier interessierende Bezahlung einer Gesellschaftsschuld wäre jedoch die Ablehnung des Regresses unbillig. Es würde eine unzumutbare Härte für den zufällig in Anspruch genommenen Gesellschafter darstellen, wenn er von der illiquiden OHG keinen Ausgleich erlangen könnte, und die Last damit allein tragen müsste. 629

zwei Lösungswege

Nach einer Ansicht soll § 426 BGB zwischen den Gesellschaftern unmittelbar Anwendung finden,[482] die andere Ansicht will die Gesellschafter über §§ 110, 128 Satz 1 HGB i.V.m. § 426 BGB ausgleichen.[483] 630

im Ergebnis gleich

Im Ergebnis führen beide Ansichten zum gleichen Ergebnis. Gegen die Anwendung des § 128 HGB wird eingewandt, dass dieser eben nicht für Sozialverbindlichkeiten gelte. Der Gesellschafter sei nur im Ergebnis gleichzustellen. Für die Anwendung spricht, dass der Aufwendungsersatzanspruch nur formal dem Innenverhältnis der Gesellschaft entspringt, materiell aber Folge des Außenverhältnisses Gesellschafter - Gesellschaft - Gläubiger ist. 631

aber Einschränkungen:

Der Regress unter den Gesellschaftern ist aber nur beschränkt möglich: 632

nur subsidiär

Primär haftet die Gesellschaft. Die Gesellschafter haften lediglich subsidiär, wenn bei der Gesellschaft nichts zu erlangen ist. Hier gilt das gleiche wie bei der GbR, d.h. es genügt bereits, dass die Gesellschaft keine liquiden Mittel zur Verfügung hat. 633

pro rata

Der Ausgleich erfolgt nur pro rata in Höhe der Verlustbeteiligung des jeweiligen Gesellschafters. Fällt einer der Mitgesellschafter aus, so gilt § 426 I 2 BGB.[484] 634

> ***Bsp.:*** *Gesellschafter A hat 1/2, B 1/3 und C 1/6 des Verlusts zu tragen. A bezahlt eine Gesellschaftsschuld in Höhe von 12.000,- €, ohne aus dem Gesellschaftsvermögen Ersatz erlangen zu können.*
>
> Von B kann A 4.000,- € und von C 2.000,- € Ersatz verlangen. Wäre B zahlungsunfähig, so ist dieser Ausfall zwischen A und C im Verhältnis 1/2 zu 1/6 zu verteilen, also 3:1. A kann von C demnach 3.000,- € fordern.

§ 8 I 1 PartGG

Für die Partnerschaft gilt das entsprechend. § 8 I 1 PartGG ist nichts anderes als die sinngemäße Wiederholung des § 128 HGB.[485] 635

481 Hueck, Gesellschaftsrecht, § 15 III 7. a).
482 Hueck, Gesellschaftsrecht, § 15 III 7. a), (Baumbach/Hopt, § 128 HGB, Rn. 27).
483 Vgl. auch Walter in JuS 1982, 83.
484 Hueck, Gesellschaftsrecht, a.a.O.; a.A. offenbar Baumbach/Hopt, § 128 HGB, Rn. 27.
485 Karsten Schmidt, Die Freiberufliche Partnerschaft, NJW 1995, 1 (5).

WIEDERHOLUNGSFRAGEN: RANDNUMMER

1. Nennen Sie aus dem Gedächtnis die Ihnen bekannten wichtigsten Legalzessionsnormen. *18*
2. Welche Rückgriffstechniken kennen Sie? .... *14 ff.*
3. Was ist der wesentliche Unterschied zwischen einem Ausgleichsanspruch des Ausgleichsberechtigten aus dem Innenverhältnis und einem solchen aus dem Außenverhältnis? .... *22 f.*
4. In welchen Standardfällen wird die Rückgriffskondiktion als die einschlägige Regresstechnik diskutiert? .... *25 ff.*
5. Worin unterscheiden sich die in § 401 BGB genannten Rechte zur Sicherungsübereignung und -zession? .... *31 f.*
6. Erläutern Sie den Einwendungsbegriff des § 404 BGB. *34*
7. § 407 BGB gewährt dem Schuldner eine Einrede gegen den Neugläubiger. In welcher Konstellation wird ein Schuldner von dieser Einrede keinen Gebrauch machen. Was wird er stattdessen tun? *42*
8. Wie wirkt sich § 408 I BGB zugunsten des Schuldners aus? *45*
9. Welcher Gedanke liegt der Vorschrift des § 406 BGB zugrunde. *47*
10. Skizzieren Sie graphisch die Ausnahmetatbestände des § 406 BGB, die eine Aufrechnung gegen den Neugläubiger ausschließen. .... *51 ff.*
11. Unter welchen Voraussetzungen erlaubt § 406 BGB sogar dann dem Schuldner die Aufrechnung, wenn er die Forderung gegen den Altgläubiger erst nach der cessio legis erworben hat? Welcher Gedanke liegt dieser Regelung zugrunde? .... *53 f.*
12. Beschreiben Sie die Sonderstellung, die § 426 II BGB unter den Legalzessionsnormen einnimmt. .... *58 ff.*
13. Skizzieren Sie die Tatbestandsvoraussetzungen der Legalzession gemäß § 268 III BGB. .... *63 ff.*
14. Ist § 268 III BGB bei Ablösung der besicherten Forderung durch den Eigentümer der sicherungsübereigneten Sache anwendbar? .... *72 ff.*
15. Welche Bedeutung kommt § 774 I 3 BGB für den Bürgenregress zu? *83*
16. Worin liegt der Unterschied zwischen Mitbürgen und Teilbürgen? *88, 247*
17. Was bedeutet die Aussage, § 774 II BGB enthält eine negative Begrenzungsnorm? *90*
18. Welche Bedeutung hat der Begriff „Befriedigung“ in § 1143 I BGB? *92*
19. Worin liegt der Unterschied zwischen Eigentümergrundschuld und Eigentümerhypothek? *94*
20. Warum ist § 1143 II BGB auf die Sicherungsgrundschuld nicht anwendbar? *102*
21. Definieren Sie den Begriff „geringstes Gebot“! *106*
22. Nennen Sie die Ihnen bekannten Vorschriften, die dem Sicherungsgeber, der nicht Schuldner ist, die gesicherte Forderung überleiten. *76, 92, 108*
23. Welche Versicherungssparten schließt der Begriff „Schadensversicherung“ ein? *121*
24. Worin liegt der grundlegende Unterschied zwischen Legalzessionsnormen wie §§ 426 II, 774 I 1 BGB und § 86 VVG? *123*
25. Können Sie die Begriffe Kongruenzgrundsatz, Privilegierung des Altgläubigers und Aufgabeverbot im Zusammenhang mit § 86 VVG erklären? .... *124 ff.*
26. Erfasst die cessio legis des § 86 VVG auch Ansprüche, die auf Vertrag beruhen? *132*
27. Vergegenwärtigen Sie sich anhand des Beispielfalles zu Rn. 134 nochmals die Auswirkungen des Kongruenzprinzips beim Mitverschulden des Geschädigten i.R.d. § 116 SGB X *134*
28. Was ist Hintergrund des sogenannten Familienprivilegs des § 86 VVG und des § 116 SGB X? *136*
29. Wie lässt sich angesichts der Entgeltfortzahlung im Krankheitsfall überhaupt ein Schadensersatzanspruch des Arbeitnehmers gegenüber dem Drittschädiger begründen? .... *145 f.*

30. Suchen Sie sich die § 6 EFZG entsprechende Vorschrift im Beamtenrecht Ihres Bundeslandes heraus. ... 148
31. Skizzieren Sie Sachverhalt und Lösung des Grundfalles zu § 255 BGB (Stichwort: Diebstahl beim Verwahrer). ... 164
32. Mit welchem Argument begründet der BGH die Annahme einer Gesamtschuld zwischen Dieb und Verwahrer nach Untergang der Sache? Was spricht demgegenüber für die Anwendung des § 255 BGB? ... 168 ff.
33. Warum ist der Veräußerungserlös kein stellvertretendes commodum des Herausgabeanspruchs i.S.d. § 985 BGB? ... 176
34. Worauf im Gesetz stützt sich die Aussage, dass das Innenverhältnis der Gesamtschuldner den Umfang des Überganges der Außenforderung bestimmt. ... 182 f.
35. Grenzen Sie die Teilschuld von der Gesamtschuld ab. ... 185 f.
36. Warum sind Haupt- und Subunternehmer dem Besteller gegenüber keine Gesamtschuldner? ... 195
37. Kennen Sie Fälle, in denen sich die Ansprüche des Gläubigers im Gegensatz zur Gesamtschuld kumulieren? ... 196
38. Nennen Sie die drei unstreitigen Tatbestandsmerkmale der Gesamtschuld ... 195 ff.
39. Wie „identisch“ muss das Leistungsinteresse sein, um von „einer Leistung“ (§ 421 BGB) sprechen zu können? ... 199
40. Was bedeutet „scheinbare Gesamtschuld“? ... 206
41. Nennen Sie Argumente, die gegen eine Restriktion des § 421 BGB mittels der Lehre von der Zweckgemeinschaft sprechen. ... 208
42. Wie löst die Stufenlehre die Eingrenzungsfrage zu § 421 BGB? ... 209 ff.
43. Warum ist eine Gesamtschuld zwischen dem Unterhaltsverpflichteten und dem Deliktsschuldner abzulehnen? ... 216 f.
44. Welche Lösungsansätze für den Regress des Unterhaltsverpflichteten beim Deliktsschuldner kennen Sie? ... 218 ff.
45. Warum ist die Geschäftsführung ohne Auftrag als Anspruchsgrundlage für den Rückgriff des Leistenden beim deliktisch Haftenden in den sog. Versorgerfällen ungeeignet? ... 223 ff.
46. Was bedeutet „gemeinschaftlich“ i.S.d. § 427 BGB? ... 227
47. Setzt eine „unerlaubte Handlung“ i.S.d. § 840 BGB Verschulden voraus? ... 232
48. Was ist für den Innenausgleich unter Gesamtschuldnern so untypisch an den Regelungen in § 840 II und III BGB? ... 235
49. Welche Besonderheit ist für den Ausgleich zwischen Gesamtschuldnern zu beachten, die gemäß § 831 I und II bzw. § 832 I und II BGB haften? ... 237
50. Was gilt für den Innenausgleich, wenn alle Gesamtschuldner wegen eines Gefährdungshaftungstatbestandes, also ohne Verschulden, haften? ... 240
51. Warum ist die Frage, ob deliktisch und vertraglich Haftende Gesamtschuldner sein können, überhaupt problematisch? ... 241
52. Wie lösen Sie die Problematik? ... 243
53. Welche - hier noch nicht angesprochenen - gesetzlichen Anordnungen gesamtschuldnerischer Haftung fallen Ihnen ein? ... 232 f.
54. Wo im Gesetz finden Sie den Grundsatz der Einzelwirkung? ... 253
55. Warum kann mit „Kündigung“ in § 425 II BGB nur die sog. Fälligkeitskündigung gemeint sein? ... 255
56. Welche Form der Unmöglichkeit meint § 425 II BGB? Wie ist die Rechtslage bei den anderen Formen der Unmöglichkeit? ... 260
57. Was spricht dafür, auf den Schuldbeitritt die §§ 492 ff. BGB zu Gunsten des Beitretenden anzuwenden? Welche Tatbestandsmerkmale der §§ 488 I, 491 I BGB sind hierbei problematisch? ... 266

58. Die Befriedigung durch einen Gesamtschuldner hat Gesamtwirkung für die anderen. Kennen Sie eine rechtliche Konstruktion, mit der diese Gesamtwirkung umgangen werden könnte? ... 267

59. Wo lässt das Gesetz im Gegensatz zu den §§ 421 ff. BGB die Aufrechnungseinrede des in Anspruch genommenen Schuldners mit einer Forderung eines dritten Schuldners zu? ... 271

60. Wann lässt die Rechtsprechung bei der Gesamtschuld eine Ausnahme zu? ... 271

61. In welche Fallkonstellationen wird die Gesamtwirkung der Befriedigung durch § 366 BGB bzw. durch § 367 BGB eingeschränkt? ... 272 f.

62. Der Erlass kann Einzel- oder als Vertrag zu Gunsten Dritter Gesamtwirkung haben. Warum kann der Erlass mit Einzelwirkung den Schuldner nicht vor einem Rückgriff der anderen Gesamtschuldner schützen? ... 276

63. Warum ist die Gesamtwirkung des Gläubigerverzuges (§ 424 BGB) zwingende Folge der Gesamtwirkung der Befriedigung? ... 277

64. Was spricht dafür, den zur Schuld Beigetretenen das Verschulden und damit v.a. die Verzugsfolgen des ursprünglichen Schuldners zuzurechnen? ... 281

65. Muss bei der außerordentlichen Kündigung eines Dauerschuldverhältnisses mit mehreren Schuldnern in jeder Person ein Kündigungsgrund vorliegen? ... 283

66. Wann entsteht der Ausgleichsanspruch des § 425 I BGB? ... 285

67. Worauf ist der Freistellungsanspruch des § 426 I BGB inhaltlich gerichtet? Welche Entstehungsvoraussetzungen hat er? ... 287 f.

68. Über den Innenausgleich kann ein Gesamtschuldner u.U. in die Haftung kommen, obwohl er im Außenverhältnis nicht mehr haftet (Erlass, Verjährung). Warum ist dieses Ergebnis meist interessengerecht? ... 290

69. Wer trägt die Beweislast für die Haftungsaufteilung im Innenverhältnis nach § 426 I BGB? ... 294

70. Woraus kann sich eine „andere Bestimmung“ i.S.d. § 426 I BGB ergeben? ... 295

71. Was bedeutet „Betriebsgefahr“ (§ 17 StVG) ? ... 299

72. Was bedeutet Haftungseinheit von Gesamtschuldnern? ... 300

73. Trifft den deliktisch geschädigten Gläubiger von Gesamtschuldnern ein Mitverschuldensanteil, ist dieser bei Mittäterschaft zur Ermittlung des Ersatzanspruchs in einer „Gesamtschau“ abwägend zu ermitteln. Was spricht gegen diese Methode im Falle der Nebentäterschaft? Wie ist dieser Fall statt dessen zu lösen? ... 301

74. Warum passt § 254 BGB für die Quotelung der Haftungsanteile der Gesamtschuldner nicht unmittelbar? Rechtfertigen Sie die analoge Anwendung. ... 303

75. Was gilt für den Gesamtschuldnerausgleich unter Ehepartnern? ... 309

76. Inwiefern muss man § 426 I 2 BGB (Ausfall eines Gesamtschuldners) korrigierend lesen? ... 316

77. Worin ist der Hauptzweck der cessio legis des § 426 II BGB zu sehen? Welche zusätzlichen Vorteile können sich für den regressberechtigten Gesamtschuldner durch den Übergang der Außenforderung ergeben? ... 319

78. Können Sie das Schlagwort „Wettlauf der Gesamtschuldner“ einordnen? In welcher Konstellation gibt es eine ähnlich gelagerte Problematik? ... 324

79. Durch welche Umstände kann der Wert der Außenforderung für den Regressberechtigten eingeschränkt werden? ... 325 ff.

80. Welches Problemfeld beschreibt der Begriff „gestörte Gesamtschuld“? ... 328

81. Nennen Sie die wichtigsten Normen, die die Haftung auf den Maßstab der eigenüblichen Sorgfalt begrenzen. ... 329

82. Welche drei Lösungsmöglichkeiten werden hauptsächlich für das Problem der gestörten Gesamtschuld diskutiert. ... 330

83. Mit welchen Argumenten entscheiden Sie sich für eine der drei Varianten? ... 333 ff.

84. Welche Wertungsunterschiede ergeben sich zwischen der Haftungsprivilegierung des Schuldners aufgrund eines Vertrages und kraft Gesetzes? Wie entscheiden Sie letztere Fallkonstellation? ... 341

85. Wie unterscheiden sich die Haftung für die Verletzung der eigenüblichen Sorgfalt (diligentia quam in suis) und die Haftung für grobe Fahrlässigkeit? 344

86. Welcher Gedanke liegt der Haftungsprivilegierung des Arbeitgebers gegenüber seinem Arbeitnehmer in § 636 RVO bzw. § 104 SGB VII zugrunde? .... 347 f.

87. Warum ist die Fiktion eines Gesamtschuldverhältnisses jedenfalls bei Beteiligung des Arbeitgebers des geschädigten Arbeitnehmers für die Lösung der gestörten Gesamtschuld abzulehnen? 351

88. Wie wird im SGB VII der Ausnahmetatbestand des § 636 RVO „Teilnahme am allgemeinen Verkehr" geregelt? 355

89. Kann der Vertrag mit Schutzwirkung zu Gunsten Dritter auch dazu dienen, Ansprüche gegen den begünstigten Dritten abzuwehren? 359

90. Was bedeutet unechte Geschäftsführung ohne Auftrag? 365

91. Welches sind die wichtigsten Rechtsfolgen der berechtigten GoA für GF und GH? 375

92. Was sind Aufwendungen i.S.d. § 670 BGB. Inwieweit sind der Einsatz der eigenen Arbeitskraft und im Zuge der Geschäftsführung erlittene Schäden ersatzfähig? .... 376 ff.

93. Was ist ein Geschäft i.S.d. § 677 BGB? 385

94. Was ist ein objektiv fremdes Geschäft? 388

95. Wann liegt ein auch-fremdes Geschäft vor? 390

96. Nur wann kann beim nach außen neutralen Geschäft GoA vorliegen? 391

97. Was gilt beim auch-fremden Geschäft für den Fremdgeschäftsführungswillen? .... 405 ff.

98. Was meint die Terminologie mit „berechtigt" bei der GoA? 411

99. In welchen drei Fällen ist die berechtigte GoA möglich? .... 417 ff.

100. Wie ist das Verhältnis von objektivem Interesse, wirklichem und mutmaßlichem Willen bei der berechtigten GoA? Was ist zuerst zu prüfen? Was gilt bei Nichtübereinstimmung? .... 427 ff.

101. Wann ist der wirkliche Wille unbeachtlich? .... 430 ff.

102. Was gilt bei beschränkter Geschäftsfähigkeit von GF bzw. GH? .... 435 ff.

103. Welches sind die wichtigsten Rechtsfolgen der unberechtigten GoA für GF und GH? .... 443 ff., 461 ff.

104. Was bedeutet Übernahmeverschulden? 461

105. Kann der GF einer unberechtigten GoA dem GH schadensersatzplichtig sein, obwohl ihm kein Übernahmeverschulden vorzuwerfen ist? 466

106. Welche Ansprüche kann der GH bei angemaßter Eigengeschäftsführung haben? .... 473 ff.

107. Warum kann die Regelung des § 687 II BGB so vorteilhaft für den GH sein? 479

108. Die Rückgriffskondiktion ist gegenüber anderen Regressformen subsidiär. Wann scheidet eine Rückgriffskondiktion von vornherein aus? .... 495 ff.

109. Durch welches Instrument wird der Anwendungsbereich der Rückgriffskondiktion erheblich erweitert? Welche Argumente sprechen für und welche gegen diese Erweiterung? .... 505 ff.

110. Inwiefern ist der aufgedrängte Rückgriff mit der Problematik der aufgedrängten Bereicherung vergleichbar? Worin liegt der Unterschied? Wie ist der Schuldner zu schützen? .... 513 ff.

111. Welche Fallgruppen sind beim Ausgleich unter Sicherungsgebern systematisch zu unterscheiden? .... 530 ff., 552 ff.

112. Wann kann ein Mitbürge bereits Regress bei anderen Mitbürgen nehmen, obwohl die Inanspruchnahme durch den Gläubiger unter seiner Haftungsquote liegt? Warum ist das so? 532

113. Welches Problem stellt sich beim Ausgleich unter mehreren Verpfändern? .... 535 ff.

114. Was ist eine Gesamthypothek? 545

115. Gibt es einen Rückgriff unter Eigentümern verschiedener Grundstücke, die mit einer Gesamthypothek bzw. Gesamtgrundschuld belastet sind? .... 546 ff.

116. Wie lässt sich der unerwünschte Wettlauf von Sicherungsgebern vermeiden und stattdessen ein interessengerechter Innenausgleich begründen? .... 554 ff.

117. Welche Argumente werden für die Privilegierung des Bürgen beim Innenausgleich von Sicherungsgebern angeführt? Welche sprechen für die Gleichbehandlung? .... ***561 ff., 567 ff.***

118. Welches Sonderproblem entsteht, wenn die durch die Bürgschaft gesicherte Forderung daneben durch einen Schuldbeitritt abgesichert wird? Lösung? .... ***586 ff.***

119. Der Rückgriff im Recht der Personengesellschaft setzt voraus, dass ein Gesellschafter für eine Gesellschaftsverbindlichkeit zunächst in Vorlage getreten ist. Wie begründet sich die persönliche Haftung der Gesellschafter für Gesellschaftsschulden im Recht der Personengesellschaften? .... ***593 ff., 612***

120. Wie ist der Rückgriff des GbR-Gesellschafters bei der Gesellschaft ausgestaltet? .... ***601 ff.***

121. Was umfasst der Ausgleichsanspruch des § 110 II HGB? .... ***617 ff.***

122. Wie kann ein bereits ausgeschiedener Gesellschafter, der nach außen hin noch für Gesellschaftsverbindlichkeiten haftet (§§ 128, 160 HGB), bei der Gesellschaft Rückgriff nehmen? ***626***

123. Wann und wie kann ein oHG/KG-Gesellschafter, der auf eine Gesellschaftsschuld geleistet hat, bei seinen Mitgesellschaftern Ausgleichung erlangen? .... ***627 ff.***

Die Zahlen verweisen auf die Randnummern des Skripts

H

I

K

L

M

N

Reihe intelligentes Lernen

hemmer/wüst Verlagsgesellschaft mbH

Mergentheimer Str. 44 / 97082 Würzburg

Tel.: 09 31 /7 97 82 38 / Fax: 09 31/7 97 82 40

Internet: www.hemmer-shop.de

Grundwissen für Anfangssemester

Nr.	Anzahl / Titel	Auflage/Jahr/Euro
GW10 (111.10)	BGB-AT Theorieband zu den wicht. Fällen	6.A/13 · 7,80
GW11 (111.11)	SchuldR-AT Theorieband zu den wicht. Fällen	5.A/12 · 7,80
GW12 (111.12)	SchuldR-BT I Theorieband zu den wicht. Fällen	5.A/12 · 7,80
GW13 (111.13)	SchuldR-BT II Theoriebd. zu den wicht. Fällen	5.A/13 · 7,80
GW14 (111.14)	MobiliarsachenR Theoriebd. zu den wicht. Fällen	5.A/12 · 7,80
GW15 (111.15)	ImmobiliarsachenR Theoriebd. zu den wicht. Fällen	4.A/12 · 7,80
GW20 (112.20)	Strafrecht AT Theorieband zu den wicht. Fällen	5.A/13 · 7,80
GW21 (112.21)	Strafrecht BT Theorieband zu den wicht. Fällen	4.A/12 · 7,80
GW30 (113.30)	StaatsR Theorieband zu den wicht. Fällen	5.A/12 · 7,80
GW31 (113.31)	VerwaltungsR Theorieband zu den wicht. Fällen	5.A/12 · 7,80

Die wichtigsten Fälle

Nr.	Anzahl / Titel	Auflage/Jahr/Euro
DF0 (115.20)	**Sonderband:** Der Streit- und Meinungsstand im neuen Schuldrecht	5.A/13 · 14,80
DF1 (115.21)	76 Fälle - BGB AT	7.A/13 · 12,80
DF2 (115.22)	55 Fälle - Schuldrecht AT	8.A/13 · 12,80
DF3 (115.23)	51 Fälle - Schuldrecht BT - Kauf/WerkV	7.A/12 · 12,80
DF4 (115.24)	42 Fälle - GoA/Bereicherungsrecht	7.A/12 · 12,80
DF5 (115.25)	45 Fälle - Deliktsrecht	6.A/12 · 12,80
DF6 (115.26)	44 Fälle - Verwaltungsrecht	7.A/12 · 12,80
DF25 (115.45)	30 Fälle - Verwaltungsrecht BT Bayern	3.A/13 · 12,80
DF7 (115.27)	32 Fälle - Staatsrecht	8.A/12 · 12,80
DF8 (115.28)	34 Fälle - Strafrecht AT	8.A/13 · 12,80
DF9 (115.29)	44 Fälle Strafrecht BT I - Vermögensd.	8.A/13 · 12,80
DF10 (115.30)	44 Fälle Strafrecht BT II - Nicht-Vermögensd.	7.A/12 · 12,80
DF11 (115.31)	50 Fälle - Sachenrecht I	6.A/12 · 12,80
DF12 (115.32)	43 Fälle - Sachenrecht II - ImmobiliarSR	7.A/13 · 12,80
DF13 (115.33)	40 Fälle - ZPO I - Erkenntnisverfahren	6.A/13 · 12,80
DF14 (115.34)	25 Fälle - ZPO II - Zwangsvollstreckungsverf.	5.A/12 · 12,80
DF15 (115.35)	35 Fälle - Handelsrecht	6.A/13 · 12,80
DF16 (115.36)	36 Fälle - Erbrecht	5.A/12 · 12,80
DF17 (115.37)	26 Fälle - Familienrecht	6.A/12 · 12,80
DF18 (115.38)	32 Fälle - Gesellschaftsrecht	5.A/12 · 12,80
DF19 (115.39)	39 Fälle - Arbeitsrecht	5.A/13 · 12,80
DF20 (115.40)	35 Fälle - Strafprozessrecht	4.A/12 · 12,80
DF21 (115.41)	23 Fälle - Europarecht	4.A/13 · 12,80
DF22 (115.42)	10 Fälle - Musterkl. Examen ZivilR	5.A/11 · 14,80
DF23 (115.43)	10 Fälle - Musterkl. Examen StrafR	5.A/11 · 14,80
DF24 (115.44)	8 Fälle - Musterkl. Examen SteuerR	7.A/12 · 14,80

Skripten Basics (110)

Nr.	Anzahl / Titel	Auflage/Jahr/Euro
BI/1 (0011)	Zivilrecht I - BGB AT u.vertragl. SchuldV	9.A/12 · 15,80
BI/2 (0012)	Zivilrecht II - Sachenrecht/gesetzl. SV	6.A/10 · 15,80
BI/3 (0013)	Zivilrecht III - FamilienR/ErbR	6.A/12 · 15,80
BI/4 (0014)	Zivilrecht IV - ZivilprozessR	7.A/12 · 15,80
BI/5 (0015)	Zivilrecht V - Handels-/GesellschR	6.A/12 · 15,80
BI/6 (0016)	Zivilrecht VI - ArbeitsR	4.A/11 · 15,80
BII (0032)	Strafrecht	6.A/12 · 15,80
BIII/1 (0035)	Öffentliches Recht I - VerfassR/StaatsHR	5.A/12 · 15,80
BIII/2 (0036)	Öffentliches Recht II - VerwaltungsR	6.A/12 · 15,80
BIV (0004)	Steuerrecht - EstG & AO	8.A/12 · 15,80
BV (0005)	Europarecht	7.A/13 · 15,80

Skripten Zivilrecht (120)

Nr.	Anzahl / Titel	Auflage/Jahr/Euro
1 (0001)	BGB-AT I, Ensteh.d.Primäranspruchs	12.A/12 · 16,80
2 (0002)	BGB-AT II, Scheitern des Primäranspr.	12.A/12 · 16,80
3 (0003)	BGB-AT III, Erlösch.d. Primäranspruchs	12.A/13 · 16,80
4 (0004)	Schadensersatzrecht I	7.A/10 · 16,80
5 (0005)	Schadensersatzrecht II	6.A/12 · 16,80
6 (0006)	Schadensersatzrecht III (§§ 249 ff.)	10.A/12 · 16,80
7 (0007)	Verbraucherschutzrecht	3.A/12 · 16,80
51 (0051)	Schuldrecht AT (ehemals SchuldR I)	8.A/12 · 16,80
52 (0052)	Schuldrecht BT I (ehemals SchuldR II)	8.A/12 · 16,80
53 (0053)	Schuldrecht III (BT II)	7.A/12 · 16,80
8 (0008)	Bereicherungsrecht	13.A/12 · 16,80
9 (0009)	Deliktsrecht I	11.A/11 · 16,80
10 (0010)	Deliktsrecht II	9.A/13 · 16,80
11 (0011)	Sachenrecht I	11.A/12 · 16,80
12 (0012)	Sachenrecht II	9.A/11 · 16,80
12A (0012A)	Sachenrecht III	11.A/13 · 16,80
13 (0013)	Kreditsicherungsrecht	10.A/12 · 16,80
14 (0014)	Familienrecht	11.A/11 · 16,80
15 (0015)	Erbrecht	11.A/12 · 16,80
16 (0016)	Zivilprozessrecht I	11.A/12 · 16,80
17 (0017)	Zivilprozessrecht II	10.A/11 · 16,80
18 (0018)	Arbeitsrecht	13.A/11 · 16,80
19A (0019A)	Handelsrecht	10.A/12 · 16,80
19B (0019B)	Gesellschaftsrecht	12.A/12 · 16,80
31 (0031)	Herausgabeansprüche	6.A/12 · 16,80
32 (0032)	Rückgriffsansprüche	6.A/09 · 16,80

Skripten Strafrecht (120)

Nr.	Anzahl / Titel	Auflage/Jahr/Euro
20 (0020)	Strafrecht AT I	11.A/12 · 16,80
21 (0021)	Strafrecht AT II	11.A/13 · 16,80
22 (0022)	Strafrecht BT I	11.A/12 · 16,80
23 (0023)	Strafrecht BT II	11.A/13 · 16,80
30 (0030)	Strafprozessordnung	10.A/12 · 16,80

Skripten Öffentliches Recht (120/130)

Nr.	Anzahl / Titel	Auflage/Jahr/Euro
24 (0024)	Verwaltungsrecht I	11.A/12 · 16,80
25 (0025)	Verwaltungsrecht II	11.A/13 · 16,80
26 (0026)	Verwaltungsrecht III	11.A/12 · 16,80
27 (0027)	Staatsrecht I	10.A/11 · 16,80
28 (0028)	Staatsrecht II	8.A/10 · 16,80
29 (0029)	Europarecht	11.A/13 · 16,80
40 (0040)	Staatshaftungsrecht	3.A/11 · 16,80
33 (01.0033)	Baurecht/Bayern	10.A/12 · 16,80
33 (02.0033)	Baurecht/Nordrhein-Westfalen	8.A/11 · 16,80
33 (03.0033)	Baurecht/Baden-Württembg.	3.A/12 · 16,80
33 (04.0033)	Baurecht/Hessen	1.A/09 · 16,80
33 (06.0033)	Baurecht/Saarland	1.A/08 · 16,80
34 (01.0034)	Polizei- u. Sicherheitsrecht/Bayern	9.A/11 · 16,80
34 (02.0034)	Polizei- u. Ordnungsrecht/NRW	5.A/12 · 16,80
34 (03.0034)	Polizeirecht/Baden-Württembg.	3.A/11 · 16,80
34 (04.0034)	Polizei- u. Ordnungsrecht/Hessen	1.A/10 · 16,80
34 (05.0034)	Polizei- u. Ordnungsrecht/Rheinl.-Pfalz	1.A/11 · 16,80
34 (06.0034)	Polizei- u. Sicherheitsrecht/Saarland	1.A/09 · 16,80
35 (01.0035)	Kommunalrecht/Bayern	9.A/12 · 16,80
35 (02.0035)	Kommunalrecht/NRW	8.A/11 · 16,80
35 (03.0035)	Kommunalrecht/Baden-Württembg.	3.A/09 · 16,80

hemmer/wüst Verlagsgesellschaft mbH
Mergentheimer Str. 44 / 97082 Würzburg
Tel.: 09 31 /7 97 82 38 / Fax: 09 31/7 97 82 40
Internet: www.hemmer-shop.de

Reihe intelligentes Lernen

Lexikon/Definitionen

	Anzahl		Auflage/Jahr/Euro
D1 (0044)		Definitionen Strafrecht - schnell gemerkt	3.A/11 · 16,80
D1 (4002)		Legal terms für Juristen - Fachwörterbuch Englisch - Deutsch	1.A/11 · 19,80

Skripten Schwerpunkt (120)

	Anzahl		Auflage/Jahr/Euro
P1 (0039)		Kriminologie	6.A/13 · 19,80
P2 (0036)		Völkerrecht	8.A/13 · 19,80
P3 (0037)		Internationales Privatrecht	5.A/05 · 19,80
P4 (0055)		Kapitalgesellschaftsrecht	4.A/09 · 19,80
P7 (0058)		Rechtsgeschichte I	3.A/13 · 19,80
P8 (0059)		Rechtsgeschichte II	2.A/12 · 19,80
P11 (0062)		Rechts- und Staatsphilosophie sowie Rechtssoziologie	2.A/11 · 19,80
P12 (0063)		Insolvenzrecht	3.A/12 · 19,80
P13 (0064)		Wasser- und ImmissionsschutzR	1.A/08 · 19,80

Skripten Steuerrecht (120)

	Anzahl		Auflage/Jahr/Euro
42 (0042)		Abgabenordnung	8.A/12 · 16,80
43 (0043)		Einkommensteuerrecht	7.A/11 · 21,80

Skripten für BWL´er, WiWi & Steuerberater

	Anzahl		Auflage/Jahr/Euro
W1 (18.01)		PrivatR f. BWL'er, WiWi & Steuerberat	7.A/11 · 14,80
W2 (18.02)		Ö-Recht f. BWL'er, WiWi & Steuerberat	4.A/12 · 14,80
W3 (18.03)		Musterklausuren für's Vordiplom PrivatR	2.A/04 · 14,80
W4 (18.04)		Musterklausuren für's Vordiplom Ö-R	1.A/00 · 14,80
WF1 (118.01)		Die 74 wicht. Fälle (BGB AT, SchuldR AT/BT)	4.A/13 · 14,80
WF2 (118.02)		Die 44 wicht. Fälle (GoA, BerR, GesR, ...)	2.A/13 · 14,80

Skripten Fachbegriffe & Erläuterungen

	Anzahl		Auflage/Jahr/Euro
G1 (18.10)		Mikroökonomie & Makroökonomie	1.A/12 · 19,80
G2 (18.11)		Buchführung/Jahresabschl./Rechnungsw.	1.A/12 · 19,80
G6 (18.15)		HandelsR/GesellschaftsR/WirtschaftsR	1.A/12 · 19,80
G7 (18.16)		Öffentl. Recht/EuropaR/VölkerR	1.A/12 · 19,80

Basics Karteikarten

	Anzahl		Auflage/Jahr/Euro
BK1 (2001)		Basics - Zivilrecht	5.A/10 · 13,80
BK2 (2002)		Basics - Strafrecht	3.A/09 · 13,80
BK3 (2003)		Basics - Öffentliches Recht	3.A/07 · 13,80

Karteikarten Zivilrecht

	Anzahl		Auflage/Jahr/Euro
KK1 (2201)		BGB-AT I	7.A/11 · 15,80
KK2 (2202)		BGB-AT II	6.A/11 · 15,80
KK3 (22031)		Schuldrecht AT I	8.A/12 · 15,80
KK4 (22032)		Schuldrecht AT II	6.A/11 · 15,80
KK5 (2240)		Schuldrecht BT I (Kauf-u.WerkVR)	6.A/11 · 15,80
KK6 (2241)		Schuldrecht BT II	6.A/13 · 15,80
KK7 (2218)		Arbeitsrecht	4.A/13 · 15,80
KK8 (2208)		Bereicherungsrecht	6.A/12 · 15,80
KK9 (2209)		Deliktsrecht	5.A/11 · 15,80
KK11 (2211)		Sachenrecht I	7.A/12 · 15,80
KK12 (2212)		Sachenrecht II	7.A/13 · 15,80
KK13 (2213)		Kreditsicherungsrecht	3.A/10 · 15,80
KK14 (2214)		Familienrecht	3.A/08 · 15,80
KK15 (2215)		Erbrecht	4.A/13 · 15,80
KK16 (2216)		ZPO I	6.A/13 · 15,80
KK17 (2217)		ZPO II	5.A/12 · 15,80
KK18 (22191)		Handelsrecht	4.A/11 · 15,80
KK19 (22192)		Gesellschaftsrecht	5.A/11 · 15,80

Die Shorties (Minikarteikarten) inkl. Box

	Anzahl		Auflage/Jahr/Euro
SH1 (50.10)		**Box 1:** BGB AT, Schuldrecht AT	7.A/13 · 21,80
SH2/I (50.21)		**Box 2/1:** vertragliches Schuldrecht	4.A/11 · 21,80
SH2/II (50.22)		**Box 2/2:** gesetzliches Schuldrecht	4.A/11 · 21,80
SH3 (50.30)		**Box 3:** Sachenrecht, ErbR, FamR	6.A/13 · 21,80
SH4 (50.40)		**Box 4:** ZPO I/II, GesellschaftsR, HGB	5.A/12 · 21,80
SH5 (50.50)		**Box 5:** Strafrecht	7.A/13 · 21,80
SH6 (50.60)		**Box 6:** Grundrecht, StaatsOrgR, BauR, ...	6.A/13 · 21,80

Karteikarten Strafrecht

	Anzahl		Auflage/Jahr/Euro
KK20 (2220)		Strafrecht AT I	7.A/12 · 15,80
KK21 (2221)		Strafrecht-AT II	7.A/12 · 15,80
KK22 (2222)		Strafrecht-BT I	7.A/12 · 15,80
KK23 (2223)		Strafrecht-BT II	7.A/13 · 15,80
KK24 (2230)		StPO	5.A/12 · 15,80

Karteikarten Öffentliches Recht

	Anzahl		Auflage/Jahr/Euro
KK25 (2224)		Verwaltungsrecht I	7.A/12 · 15,80
KK26 (2225)		Verwaltungsrecht II	5.A/12 · 15,80
KK27 (2226)		Verwaltungsrecht III	5.A/11 · 15,80
KK28 (2227)		Staats- u. Verfassungsrecht	8.A/12 · 15,80
KK29 (2229)		Europarecht	3.A/12 · 15,80

Überblickskarteikarten

	Anzahl		Auflage/Jahr/Euro
ÜK I (2501)		BGB im Überblick I	10.A/13 · 30,00
ÜK II (25011)		BGB im Überblick II (Nebengebiete)	6.A/11 · 30,00
ÜK III (2502)		StrafR im Überblick	7.A/13 · 30,00
ÜK IV (2503)		Öffentl.-R im Überblick	8.A/12 · 16,80
ÜK V (25031)		Öffentl.-R im Überblick II Bayern	6.A/11 · 16,80
ÜK VI (25032)		Öffentl.-R im Überblick II NRW	2.A/08 · 16,80
ÜK VII (2504)		Europarecht	5.A/13 · 16,80

Assessor-Basics/Theoriebände (410)

	Anzahl		Auflage/Jahr/Euro
A IV (0004)		Die zivilrechtl. Anwaltsklausur/Teil 1	10.A/13 · 18,60
A VII (0007)		Das Zivilurteil	10.A/13 · 18,60
A VIII (0008)		Die Strafrechtskl. im Assessorexamen	6.A/11 · 18,60
A IX (0009)		Die Assessorklausur Öffentl. Recht	5.A/12 · 18,60

Assessor-Basics/Klausurentraining

	Anzahl		Auflage/Jahr/Euro
A I (0001)		Zivilurteile	15.A/12 · 18,60
A II (0003)		Arbeitsrecht	13.A/12 · 18,60
A III (0002)		Strafrecht	11.A/13 · 18,60
A V (0005)		Zivilrechtl. Anwaltsklausuren/Teil 2	10.A/13 · 18,60
A VI (0006)		Öff.rechtl. u. strafrechtl.Anwaltskl.	5.A/10 · 18,60

Assessorkarteikarten

	Anzahl		Auflage/Jahr/Euro
AK I (41.10)		Zivilprozessrecht im Überblick	5.A/12 · 19,80
AK II (41.20)		Strafprozessrecht im Überblick	6.A/12 · 19,80
AK III (41.30)		Öffentliches Recht im Überblick	4.A/12 · 19,80
AK IV (41.40)		Familien- und Erbrecht im Überblick	2.A/13 · 19,80

REIHE INTELLIGENTES LERNEN

Sonderprodukte

		Euro
	Lernkarteikartenbox (28.01)	
LB ______	Die praktische Lernbox für die Karteikarten	1,99
KL 1 ______	**Orig. Klausurenblock** Din A4, 100 Blatt einzeln	1,95
S 810 ______	Din A4, 80 Blatt 10er Pack	17,50
S1 ______	**Der Referendar (70.01)** 1. Aufl. 2003 Meine größten Rein-) Fälle (Format A6)	9,80
S2 ______	**Der Rechtsanwalt (70.02)** 1. Aufl. 2006 24 Monate zwischen Genie und Wahnsinn (Format A6)	9,80
S3 ______	**Der Jurist (70.03)** 1. Aufl. November 2009 Ein Lehrbuch für Leader (Format A6)	9,80
S5 ______	**Coach dich! (70.05)** Psychologischer Ratgeber, 1. Auflage, 2004	19,80
S6 ______	**Lebendiges Reden (70.06)** Psychologischer Ratgeber inkl. Audio-CD, 2. Auflage, 2008	21,80
S7 ______	**NLP für Einsteiger (71.01)** Psychologischer Ratgeber, 12. neugestaltete Auflage, 2008	12,80
S8 ______	**Prüfungen als Herausforderung (70.08)** Psychologischer Ratgeber, 1. Auflage 2011	14,80
______	**Wiederholungsmappe (75.01)** Intelligentes Lernen inkl. Übungsbuch, Mind Mapps und Kurzskript	9,90
______	**Ordner hemmer.group (88.20)** Ringbuchmappe für Einlagen, DIN A4	2,50
(100.201) ___	**AudioCards auf CD: BGB AT I - III** Das Frage-Antwort-System der hemmer-Skripten zum Hören	59,95

NEUERSCHEINUNGEN

Die wahren Paradiese

Fünfzehn traumhafte Gärten

Herausgeberin: Marina Wüst
Fotograf: Domingo Vazquez
Umfang: 208 Seiten

Auflage: 1. Auflage, Juli 2013 **39,80**
ISBN: 978-3-86193-200-0
Bestellnummer: 71.50

Gebunden (Hardcover) mit Schutzumschlag
Dieses Buch begleitet Sie durch 15 wunderschöne Gärten in Deutschland und Österreich. Die beschreibenden Texte wurden von den Gartenbesitzern selbst verfasst. So individuell wie die Gartengeschichten sind auch die gezeigten Gärten. Vom eleganten Landhausgarten und überbordende Rosengärten bis hin zum verwunschenen Waldgarten - den Leser erwartet eine lustvolle grüne Reiseroute.

hemmer/wüst Verlagsgesellschaft mbH
Mergentheimer Str. 44 / 97082 Würzburg
Tel.: 09 31 /7 97 82 38 / Fax: 09 31/7 97 82 40
Internet: www.hemmer-shop.de

Life&Law

		Euro
__________	Einzelheft der Life&LAW	6,80
AboLL_____	Abonnement der Life&LAW Life&Law 3 Monate kostenfrei, danach erhalten Sie die Life&Law zum Preis von	5,80
LLJ ______	Life&LAW Jahrgangsband 1999 - 2011	
__________	bitte Jahrgang eintragen	je 50,00
LLJ12 _____	Life&LAW Jahrgangsband 2012	80,00
LLE ______	Einband für Life&LAW Jahrgang	je 6,00

Die AnwaltsBasics

Herausgeber: hemmerVerlag für Anwälte GmbH

10.10_____	Die AnwaltsBasics Erbrecht 1. Auflage, November 2010, 429 S.	39,90
10.20_____	Die AnwaltsBasics Mediation 1. Auflage, Mai 2012, 187 S.	23,80

Wir berechnen pro Lieferung einen Versandkostenanteil von 3,30 EURO. Ab 30 EURO ist die Lieferung versandkostenfrei.

Endsumme:

Lieferung erfolgt in aktueller Auflage

Kundennummer D

Prüfen Sie in Ruhe zuhause!
Alle Produkte dürfen innerhalb von 14 Tagen an den Verlag (Originalzustand) zurückgeschickt werden. Es wird ein uneingeschränktes gesetzliches Rückgaberecht gewährt. Hinweis: Der Besteller trägt bei einem Bestellwert bis 40 Euro die Kosten der Rücksendung. Über 40 Euro Bestellwert trägt er ebenfalls die Kosten, wenn zum Zeitpunkt der Rückgabe noch keine (An-) Zahlung geleistet wurde.

Ich weiß, dass meine Bestellung nur erledigt wird, wenn ich in Höhe meiner Bestellungs-Gesamtsumme zzgl. des Versandkostenanteils zum Einzug ermächtige. Bestellungen auf Rechnung können leider nicht erledigt werden. Bei fehlerhaften Angaben oder einer Rücklastschrift wird eine Unkostenpauschale in Höhe von 8 Euro fällig. Die Lieferung erfolgt unter Eigentumsvorbehalt.

Name: ______________________

Vorname: ______________________

Straße, Nr.: ______________________

PLZ/Ort: ______________________

Telefon: ______________________

e-mail Adresse: ______________________

Buchen Sie die Endsumme von meinem Konto ab:

Kreditinstitut: ______________________

BLZ: ______________________

Konto-Nr.: ______________________

Ort, Datum: ______________________

Unterschrift: ______________________

DIE KARTENSÄTZE

DIE BASICS KARTEIKARTEN (A6)

DAS PENDANT ZU DEN BASICS SKRIPTEN:

Mit dem Frage- und Antwortsystem zum notwendigen Wissen. Die Vorderseite der Karteikarte ist unterteilt in Einordnung und Frage. Der Einordnungstext erklärt den Problemkreis und führt zur Frage hin. Die Frage trifft dann den Kern der prüfungsrelevanten Thematik. Auf der Rückseite schafft der Antworttext Wissen. Die anschließende hemmer-Methode schärft das Problembewusstsein für die Klausur.

DIE ÜBERBLICKSKARTEIKARTEN (A6)

ÜBER PRÜFUNGSSCHEMATA ZUM WISSEN:

Ihr Begleiter vom 1. Semester bis zum 2. Staatsexamen! In den Überblickskarteikarten sind die wichtigsten Problemfelder im Zivil-, Straf- und Öffentlichen Recht knapp, präzise und übersichtlich dargestellt. Sie erfassen effektiv auf einen Blick das Wesentliche. Die grafische Aufbereitung der Prüfungsschemata auf der Vorderseite schafft Überblick über den Prüfungsaufbau. So lernen Sie Anspruchsgrundlagen, Straftatbestände und Klageschemata abzuhaken und Probleme zu verorten. Die Prüfungsschemata müssen sitzen! Der Inhalt der Karteikartenvorderseite gibt die nötige Sicherheit. Lernen mit dem Schema allein reicht aber für den Prüfungserfolg nicht aus! Die Kommentierung mit der hemmer-Methode auf der Rückseite schafft deshalb das nötige Einordnungswissen für die Klausur und erwähnt die wichtigsten Definitionen. Nutzen Sie die Überblickskarteikarten auch als Checkliste zur Kontrolle Ihres Wissens.

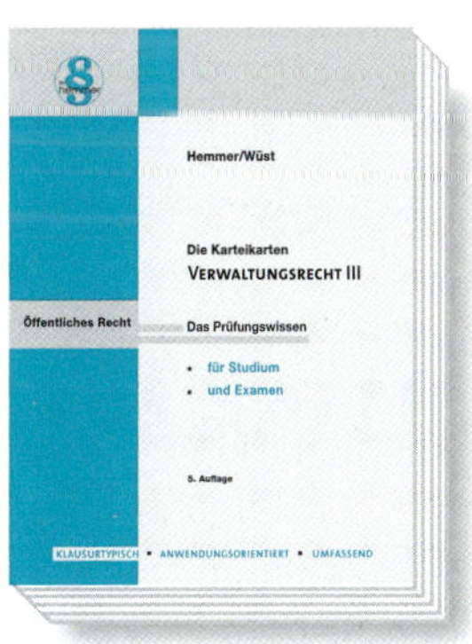

DIE HAUPTKARTEIKARTEN (A6)

DAS PENDANT ZU DEN HAUPTSKRIPTEN:

Das Prüfungswissen in Karteikartenform für den, der es bevorzugt, mit Karteikarten zu lernen. Im Frage- und Antwortsystem zum Wissen. Auf der Vorderseite der Karteikarte führt ein Einordnungsteil zur Frage hin. Die Frage trifft die Kernproblematik des zu Erlernenden. Auf der Rückseite schafft der Antworttext Wissen. Die anschließende hemmer-Methode schärft Ihr Problembewusstsein für die Klausur.

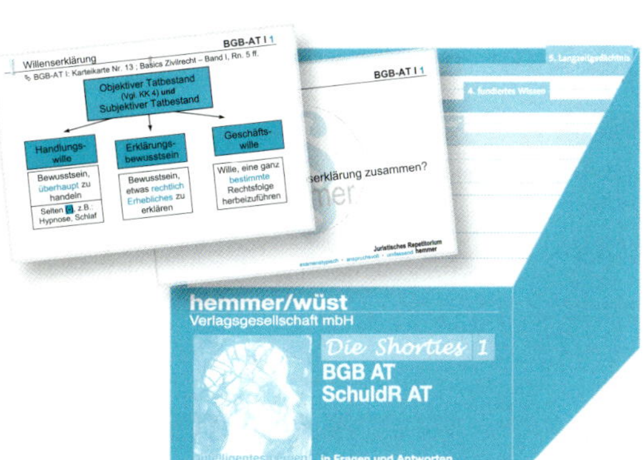

DIE SHORTIES - IN 20 STUNDEN ZUM ERFOLG IN DER HEMMER LERNBOX (A7)

Die kleinen Karteikarten in der hemmer Lernbox enthalten auf der Vorderseite jeweils eine Frage, welche auf der Rückseite grafisch aufbereitet beantwortet wird. Die bildhafte Darstellung ist lernpädagogisch sinnvoll. Die wichtigsten Begriffe und Themenkreise werden anwendungsspezifisch erklärt. Knapper geht es nicht - die Sounds der Juristerei! In Kürze verhelfen die Shorties so zum Erfolg. Sie dienen als Checkliste zum Erfassen des jeweiligen Rechtsgebiets und zum Rekapitulieren. Mit den besonderen Gedächtnistrainingtipps in Form von Reitern gelangt Ihr Wissen durch häufige Wiederholung ins Langzeitgedächtnis.